Haroldo de Campos durante uma leitura de poemas em Madri, na *Residencia de Estudiantes* (Abril, 1992), Foto de J. Ayná.

Metalinguagem & Outras Metas

Coleção Debates
Dirigida por J. Guinsburg

Equipe de realização – Revisão: Afonso Nunes Lopes e Maria Prata; Produção: Ricardo W. Neves, Sergio Kon e Juliana P. Sergio.

haroldo de campos
METALINGUAGEM & OUTRAS METAS

ENSAIOS DE TEORIA E CRÍTICA LITERÁRIA

PERSPECTIVA

cip-Brasil. Catalogação-na-Fonte
Sindicato Nacional dos Editores de Livros, rj

Campos, Haroldo de, 1929-2003.
Metalinguagem & outras metas : ensaios de teoria e crítica
literária / Haroldo de Campos. – São Paulo : Perspectiva, 2017.
– (Debates ; 247 / dirigida por J. Guinsburg)

4. reimpr. da 4. ed. de 1992.
isbn 978-85-273-0329-3

1. Literatura brasileira – História e crítica 2. Literatura comparada 3. Metalinguagem I. Guinsburg, J.. II. Título. III. Série.

04-5426   CDD: 869-909

Índices para catálogo sistemático:
1. Literatura brasileira : História e crítica   869.909

4ª edição – 4ª reimpressão
[ppd]

Direitos reservados à

EDITORA PERSPECTIVA LTDA.

Av. Brigadeiro Luís Antônio, 3025
01401-000 São Paulo SP Brasil
Telefax: (11) 3885-8388
www.editoraperspectiva.com.br

2019

SUMÁRIO

Prefácio à 1ª Edição.. 11

Prefácio à 4ª Edição 13

PARTE I:
METALINGUAGEM

1. A Nova Estética de Max Bense 17

2. Da Tradução como Criação e como Crítica 31

3. Drummond, Mestre de Coisas 49

4. A Linguagem do Iauaretê... 57

5. Murilo e o Mundo Substantivo 65

6. O Geômetra Engajado... 77

7. Lirismo e Participação 89

8. Estilística Miramarina.. 97

9. Bandeira, o Desconstelizador....................................... 109

PARTE II:
OUTRAS METAS

10. Sobre Roland Barthes 119

11. Iracema: uma Arqueografia de Vanguarda 127

12. Tópicos (Fragmentários) para uma Historiografia
do *C o m o* 147

13. Mário de Andrade: a Imaginação Estrutural 167

14. Introdução à Escritura de Clarice Lispector 183

15. Mário Faustino ou a Impaciência Órfica 189

16. Uma Leminskíada Barrocodélica 213

17. Arte Pobre, Tempo de Pobreza, Poesia Menos 221

18. Da Razão Antropofágica: Diálogo e Diferença
na Cultura Brasileira 231

19. Minha Relação com a Tradição é Musical 257

20. Do Epos ao Epifânico (Gênese e Elaboração das
Galáxias) 269

21. Ficção como Fundação 279

22. Poesia e Música 283

23. Da Crítica Antecipadora: Evocação de Sérgio Buarque
de Holanda 289

Índice Onomástico 299

A novidade, novidade do material e do procedimento, é indispensável para toda obra poética.

VLADÍMIR MAIAKÓVSKJ

A inovação é um acréscimo à civilização sob a forma de informação.

MAX BENSE

A difamada palavra experimento deve ser empregada em sentido positivo; somente enquanto experimentação, não como algo posto a salvo do perigo, tem a arte, afinal, ainda uma chance.

T.W. ADORNO

PREFÁCIO A 1ª EDIÇÃO

Crítica é metalinguagem. Metalinguagem ou linguagem sobre a linguagem. O objeto – a linguagem-objeto – dessa metalinguagem é a obra de arte, sistema de signos dotado de coerência estrutural e de originalidade. Para que a crítica tenha sentido – para que ela não vire conversa fiada ou desconversa (*causerie* como já advertia em 1921 Roman Jakobson), é preciso que ela esteja comensurada ao objeto a que se refere e lhe funda o ser (pois crítica é linguagem referida, seu ser é um ser de mediação). No exercício rigoroso de sua atividade, a crítica haverá de convocar todos aqueles instrumentos que lhe pareçam úteis, mas não poderá jamais esquecer que a realidade sobre a qual se volta é uma realidade de signos, de linguagem portanto. A crítica, no afã de constituir ou de reconstituir a inteligibilidade de sua linguagem-objeto, poderá ser "paramétrica" como o quer justificadamente Roland Barthes, mas, ao incorporar recursos de aferição extraídos de outros domínios, não lhe será lícito, sob pena de rodar no vazio ou no despiciendo, descolar-se do mundo de signos que é sua meta. O método "formalista-sociológico", esboçado por Boris Arvátov pouco antes do *diktat* zdanovista, é um exemplo pioneiro dessa orientação "paramétrica" (ou de uma de suas várias possibilidades integrativas) desenvolvida num sentido autêntico, isto é, sem perda da consciência do modo de ser específico da obra de arte.

Os trabalhos aqui reunidos procuram situar-se dentro desta concepção de crítica como metalinguagem. Os dois primeiros dizem respeito a questões de ordem teórica e metodológica; os demais passam da teoria à prática, isto é, versam problemas concretos da poesia e da prosa brasileira contemporânea. Seu denominador comum temático é a obra de invenção, pois é especialmente na análise do contributo inventivo de uma obra (ao largo do qual passa, via de regra, a crítica tradicional) que se testa a sintonia da metalinguagem com o seu tempo e com os textos em que esse tempo está mais viva e efetivamente presente (aqueles, inclusive, em que já se engendra o futuro).

PREFÁCIO À 4ª EDIÇÃO

Ao preparar esta nova edição (a 4ª) de meu livro *Metalinguagem*, mantive-o tal como foi originalmente concebido e publicado (1967), guardando fidelidade, portanto, ao seu conteúdo epocal. À exceção de dois trabalhos de natureza teórica mais geral (um sobre a relação entre crítica e obra de invenção, outro sobre tradução criativa), trata-se de um conjunto de ensaios em que me situei, enquanto poeta-crítico engajado no fazer literário, perante poetas e prosadores brasileiros contemporâneos, analisando-lhes os textos e procurando avaliá-los na perspectiva da contribuição de cada um deles à renovação da linguagem, em termos de informação estética. Manuel Bandeira, Oswald de Andrade, Carlos Drummond de Andrade, Murilo Mendes, João Cabral de Melo Neto e Guimarães Rosa são os autores estudados, sem deixar de referir Odorico Mendes, – este um pioneiro da tradução criativa, resgatado ao passado e ao descaso da crítica e reivindicado do ponto de vista de uma "poética sincrônica", afinada com o presente.

Resolvi, no entanto, nesta oportunidade, acrescentar uma segunda parte ao livro, agora integrado na Coleção Debates da Editora Perspectiva. Sob o título "Outras Metas", coligi alguns ensaios meus ainda não reunidos em volume, sempre sobre autores brasileiros: José de Alencar, Machado de Assis (com relances sobre Dyonélio Machado e Graciliano Ramos), Mário de Andrade, Clarice Lispector, Mário Faustino, Paulo Leminski e João Ubaldo Ribeiro.

À guisa de traço de união com os dois trabalhos teóricos que iniciam *Metalinguagem*, pareceu-me pertinente abrir "Outras Metas" com um depoimento escrito por ocasião da morte de Roland Barthes. Além de me permitir um breve traçado da recepção do chamado "estruturalismo" na cena brasileira, esse meu escrito presta homenagem a um dos críticos cuja atividade mais se deixou solicitar pela obra de invenção em nosso tempo, e a cujas ideias eu já fazia menção no Prefácio à primeira edição deste livro.

Na minha condição de poeta-crítico, entendi também relevante incluir aqui textos militantes, de intervenção cultural ("Da Razão Antropofágica", "Minha Relação com a Tradição é Musical"), bem como alguns depoimentos de oficina que têm acompanhado, como uma raia reflexiva, metalinguística, meu percurso textual nas últimas três décadas.

Houve ainda tempo de acrescentar a esta segunda parte, providenciando-lhe uma conclusão bastante pertinente, o texto que escrevi sobre a contribuição de Sérgio Buarque de Holanda à crítica literária, na passagem dos dez anos da morte do autor de *Raízes do Brasil*.

São Paulo, 1992

PARTE I:
METALINGUAGEM

1. A NOVA ESTÉTICA DE MAX BENSE*

1. Crítica e Obra de Invenção

Ezra Pound deixa transparecer em mais de um momento de sua crítica – que poderia ser denominada *pragmática*, no sentido de que é uma crítica altamente pedagógica, de serventia imediata para o criador, uma crítica *de poeta para poetas* – o seu horror a certo tipo de *saggistica* (*a lump of dung from every horse*), que, mecanizada num verdadeiro fordismo mental, correria sempre o perigo de se transformar numa neutra relojoaria de conceitos, incapaz de discriminações qualitativas, frente à qual o texto medíocre ou regressivo acabaria equivalente ou mesmo levando a palma ao texto realmente criador e pertinente do ponto de vista da evolução de formas e da invenção. Daí a advertência saneadora de Pound: "A excelência de

---

* Publicado originalmente no Suplemento Literário de *O Estado de S. Paulo*, 21 mar. e 04 abr. 1959.

um crítico se mede não por sua argumentação, mas pela qualidade de sua escolha". Daí a função de *excemment* que atribuiu à crítica, dentro de um critério que responde aos imediatos interesses do *make it new*: "A ordenação do conhecimento de modo que a próxima pessoa (ou geração) possa, o mais rapidamente, encontrar sua parte viva, e venha a perder o mínimo possível de tempo com questões obsoletas". Uma anedota poundiana, referida por Luciano Anceschi, ilustra bem este ponto: após ler um famoso tratado de estética que lhe teria sido emprestado por um amigo, E.P., no seu italiano peculiar, resumiu suas impressões exclamando: "Tutto bellissimo, ma non *fonctiona*". Sim, o que Pound requeria era "an awareness che funge". O que se requer é uma crítica que não apenas especule e analise – e longe de nós o intuito de minimizar a importância das pesquisas puramente teóricas e metodológicas nesse setor –, mas que, e principalmente, escolha, *funcione*.

Para os que não conseguiriam conciliar a ideia de uma crítica "séria" com uma temática de textos revolucionários e inovadores, seria das mais proveitosas a leitura do admirável levantamento feito por Victor Erlich (*Russian Formalism – History – Doctrine*, Leiden University, 1955) de um movimento que está na base da renovação da crítica contemporânea, o *formalismo russo*. Caso porventura único no panorama intelectual deste mais de meio século, a nova crítica eslava despontou e se postulou em estreita conjunção com o movimento futurista de Maiakovski, Khliébnikov, Krutchônikh e outros, espraiando-se pela revista LEF (porta-voz da vanguarda poética) nos primeiros anos da Revolução (através, principalmente, do crítico O. Brik, coeditor dessa revista), e tomando desde logo, para móveis e pretextos de estudo, poemas e formulações teóricas desses inconformados desbravadores de novas perspectivas semânticas e sintáticas na poesia russa. Assim, por exemplo, entre as primeiras manifestações do Círculo Linguístico de Moscou – um dos núcleos da crítica formalista – figura justamente um ensaio de Roman Jakobson sobre a "Linguagem Poética de Khliébnikov" (ampliado e publicado em 1921, em Praga, sob o título "Poesia Moderna Russa"), que V. Erlich considera a mais importante contribuição à poética proveniente daquele

Círculo. Reciprocamente, Maiakovski, muito ligado a Jakobson e a Brik, dá testemunho do interesse dos futuristas russos pela obra de seus companheiros críticos, escrevendo em 1923, no manifesto da revista LEF (da qual era também diretor): "o método formalista é a chave para o estudo da arte". Mas o formalismo eslavo – expressão não comum de trabalho de equipe e mútua ativação de uma crítica e uma poesia revolucionárias – teve, infelizmente, seu curso cerceado pelo impacto do "dirigismo" esterilizante, não sem que alguns de seus teóricos houvessem tentado a experiência extremamente fascinante de uma síntese dialética entre seus postulados e certas reivindicações da crítica marxista[1].

Algumas ponderações de Afrânio Coutinho (*Da Crítica e da Nova Crítica*) dão margem a que se insista no problema das relações entre crítica e obra de invenção:

> O experimentalismo na linguagem e na expressão caracteriza grande ala da poesia e da prosa contemporânea, o que não podia deixar de refletir-se na crítica, arrastada também ela para as investigações linguísticas no justo desejo de armar-se para corresponder às exigências de interpretação da literatura moderna. É-nos lícito, aliás, afirmar que o advento da nova crítica está condicionado ao estágio correspondente da evolução literária e de sua interpretação. Um Joyce, um Proust, um Kafka, um Pound, introduziram novas dimensões na literatura que escapariam aos critérios e ao instrumental pouco precisos da crítica oitocentista, e muito menos ao impressionismo, daí a pesquisa de novos métodos de abordagem e novos recursos de análise.

Se, pelo menos como observação programática, isto não poderia deixar de ser justo, não há dúvida, por outro lado, de que não são poucos aqueles – mesmo entre os novos críticos – que, armados de um inegável cabedal teórico, dão na prática a mais lamentável demonstração da falência de seus critérios de aferição, *v.g.*, da *qualidade de sua escolha*. Um só exemplo, típico e conspícuo: F.R. Leavis, um dos corifeus da nova crítica de língua inglesa, líder do grupo

---

1. Uma das mais interessantes tentativas de conciliação referidas por V. Erlich foi a de Boris Arvátov, com seu método "formalista-sociológico", que encara a atividade criativa como um "tipo de produção" e a arte como "simplesmente a organização mais eficaz em qualquer campo de atividade humana".

cujo órgão era a revista *Scrutiny*. Leavis – embora advogue poundianamente por uma *"trained sensibility"* – em sua desabrida e quase histérica rejeição de textos máximos como os *Cantares* de E.P. e o *Finnegans Wake* de Joyce, portanto em seu ouriçado reacionarismo perante a *invenção*, chega a raiar pela insensibilidade, senão pelo mais confrangente desenfoque em relação à problemática da criação artística contemporânea[2].

Ocorre, é verdade, o contrabalanço. Dentro do próprio panorama da nova crítica de língua inglesa (entendido sempre o termo na acepção ampla), podem ser indicados vultos como um Hugh Kenner, que, sem filiação ostensiva a este ou àquele grupo, revela a assimilação e a aplicação, num sentido pessoal, de métodos e princípios de um trabalho crítico rigoroso, com a nota de que sua dominante preocupação é a *obra inventiva*: citem-se o seu estudo fundamental sobre a poesia de Ezra Pound, ponto máximo, até o momento, da bibliografia crítica dedicada a E.P. (*Tixe Poetry of Ezra Pound*, 1951); seu livro sobre Wyndham Lewis, o criador da prosa vorticista, o inconformado romancista de *Tarr* (*Wyndham Lewis*, 1954); seus escritos sobre a obra de Joyce ("The Portrait in Perspective" etc.). De um norte-americano, Robert Greer Cohn, a obra ápice de Mallarmé – *Un Coupe de Dés* –, após mais de meio século de sua publicação e de ter sido considerada um *fracasso final* por toda uma cadeia de críticos, cujo ponto de partida foi Thibaudet (Marcel Raymond, Guy Michaud etc.)[3],

---

2. A propósito de *The Cantos*, afirma Leavis: "Seja qual for a intensidade da arte representada pelos *Cantos*, o efeito, com toda a famosa perícia e variedade de versificação, é esterilidade e monotonia" (*Scrutiny*, junho, 1951); *Ulysses* é por ele considerado "um beco sem saída" em matéria de romance, carecedor de um "princípio orgânico" (*The Great Tradition*); quanto ao *Finnegans Wake*, entende Leavis que, se a sua linguagem é o "esperanto do subconsciente", então o subconsciente seria "tristemente enfadonho" ("Joyce and the Revolution of the Word").

3. "Um resultado característico e lamentável da incompreensão em Thibaudet e toda uma legião de imitadores: Marcel Raymond, Michaud etc... *ad nauseam*, foi a repetição da ideia do fracasso final de Mallarmé" – escreve R.G. Cohn na introdução de seu estudo. E linhas adiante: "Não se poderá absolutamente culpá-los por não terem compreendido o poema, mas merecem um opróbrio eterno pela má-fé que lhes permitiu julgar e turvar ainda mais a principal corrente da tradição literária".

recebe a homenagem radical de um estudo armado, lúcido e vivificante (*L'Oeuvre de Mallarmé – Un Coup de Dés*, 1951, originariamente publicado em inglês, sob o título *Mallarmé's Un Coup de Dés*, 1949, em forma menos completa). Em sua esteira, e por ele incitado, surge este surpreendente trabalho de literatura comparada (*stylistique de la suggestion*), que é o *Joyce et Mallarmé*, de David Hayman, publicado em francês (1956). E, mais recentemente ainda, Maurice Blanchot, em "Le Livre à Venir" (em *La Nouvelle* NRF, out.-nov. 1957), dá uma excelente medida da renovação mental da nova crítica de língua francesa perante o desafio mallarmaico[4].

Já agora, porém, animadoramente para o artista de vanguarda, algo de mais sistemático e de mais cabal se esboça no quadro de relações que (rápida e esquematicamente) traçamos, lembrando, em certa medida, uma retomada da orientação pioneira do *formalismo russo*, de engajamento do esteta e do crítico no vivo da experiência literária, no fazer em progresso, na própria evolução de formas que redimensiona e qualifica o mundo da criação. Longe a constatação pessimista de Sartre: "Nossos críticos são cátaros: nada querem ter em comum com o mundo real, senão comer e beber, e uma vez que é absolutamente necessário viver no comércio de nossos semelhantes, eles, então, escolheram o dos defuntos". E não apenas nos baluartes isolados e, por isso mesmo, mais restritos dos estudos de obras singulares e individuadas, mas, com amplitude, na própria exigência de uma renovação da metodologia e do instrumental, dos princípios e das técnicas que possibilitem, por seu turno, a conversão da *reflexão estética* na *fase crítica* de apreciação da obra de arte. Este passo procura dá-lo, já com

---

4. Maurice Blanchot divisa, inclusive, com segurança, as possibilidades criativas rasgadas pelo *Lance de Dados*: "Diante deste poema, verificamos como as noções de livro, de obra e de arte correspondem mal a todas as possibilidades vindouras que nele se dissimulam. A pintura, hoje em dia, nos faz frequentemente pressentir que o que ela procura criar, suas 'produções', não podem mais ser obras, mas tenderiam a corresponder a alguma coisa para a qual ainda não temos nome. Sucede o mesmo com a literatura. Aquilo para que nos dirigimos não é talvez, de modo nenhum, o que o futuro real nos dará. Mas aquilo para que nos dirigimos é pobre e rico de um futuro que não devemos congelar na tradição de nossas velhas estruturas".

visíveis e concretos resultados, Max Bense, filósofo da estética e professor em Stuttgart (Technische Hochschule), presentemente lecionando em Ulm, na Hochschule für Gestaltung (Escola Superior da Forma).

Sua contribuição e a importância que assume para a valoração atual da obra criativa será examinada a seguir.

2. A Categoria da Criação

Max Bense reúne, de um lado, o interesse pela obra de arte inventiva, ampliando-o, inclusive, do setor puramente literário para o das artes plásticas; de outro, a preocupação de colocar a estética em "situação" – e corolariamente a crítica, entendida como a *fase de verificação* da estética – no conjunto do pensamento contemporâneo, enriquecendo-a com o instrumental terminológico das novas formulações científicas (os "cosmoprocessos estéticos" são postos em presença dos "cosmoprocessos físicos", para cotejo e recíproca iluminação, encarados ambos como as "modificações dialéticas de uma e a mesma teoria da representação de ordens"), e, sobretudo, enquadrando-a no corpo geral da teoria da comunicação e da informação, com os aportamentos da linguística matemática de Shannon, da cibernética de Wiener e da semiótica de Morris e Carnap.

Um dos livros iniciais de Bense, *Rationalismus und Sensibilität* (1956), dá bem a medida do primeiro dos interesses referidos. Escreve o autor, na apresentação, que a coletânea conjuga ensaios sobre escritores "que conquistaram para o trabalho espiritual, criativo, dentro da nossa civilização, um sentido novo e prospectivo", e acrescenta:

...observa-se no trato diário com que satisfação cada cidadão interpreta a imutabilidade de sua linguagem no sentido da estabilidade do seu mundo. A desconfiança contra os experimentos na esfera inteligível tem, portanto, origens sociais. É a desconfiança da classe, que não gosta de ver em perigo sua hierarquia, seus distintivos, seus emblemas. Nem sequer no domínio da língua que se fala.

Para Bense, realmente, não se pode, ao mesmo tempo, "reivindicar a arte moderna e proporcionar análises regressivas", porque "a arte moderna é a que menos suporta um atraso da linguagem e do pensamento na sua interpretação e na sua crítica" (*Aesthetica II*); da mesma forma, "é impossível uma criação regressiva, a criação só pode ser progressiva, uma vez que a inovação pertence à sua essência" ("Das Existenzproblem der Kunst").

Já no *Rationalismus und Sensibilität* se incluem trabalho – como os de Elisabeth Walther, colaboradora de Bense, dedicados a Ponge e Queneau – que bem ilustram a intenção de inserir-se o crítico *dans le coup*, nos lances inventivos da criação artística. Sobre Ponge, na *Aesthetica I*, o próprio Bense volta a deter-se ("Eidos und Molluske – Noch eine Anmerkung zu Ponge"). E aqui não vêm a propósito divergências que, em estudo autônomo, gostaríamos de formular quanto à real significação das pesquisas de um Ponge e do que representam – progresso ou regresso – se comensuradas à pedra de toque de uma nova poética, o *Un Coup de Dés* de Mallarmé; o que importa é que a poesia de Ponge – sua ideia de "densidade semântica", sua "materialidade" (já apontada por Sartre), seu tratamento fenomenológico do texto – põe um problema, embora corra o risco de se transformar numa disponível retórica de minúcias, presa que fica ao formal discursivo e, em certa medida, à própria técnica da "écriture automatique"; eleger essa poesia como tema de análise na massa incaracterizada da *alienação metafórica* que uniformiza a poesia francesa contemporânea, marcada de cacoetes surrealistas, é, por si só, uma cogitação válida e um teste de sensibilidade[5]. O mesmo se diga de Raymond Queneau, cujos *Exercices de Style*, não obstante aquele "diletantismo superior – de grande classe" (para tomarmos de empréstimo uma formulação do compositor Pierre Boulez, feita em outro contexto) que lhes dá impostação, se integram decididamente no "rayonnement Joyce", e, à parte certo *bric-à-brac* artesanal de

5. Nota para esta edição: A revista *Augenblick*, de Bense e E. Walther, promoveu em 1959, na galeria Gänsheide 26, de Stuttgart, uma exposição de "textos visuais" de Ponge. Sobre esses textos, que representam uma nova dimensão da poesia pongeana, veja-se o nosso artigo "Francis Ponge: A Aranha e sua Teia", com a reprodução do poema "L'Araignée Mise ou Mur", no Suplemento Literário de *O Estado de S. Paulo*, 07 jul. 1962.

gosto duvidoso, envolvem, inclusive, uma *réussite*: a ideia da manipulação iterativa de um mesmo texto-situação (técnica de variações que, para Elisabeth Walther, se aproxima do princípio fugal da música de Bach), particularmente feliz em determinadas "permutações" explicáveis estatisticamente. Outro dos escritores prediletos de Bense é Gertrude Stein, de cuja importância o exame que, de um lado, Elisabeth Walther ("Notizen über Gertrude Stein") e, de outro, o próprio Bense fazem de seus textos dá o mais eloquente testemunho; é sobretudo criticamente reavaliado o problema da *repetição*, chave do estilo da escritora norte-americana, tão injustamente olvidada como "experimentalista"; Bense situa este problema em termos da teoria da informação, como a "diminuição do total da informação estética no processo de sua realização", "minguamento da originalidade primitiva através do qual, precisamente, essa informação estética pode ser desenvolvida em princípio de estilo" e "informações triviais transformam-se em estéticas" ("Das Existenzproblem der Kunst").

E já aqui entramos na segunda dimensão dos interesses bensianos. "Deve-se estar adequado linguisticamente às produções", diz ele, introduzindo a sua *Aesthetica II*. Daí o seu empenho numa atualização do arsenal terminológico, recorrendo a nomenclaturas e processos de extração não artística, para a identificação, análise e compreensão dos produtos artísticos. "As terminologias são um sistema de transmissão muito sensível e muito frágil"; "a racionalidade que se revela nesse instrumental humano tem em mira constituir uma contribuição à destruição de toda espécie de impensada mitologia em que se costuma afogar a obra de arte..." (*Aesthetica I*). É claro que, no campo estético, a invocação e a aplicação desses conceitos têm cunho "não-mensurável e pré--matemático" predominantemente, segundo o próprio Bense adverte. Amostra típica dos resultados assim obtidos é, por exemplo, a admirável descrição que ele faz do "tachismo" em termos de entropia (ou seja, em cibernética e teoria matemática da informação, a "medida da desordem", que se aplica a "cosmoprocessos físicos", ou, sucintamente, o conceito contrário à própria informação, que também se denomina

24

"entropia negativa"); assim também a análise de *Finnegans Wake* de Joyce, enquanto texto marcado pelo "caráter de processo, tal como se manifesta estética e fisicamente complementar", exibindo uma "irreprimível tendência para a dispersão, para o molecular na linguagem, para os estados termodinâmicos da prosa", ponto em que sua percepção se casa com a de Adelheid Obradovic, que, numa tese pouco conhecida, mas do maior interesse (*Die Behandlung der Räumlichkeit im spateren Werk des James Joyce*, Marburgo, 1934), frisara o caráter de *Durchdringung*, de "interpenetração orgânica", de "fluxo polidimensional e sem fim", da última prosa joyceana; ainda Joyce e a linguagem "Jabberwocky" de Lewis Carroll dão ensejo a novo achado crítico de Bense, o exame em termos de estética estatística, com auxílio da sequência estocástica de Shannon (via Miller, *Langage et Communication*), para o fim de considerar tais textos como "aproximações a uma dada linguagem" (tratamento estatístico de letras e palavras, por grupamentos de frequências, que tendem a formar uma linguagem aproximativa); uma última amostra: a descrição da técnica combinatória das "constelações" de Eugen Gomringer, "no quadro da moderna poesia concreta", à luz do "sistema de um texto a Q-propriedades", de Carnap (predicados-átomos, estruturados em expressões predicativas moleculares, com o recurso da conjunção).

Caminha, assim, a estética de Bense para um redimensionamento da estética clássica (cujo primeiro grande abalo ele faz datar da estética progressista de Hegel), e mesmo da teoria da literatura, tal como a compreendemos graças à obra de Wellek e Warren. Num dos seus últimos trabalhos ("Klassifikation in der Literaturtheorie", revista *Augenblick*, abr.-maio 1958), Bense não hesita em pôr em xeque a própria orientação da *Theory of Literature* desses dois autores, obra que – como salienta Afrânio Coutinho – "foi saudada na América como o Novum Organum da nova crítica". Afirma Bense:

> O problema da teoria da literatura é um problema de sua classificação interna [...] A falta de classificação interna acarreta dificuldades para a diferenciação das partes integrantes e acessórias de um fenômeno, no qual se reconhece sutileza e complexidade. A concepção da *Theory of Literature* de Wellek e Warren mostra esta carência.

Ela se postula em geral com base em ciências de perfil vago, como a história, a psicologia e a sociologia, bem como em conceitos de uma estilística geral, ao invés de recorrer a teorias concisas, que, de origem não-literária, podem ser aplicadas a problemas literários singulares. Naturalmente, as teorias da literatura têm uma tendência suspeita para a ideologia. Teorias da literatura tornam-se facilmente ideologias da literatura. Disto o *new criticism* não está livre, nem tampouco a teoria da literatura marxista de Georg Lukács, nem a hermenêutica literária ontológico-fundamental de Martin Heidegger ou Emil Staiger, para silenciar completamente com respeito ao palavrório dos epígonos ou imitadores. Em nosso modo de ver, somente uma teoria da literatura, cujos efeitos consistam na aplicação metódica de teorias de origem não-literária, pode reagir contra o evidente atraso das ciências da literatura ideologizantes, oficiais ou oficiosas. A racionalidade continua sempre sendo a opositora mais bem sucedida da ideologia.

Divide ele, pois, a teoria da literatura em três grandes partes: a "metafísica da literatura" (que estuda a "temática-do-ser de um texto" – textos como "participações de objetos", "participações de relações ou leis" e "participações de existência"); a "estética da literatura", "ramo da estética estatística cujo embasamento é a teoria da informação estética", entendida por informação estética a "informação sobre a informação (como existem signos de signos)", ou seja, "uma informação que não pode ser separada de sua realização" (diferentemente da documentária e da semântica, portanto); entre os dois ramos, e como elo de ligação recíproca, a "teoria do texto", que permite, dentro de concepções estatístico-linguísticas e lógico-semânticas, o desenvolvimento de um verdadeiro "sistema de textos" ("textificações", "texturas", "contextos" e "texturações", como refere Bense, num inventário inicial). Dessa teoria da literatura decorre uma "crítica da literatura" (que representa o seu "valor real", e, pois, um "processo de verificação experimental e operacional") e uma "teoria de percepção de textos", que é uma "percepção literária diferenciada", pressuposta pela "crítica da literatura".

Dentro dessas concepções da estética e da crítica literária, que foram evoluindo paulatinamente – e a partir da elaboração da *Aesthetica II*, não por coincidência, no reduto europeu da arte concreta, em Ulm, em contato imediato, pois, no setor das artes visuais, com o que de mais inventivo poderia oferecer o panorama cultural contemporâneo, aferindo e discutindo teses e criações de um Max Bill, por exemplo[6] – Bense escalonou os volumes de sua *Nova Estética* (*Aesthetica I* – *Zeichenaesthetik*, já traduzida pela editora argentina Nueva Vision, 1957; *Aesthetica II* – *Aesthetische Information*; *Aesthetica III* – *Aesthetische Kommunikation*)[7]. No primeiro volume – que segue um processo de apresentação em mosaico até certo ponto semelhante à técnica ideogrâmica de expor usada por Ezra Pound no *Guide to Kulchur* (os temas versados são ordenados mais de acordo com certos focos de referência do que com uma ideia de continuidade tratadístico-sistemática) – a obra de arte é, desde logo, situada como "produto", no "horizonte do fazer" (mais um traço em comum com o formalismo russo[8]; o processo estético é visto como um "processo de signos", o que leva a uma "estética semântica", enquanto que a estética clássica seria uma "estética ontológica", dada a "temática do ser ontológica" da arte clássica, dirigida para o *ser* e não para o *signo* (daí decorrem distinções entre imitação e abstração, definindo Bense esta última, a partir de Mondrian e Kandinsky e com o auxílio da terminologia de Charles Morris, como um processo de signos sem *denotata*: – conteúdos exteriores, e cujos *designata* são os próprios meios, cor e forma; signos de signos, portanto, ou *de si mesmos*, acrescentaríamos, para pôr em evidência esse verdadeiro circuito reversível que se opera no plano semântico, como se pode observar, com toda a propriedade, na arte concreta). Já na

---

6. Max Bill ("Quadrum 3") situa da seguinte maneira a contribuição de Bense: "Se não posso concordar com todas as conclusões que ele tirou de meu trabalho, elas representam, na verdade, a primeira tentativa séria de ampliar o âmbito de meus esforços". Realmente, não são poucas as divergências que as especulações de Bense podem suscitar; isto decorre do próprio caráter de sua estética, uma estética "em progresso", dinâmica, que não só coloca problemas e incita polêmicas, como também sabe se redimensionar à vista de novos fatos e observações.

7. Nota para esta edição: Posteriormente à primeira publicação deste trabalho, surgiram: *Aesthetica IV* (*Allgemeine Texttheorie und Textästhetik*) – *Programmierung des Schönen*, 1960; *Théorie der Texte*, 1962; *Aesthetica*, 1965 (compreendendo os quatro volumes anteriores, reunidos, revistos e acrescentados).

8. "A poesia é um tipo de produção [...] uma espécie muito difícil, muito complexa, mas, ainda assim, produção" (Maiakovski, *Como se Fazem Versos?*). Para os formalistas russos, a poesia é antes "matéria de tecnologia do que de teologia" (V. Erlich, op. cit.)...

Aesthetica II, o produto artístico é estudado como "informação sobre uma estrutura", entendendo-se por *estrutura* "caracteres de invariância construídos topologicamente e semioticamente compreensíveis"; a estética, longe da "temática do ser clássica", passa a ser não mais uma "estética de objetos", mas de "estruturas" (assim como a nova física não conhece "objetos", mas "estruturas", argumenta Bense, a arte nova – a pintura, desde o cubismo; a poesia desde o *Un Coup de Dés* de Mallarmé, completaríamos nós – passou a ser "informação estética sobre estrutura"). A *Aesthetica III*, por sua vez, estuda o produto artístico sob o esquema da comunicação, do ponto de vista da "técnica de notícia", do seu consumo. Que isto traz, implícita, a ideia de uma "literatura útil" ou "de consumo", bem como a da "programação de um texto", é a derradeira observação que faz Bense em seu recente ensaio "Klassifikation in der Literaturtheorie". No mesmo trabalho, e agora como preliminar, lembra ele que embora a teoria da literatura, no que diz respeito à "teoria do texto", se preocupe eminentemente com a análise do texto, e não com "possíveis, prospectivas sínteses de textos", ou seja, "com a evolução de novas formas de textos (formas e estruturas)", certos escritores – e Bense indica Gertrude Stein, Joyce, Ponge, Michaux, cummings e Kafka – "criaram textos que permitem uma primeira, nascente impressão das possibilidades de uma texto-síntese programática"[9].

Não se poderia esperar posição mais fecunda perante a criação artística, nem mais séria contribuição teórica à problemática de uma evolução crítica de formas que se põe, indeclinavelmente, perante todo artista contemporâneo consciente do seu *fazer*. Não é sem razão que o mesmo Max Bense – para quem a "inovação é um acréscimo à civilização sob a forma de informação" – dirige, paralelamente a suas

---

9. Não é muito diferente o "paideuma" proposto pela poesia concreta brasileira desde os primeiros anos da década de 1950 (com a diferença de que estávamos voltados, é claro, apenas para a cogitação de uma nova poesia): o quadrante Mallarmé – Pound – Joyce – cummings, ao qual podem ser acrescentadas, sem dúvida, as experiências de Gertrude Stein. O silêncio sobre o *Un Coup de Dés é* uma das lacunas da "verificação" bensiana, e a escolha de Michaux, para nós pelo menos, um de seus pontos mais discutíveis.

atividades de escritor e professor, a revista *Augenblick*, destinada, por roteiro, à "tendência" e à "experiência", as quais ele considera "as únicas categorias essenciais da criação"; e, com a mesma divisa, uma coleção de livros, na qual, entre outros textos, estão anunciados os *Essays über konkrete Kunst* de Max Bill, e – tema para a eterna "suspicácia indígena"... – a antologia internacional *Konkrete Poésie* (poemas e manifestos), organizada por Eugen Gomringer[10].

---

10. Nota para esta edição: Bense e E. Walther organizaram em princípios de 1960, no Studium Générale anexo à Technische Hochschule de Stuttgart, a exposição "Konkrete Texte", na qual foi especialmente considerada a poesia concreta brasileira do Grupo *Noigandres*. Em 1962, como nº 7 da série de cadernos *Rol*, ambos editaram a antologia *Noigandres/Konkrete Texte*, prefaciada por Helmut Heissenbüttel. A antologia organizada por Gomringer foi estampada na revista *Spirale*, nº 8, outubro de 1960, Berna, com o título *Kleine Anthologie Konkreter Poésie* proposto pelo grupo brasileiro.

2. DA TRADUÇÃO COMO CRIAÇÃO E COMO CRÍTICA*

O ensaísta Albercht Fabri, que foi por algum tempo professor da Escola Superior da Forma, Ulm, Alemanha, escreveu para a revista *Augenblick*, nº 1, 1958, umas notas sobre o problema da linguagem artística que denominou "Preliminares a uma Teoria da Literatura". Nesse trabalho, o autor desenvolve a tese de que "a essência da arte é a tautologia", pois as obras artísticas "não *significam*, mas são". Na arte, acrescenta, "é impossível distinguir entre representação e representado". Detendo-se especificamente sobre a linguagem literária, sustenta que o próprio desta é a "sentença absoluta", aquela "que não tem outro conteúdo senão sua estrutura", a "que não é outra coisa senão o seu próprio instrumento". Essa "sentença absoluta" ou "perfeita", por isso

---

* Tese para o III Congresso Brasileiro de Crítica e História Literária – Universidade da Paraíba, 1962; publicada originalmente na revista *Tempo Brasileiro*, nº 4-5, jun.-set. 1963.

mesmo, continua Fabri, não pode ser traduzida, pois "a tradução supõe a possibilidade de se separar sentido e palavra". O *lugar* da tradução seria, assim, "a discrepância entre o dito e o dito". A tradução apontaria, para Fabri, o caráter menos perfeito ou menos absoluto (menos estético, poder-se-ia dizer) da sentença, e é nesse sentido que ele afirma que "toda tradução é crítica", pois "nasce da deficiência da sentença", de sua insuficiência para valer por si mesma. "Não se traduz o que é linguagem num texto, mas o que é não-linguagem." "Tanto a possibilidade como a necessidade da tradução residem no fato de que entre signo e significado impera a alienação."

No mesmo número de *Augenblick*, enfrentando o problema e transpondo-o em termos de sua nova estética, de base semiótica e teórico-informativa, o filósofo e crítico Max Bense estabelece uma distinção entre "informação documentária", "informação semântica" e "informação estética". *Informação*, já o definira alhures, é todo processo de signos que exibe um grau de ordem. A "informação documentária" reproduz algo observável, é uma sentença empírica, uma sentença-registro. Por exemplo (transporemos a exemplificação de Bense para uma situação de nosso idioma): "A aranha tece a teia". A "informação semântica" já transcende a "documentária", por isso que vai além do horizonte do observado, acrescentando algo que em si mesmo não é observável, um elemento novo, como, por exemplo, o conceito de falso ou verdadeiro: "A aranha tece a teia é uma proposição verdadeira", eis uma "informação semântica". A "informação estética", por sua vez, transcende a semântica, no que concerne à "imprevisibilidade, à surpresa, à improbabilidade da ordenação de signos". Assim, quando João Cabral de Melo Neto escreve:

> A aranha passa a vida
> tecendo cortinados
> com o fio que fia
> de seu cuspe privado
>
> de "Serial", "Formas do Nu",
> em *Terceira Feira*

estamos diante de uma "informação estética". Esta distinção é básica, permite a Bense desenvolver, a partir dela, o conceito de "fragilidade" da informação estética, no qual residiria muito do fascínio da obra de arte. Enquanto a informação documentária e também a semântica admitem diversas codificações, podem ser transmitidas de várias maneiras (por exemplo: "A aranha faz a teia", "A teia é elaborada pela aranha", "A teia é uma secreção da aranha" etc.), a informação estética não pode ser codificada senão pela forma em que foi transmitida pelo artista (Bense fala aqui da impossibilidade de uma "codificação estética"; seria talvez mais exato dizer que a informação estética é igual a sua codificação original). A fragilidade da informação estética é, portanto, máxima (de fato, qualquer alteração na sequência de signos verbais do texto transcrito de João Cabral perturbaria sua realização estética, por pequena que fosse, de uma simples partícula). Na informação documentária e na semântica, prossegue Bense, a "redundância" (isto é, os elementos previsíveis, substituíveis, que podem ser reconstituídos por outra forma) é elevada, comparativamente à estética, onde ela é mínima: "a diferença entre informação estética máxima possível e informação estética de fato realizada é na obra de arte sempre mínima". A informação estética é, assim, inseparável de sua realização, "sua essência, sua função estão vinculadas a seu instrumento, a sua realização singular". De tudo isto, conclui:

> O total de informação de uma informação estética é em cada caso igual ao total de sua realização [donde], "pelo menos em princípio, *sua introduzibilidade* [...] Em outra língua, será uma outra informação estética, ainda que seja igual semanticamente. Disto decorre, ademais, que a informação estética não pode ser semanticamente interpretada.

Aqui Bense nos faz pensar em Sartre, na distinção entre poesia (*mot-chose*) e prosa (*mot-signe*) em *Situations II*, quando, a propósito dos versos de Rimbaud:

> O saisons! O châteaux!
> Quelle âme est sans défaut,

Sartre escreve (para demonstrar a diferença quanto ao uso da palavra na poesia e na prosa respectivamente):

Personne n'est interrogé; personne n'interroge: le poète est absent. Et l'interrogation ne comporte pas de réponse ou plutôt elle est sa propre réponse. Est-ce donc une fausse interrogation? Mais il serait absurde de croire que Rimbaud a "voulu dire": tout le monde a ses défauts. Comme disait Breton de Saint-Pol-Roux: "S'il avait voulu le dire, il l'aurait dit". Et il n'a pas non plus *voulu dire* autre chose. Il a fait une interrogation absolue; il a conféré au beau mot d'âme une existence interrogative. Voilà l'interrogation devenue chose, comme l'angoisse du Tintorct était devenue ciel jaune. Ce n'est plus une signification, c'est une substance [,..]

Realmente, o problema da introduzibilidade da "sentença absoluta" de Fabri ou da "informação estética" de Bense se põe mais agudamente quando estamos diante de poesia, embora a dicotomia sartriana se mostre artificial e insubsistente (pelo menos como critério absoluto), quando se consideram obras de arte em prosa que conferem primacial importância ao tratamento da palavra como *objeto*, ficando, nesse sentido, ao lado da poesia. Assim, por exemplo, o Joyce de *Ulysses* e *Finnegans Wake*, ou, entre nós, as *Memórias Sentimentais de João Miramar* e o *Serafim Ponte Grande*, de Oswald de Andrade; o *Macunaíma*, de Mário de Andrade; o *Grande Sertão: Veredas*, de Guimarães Rosa. Tais obras, tanto como a poesia (e mais do que muita poesia), postulariam a impossibilidade da tradução, donde parecer-nos mais exato, para este e outros efeitos, substituir os conceitos de prosa e poesia pelo de texto.

Admitida a tese da impossibilidade em princípio da tradução de textos criativos, parece-nos que esta engendra o corolário da possibilidade, também em princípio, da recriação desses textos. Teremos, como quer Bense, em outra língua, uma outra informação estética, autônoma, mas ambas estarão ligadas entre si por uma relação de isomorfia: serão diferentes enquanto linguagem, mas, como os corpos isomorfos, cristalizar-se-ão dentro de um mesmo sistema.

Já Paulo Rónai, em sua preciosa *Escola de Tradutores*, tratando do problema, salientou que a demonstração da impossibilidade teórica da tradução literária implica a assertiva de que tradução é arte. São suas palavras:

O objetivo de toda arte não é algo impossível? O poeta exprime (ou quer exprimir) o inexprimível, o pintor reproduz o irreproduzível, o estatuário fixa o infixável. Não é surpreendente, pois, que o tradutor se empenhe em traduzir o intraduzível.

Então, para nós, tradução de textos criativos será sempre *recriação*, ou criação paralela, autônoma porém recíproca. Quanto mais inçado de dificuldades esse texto, mais recriável, mais sedutor enquanto possibilidade aberta de recriação. Numa tradução dessa natureza, não se traduz apenas o significado, *traduz-se o próprio signo*, ou seja, sua fisicalidade, sua materialidade mesma (propriedades sonoras, de imagética visual, enfim tudo aquilo que forma, segundo Charles Morris, a *iconicidade* do signo estético, entendido por *signo icônico* aquele "que é de certa maneira similar àquilo que ele denota"). O significado, o parâmetro semântico, será apenas e tão-somente a baliza demarcatória do lugar da empresa recriadora. Está-se pois no avesso da chamada tradução literal.

Em nosso tempo, o exemplo máximo de tradutor-recriador é, sem dúvida, Ezra Pound. O caminho poético de Pound, a culminar na obra inconclusa *Cantores*, ainda em progresso, foi sempre pontilhado de aventuras de tradução, através das quais o poeta criticava o seu próprio instrumento linguístico, submetendo-o às mais variadas dicções, e estocava material para seus poemas em preparo. Pound desenvolveu, assim, toda uma teoria da tradução e toda uma reivindicação pela categoria estética da tradução como criação. Em seu *Literary Essays*, escreve ele:

> Uma grande época literária é talvez sempre uma grande época de traduções, ou a segue [...] É bastante curioso que as Histórias da Literatura Espanhola e Italiana sempre tomem em consideração os tradutores. As Histórias da Literatura Inglesa sempre deixam de lado a tradução – suponho que seja um complexo de inferioridade – no entanto alguns dos melhores livros em inglês são traduções.

Depois do "Seafarer" e alguns outros fragmentos da primitiva literatura anglo-saxônica, continua Pound,

> a literatura inglesa viveu de tradução, foi alimentada pela tradução; toda exuberância nova, todo novo impulso foram estimulados pela tradução, toda assim chamada grande época é uma época de tradutores, começando por Geoffrey Chaucer, Le Grand Translateur, tradutor

do *Romance da Rosa*, parafraseador de Virgílio e Ovídio, condensador de velhas histórias que foi encontrar em latim, francês e italiano.

No mesmo livro, apontando as funções da crítica, arrola desde logo, como modalidade desta, a tradução. "Criticism by translation." O que é perfeitamente compreensível, quando se considera que, para Pound, as duas funções da crítica são: 1. tentar teoricamente antecipar a criação; 2. a escolha; "ordenação geral e expurgo do que já foi feito; eliminação de repetições..."; ..."a ordenação do conhecimento de modo que o próximo homem (ou geração) possa o mais rapidamente encontrar-lhe a parte viva e perca o menos tempo possível com questões obsoletas".

É assim que Pound, animado desses propósitos, se lança à tarefa de traduzir poemas chineses, peças nô japonesas (valendo-se dos manuscritos do orientalista Ernest Fenollosa); trovadores provençais; Guido Cavalcanti, o pai da poesia toscana; simbolistas franceses (Laforgue e ainda recentemente Rimbaud); reescreve Propércio em "vers de société", aproveitando suas experiências do manejo da *logopeia* ("a dança do intelecto entre as palavras") laforgueana e verte as *Thrachiniae* de Sófocles para um coloquial americano dinamizado a golpes de *slang*. Seu trabalho é ao mesmo tempo crítico e pedagógico, pois, enquanto diversifica as possibilidades de seu idioma poético, põe à disposição dos novos poetas e amadores de poesia todo um repertório (muitas vezes insuspeitado ou obscurecido pela rotinização do gosto acadêmico e do ensino da literatura) de produtos poéticos básicos, reconsiderados e vivificados. Seu lema é "Make it New": dar nova vida ao passado literário válido via tradução. Para entendê-lo melhor, basta recordarmos estas considerações de T.S. Eliot a respeito de uma tradução de Eurípides de lavra do eminente helenista Prof. Murray:

> Necessitamos de uma digestão capaz de assimilar Homero e Flaubert. Necessitamos de um cuidadoso estudo dos humanistas e tradutores da Renascença, tal como Mr. Pound o iniciou. Necessitamos de um olho capaz de ver o passado em seu lugar com suas definidas diferenças em relação ao presente e, no entanto, tão cheio de vida que deverá parecer tão presente para nós como o próprio presente. Eis o olho criativo; e é porque o Prof. Murray não tem instinto criativo que ele deixa Eurípedes completamente morto.

É verdade que, muitas vezes, Pound *trai* a letra do original (para prestarmos tributo ao brocardo *traduttori traditori*); mas, ainda quando o faz, e ainda quando o faz não por opção voluntária mas por equívoco flagrante[1], consegue quase sempre – por uma espécie de milagrosa intuição ou talvez de solidariedade maior com a dicção, com a *Gestalt* final da obra à qual adequou tecnicamente seu instrumento – ser fiel ao "espírito", ao "clima" particular da peça traduzida; acrescenta-lhe, como numa contínua sedimentação de estratos criativos, efeitos novos ou variantes, que o original autoriza em sua linha de invenção. Repara Hugh Kenner, na introdução às *Translations* de E.P.:

> Ele não traduz palavras [...] ele precisa mesmo desviar-se das palavras, se elas obscurecem ou escorregam, ou se o seu próprio idioma lhe falta [...] Se é certo que não traduz as palavras, permanece como tradutor fiel à sequência poética de imagens do original, aos seus ritmos ou ao efeito produzido por seus ritmos, e ao seu tom.

Nisto, acrescenta Kenner, "ele presta homenagem ao conhecimento que o seu predecessor tem de seu ofício". E conclui:

> O trabalho que precede a tradução é, por consequência, em primeiro lugar, crítico, no sentido poundiano da palavra crítica, uma penetração intensa da mente do autor; em seguida, técnico, no sentido poundiano da palavra técnica, uma projeção exata do conteúdo psíquico de alguém e, pois, das coisas em que a mente desse alguém se nutriu [...] Suas melhores traduções estão entre a pedagogia de um lado e a expressão pessoal de outro, e participam de ambas.

Quando Kenner fala em traduzir o "tom", o *tonus* do original, a propósito da empreitada de E.P., está usando as mesmas palavras que empregou o poeta Boris Pasternak, outro grande tradutor e teórico da tradução, a respeito do problema. "Entre nós" – afirma Pasternak (*Essai d'Auto*

---

1. "O que é notável a respeito das traduções chinesas de Pound é que elas tão frequentemente consigam captar o espírito do original, mesmo quando, como ocorre constantemente, vacilem diante do texto literal ou o manipulem imperitamente [...] Sua pseudo-sinologia liberta sua clarividência latente, assim como as pseudociências dos antigos muitas vezes lhes davam uma visão supranormal" – H.G. Porteus, "E.P. and his Chinese Character: A Radical Examination".

biographie) – "Rilke é realmente desconhecido. As poucas tentativas que se fizeram para vertê-lo não foram felizes. Não são os tradutores os culpados. Eles estão habituados a traduzir o significado e não o tom do que é dito. Ora, aqui tudo é uma questão de tom." Não é à toa que Pasternak, dentro desta visada, que transcende o caso particular de Rilke e pode ser estendida aos textos criativos em geral, se aplicou a traduzir Shakespeare com um acento inconfundivelmente pessoal e permitindo-se uma grande liberdade de reelaboração[2]. Giuseppe Ungaretti, outro grande poeta-tradutor, faria algo de semelhante, não já com o teatro, mas com os sonetos shakespearianos.

No Brasil, não nos parece que se possa falar no problema da tradução criativa sem invocar os manes daquele que, entre nós, foi o primeiro a propor e a praticar com empenho aquilo que se poderia chamar uma verdadeira teoria da tradução. Referimo-nos ao pré-romântico maranhense Manuel Odorico Mendes (1799-1864). Muita tinta tem corrido para depreciar o Odorico tradutor, para reprovar-lhe o preciosismo rebarbativo ou o mau gosto de seus compósitos vocabulares. Realmente, fazer um *negative approach* em relação a suas traduções é empresa fácil, de primeiro impulso, e desde Sílvio Romero (que as considerava "monstruosidades", escritas em "português macarrônico"), quase não se tem feito outra coisa. Mas difícil seria, porém, reconhecer que Odorico Mendes, admirável humanista, soube desenvolver um sistema de tradução coerente e consistente, onde os seus vícios (numerosos, sem dúvida) são justamente os vícios de suas qualidades, quando não de sua época. Seu projeto de tradução envolvia desde logo a ideia de síntese (reduziu, por exemplo, os 12106 versos da *Odisseia* a 9302, segundo tábua comparativa que acompanha a edição), seja para demonstrar que o português era capaz de tanta ou mais concisão do que o grego e o latim; seja para acomodar em decassílabos heroicos, brancos, os hexâmetros homéricos; seja para evitar as repetições e a

---

2. Sobre Pasternak tradutor de Shakespeare, à falta de um conhecimento direto dos textos, louvamo-nos nas abalizadas informações do Prof. Boris Schnaiderman.

monotonia que uma língua declinável, onde se pode jogar com as terminações diversas dos casos emprestando sonoridades novas às mesmas palavras, ofereceria na sua transposição de plano para um idioma não-flexionado. Sobre este último aspecto, diz ele: "Se vertêssemos servilmente as repetições de Homero, deixaria a obra de ser aprazível como a dele; a pior das infidelidades". Procurou também reproduzir as "metáforas fixas", os característicos epítetos homéricos, inventando compósitos em português, animado pelo exemplo dos tradutores italianos de Homero – Monti e Pindemonte – e muitas vezes extremando o paradigma, pois entendia a nossa língua "ainda mais afeita às palavras compostas e ainda mais ousada" do que o italiano. Preocupava-se em ser realista, em reproduzir exatamente a crueza de certas passagens dos cantos homéricos (sirva de exemplo o episódio da aparição de Ulisses a Nausícaa, e as críticas que tece aos eufemismos usados pelo tradutor francês Giguet). Tinha a teima do termo justo, seja para a reprodução de um matiz da água do mar, seja para a nomeação de uma peça de armadura. Suas notas aos cantos traduzidos dão uma ideia de seu cuidado em apanhar a vivência do texto homérico, para depois transpô-lo em português, dentro das coordenadas estéticas que elegera (veja-se a comparação que faz entre a jangada de Ulisses – *Odisseia*, Livro v – e a usada pelos jangadeiros do Ceará; ou a passagem em que reporta o uso, no Maranhão, de um caldeirão de ferro semelhante à trípode grega). Discute, e muitas vezes refuta duramente as soluções dos tradutores que o precederam em outras línguas. Adota a técnica da interpolação, incorporando versos de outros poetas (Camões, Francisco Manoel de Melo, Antônio Ferreira, Filinto Elísio), quando entende que certa passagem homérica pode ser vertida através desse expediente. É óbvio que sua prática não está à altura de sua teoria, que muitas de suas soluções, de seus arrevesamentos sintáticos e, em especial, de seus compósitos, são mesmo sesquipedais e inaceitáveis. Para isto também contribui o fator tempo. Assim, "velocípede Aquiles", para "Aquiles de pés velozes" ou simplesmente "veloz", soa caricato, quando hoje velocípede é a denominação corriqueira de um veículo para crianças. Mas outros neologismos, posto de lado o preconceito contra o maneirismo, que não pode ter mais vez para a sensibilidade moderna, configurada por escritores como o Joyce das palavras-montagem ou o nosso Guimarães Rosa das inesgotáveis invenções vocabulares, são perfeitamente bem-sucedidos, como íris *alidourada*, *criniazul* Netuno, ou, para um rio, *amplofluente* ou, ainda, *bracicândida* para Helena, tudo dentro do contexto que cria e das regras do jogo que estabeleceu. Consegue muitas vezes reproduzir aquela *melopeia* que, segundo Pound, tem seu auge no grego homérico:

> Purpurea morte o imerge em noite escura,
>
> Brilha puníceo e fresco entre a poeira,

algo que teria o timbre de "poesia pura" para um ouvido bremondiano.

Em matéria de sonoridade, que já raia quase pelo "sonorismo" graças ao impressionante e ininterrupto desfile de onomásticos e patronímicos gregos, é de se ver a enumeração dos nomes dos capitães das naus helenas e de suas terras de origem nos versos 429 e seguintes do Livro ii da *Ilíada*, que Odorico esmerou-se em passar para o português, rebelando-se contra a ideia de saltar o trecho[3]. É feliz na transcrição onomatopaica do ruído do mar, uma constante incidência na epopeia homérica:

> Muge horríssona vaga e o mar reboa,
> Com sopro hórrido e ríspido encapelam
> O clamoroso pélago [...]

Uma pedra-de-toque, que E.P. seleciona como exemplo de "melopeia intraduzível", o verso:

> para thina polyphlóisboio thalasses, –

---

3. Nota para esta edição: Roland Barthes (*Essais Critiques*), escrevendo sobre o *Mobile* de Michel Butor, chama a atenção sobre a atualidade de que se podem revestir estas enumerações homéricas, verdadeiros "catálogos épicos" como Barthes as denomina, a testemunhar "a infinita compossibilidade da guerra e do poder". Odorico andou bem, por mais de um título, ao censurar as tradutores que as omitiam de suas versões.

"o ímpeto das ondas na praia e seu refluxo", comenta Pound[4], – faz boa figura na versão de Odorico (admitida a hipérbase):

> Pelas do mar fluctissonantes praias.

Tem o tradutor também, aqui e ali, seus bons momentos de "logopeia", como, por exemplo, vários do Livro xi da *Odisseia*. Este como amostra (a descrição do espectro de Hércules no ato de disparar uma flecha):

> Cor da noite, ele ajusta a frecha ao nervo,
> Na ação de disparar, tétrico olhando.

Naturalmente, a leitura das traduções de Odorico é uma leitura bizarra e difícil (mais difícil que o original, opina, com alguma ironia, João Ribeiro, que aliás o encarou compreensivamente). Mas na história criativa da poesia brasileira, uma história que se há de fazer, muitas vezes, por versos, excertos de poemas, "pedras-de-toque", antes que por poemas inteiros, ele tem um lugar assegurado. E para quem se enfronhar na sua teoria da tradução, exposta fragmentariamente nos comentários aos cantos traduzidos, essa leitura se transformará numa intrigante aventura, que permitirá acompanhar os êxitos e fracassos (mais fracassos do que êxitos talvez) do poeta na tarefa que se cometeu e no âmbito de sua linguagem de convenções e fatura especiais; pois, diversamente do que pareceu a Sílvio Romero, o fato de o maranhense ter-se entregue a sua faina a frio ("sem emoção") e munido de um "sistema preconcebido" é, a nosso ver, precisamente o que há de mais sedutor em sua empresa.

Os "maneirismos" de Chapman, seus "excessos de ornamento aditivo", seus "parênteses e inversões que tornam a leitura em muitos pontos difícil", não impedem que Ezra Pound ("Early Translators of Homer") reconheça nele o

---

4. Ezra Pound tentou duas adaptações deste verso: "...imaginary / Audition of the phantasmal sea-surge" ("Mauberley") e "he lies by the poluphloisboious sea-coast" ("Moeurs Contemporaines"). Nota para esta edição: "Pelas praias do mar polissonoras" é como gostaríamos de traduzir esta linha.

"melhor tradutor inglês de Homero"; nem o fato de que Pope esteja *out of fashion* inibe o mesmo Pound de apreciar-lhe os tópicos inventivos, embora ressalve também que essas traduções inglesas do grego, "cheias de belas passagens", "não oferecem uma satisfação prolongada ou cabal". Serão talvez as traduções de Odorico, como diz E.P. das de Chapman e Pope, "traduções de interesse para especialistas", mas nem por isso sua presença pode ser negligenciada. Mormente quando se percebe, na voz solitária de um outro maranhense, o revolucionário Sousândrade da segunda geração romântica, nas insólitas criações vocabulares do autor do *Guesa Errante*, o influxo de Odorico. O "Pai Rococó", como o chama Sousândrade. Confira-se este trecho (gongorino-mallarmaico!) do *Novo Éden*, onde Sousândrade persegue uma sonoridade grega:

> Alta amarela estrela brilhantíssima;
> Cadentes sul-meteoros luminosos
> Do mais divino pó de luz; véus ópalos
> Abrindo ao oriente a homérea rododáctila
> Aurora!...[5]

Quando os poetas concretos de São Paulo se propuseram uma tarefa de reformulação da poética brasileira vigente, em cujo mérito não nos cabe entrar, mas que referimos aqui como algo que se postulou e que se procurou levar à prática, deram-se, ao longo de suas atividades de teorização e de criação, a uma continuada tarefa de tradução. Fazendo-o, tinham presente justamente a didática decorrente da teoria e da prática poundiana da tradução e suas ideias quanto à função da crítica – e da crítica via tradução – como "nutrimento do impulso" criador. Dentro desse projeto, começaram por traduzir em equipe dezessete *Cantares* de Ezra Pound, procurando reverter ao mestre moderno da arte da tradução de poesia os critérios de tradução criativa que ele próprio defende em seus escritos. Em seguida, Augusto de Campos

5. Nota para esta edição: "Rhododáctylos Eos", "a Aurora dos dedos cor- -de-rosa", é o epíteto cunhado por Homero. Odorico tem esta bela solução: "a dedirrósea Aurora".

empreendeu a transposição para o português de dez dos mais complexos poemas de e. e. cummings, o grande poeta norte-americano recentemente falecido, poemas onde inclusive o dado "ótico" deveria ser como que traduzido, seja quanto à disposição tipográfica, seja quanto à fragmentação e às relações interlineares, o que implicava, por vezes, até mesmo a previsão do número de letras e das coincidências físicas (plásticas, acústicas) do material verbal a utilizar. Além de outras experiências com textos "difíceis" (desde vanguardistas alemães e haicaístas japoneses até canções de Dante, trovadores provençais e "metafísicos" ingleses), poetas do grupo (no caso Augusto de Campos em colaboração com o autor destas linhas) tentaram recriar em português dez fragmentos do *Finnegans Wake*, vários dos quais não traduzidos em nenhum outro idioma (salvo erro, o romance-poema de Joyce só foi, até agora, vertido em curtos excertos, pouco numerosos, para o francês, o italiano, o alemão e o tcheco, nos dois primeiros casos trabalho de equipe, com a participação do próprio Joyce). Destes ensaios, feitos antes de mais nada com *intelletto d'amore*, com devoção e amor, pudemos retirar, pelo menos, um prolongado trato com o assunto, que nos autoriza a ter ponto de vista firmado sobre ele.

A tradução de poesia (ou prosa que a ela equivalha em problematicidade) é antes de tudo uma vivência interior do mundo e da técnica do traduzido. Como que se desmonta e se remonta a máquina da criação, aquela fragílima beleza aparentemente intangível que nos oferece o produto acabado numa língua estranha. E que, no entanto, se revela suscetível de uma vivissecção implacável, que lhe revolve as entranhas, para trazê-la novamente à luz num corpo linguístico diverso. Por isso mesmo a tradução é crítica. Paulo Rónai cita uma frase de J. Salas Subirat, o tradutor para espanhol do *Ulysses* de Joyce, que diz tudo a este propósito: "Traduzir é a maneira mais atenta de ler". E comenta: "Precisamente esse desejo de ler com atenção, de penetrar melhor obras complexas e profundas, é que é responsável por muitas versões modernas, inclusive essa castelhana de Joyce".

Os móveis primeiros do tradutor, que seja também poeta ou prosador, são a configuração de uma tradição ativa (daí não ser indiferente a escolha do texto a traduzir, mas sempre extremamente reveladora), um exercício de intelecção e, através dele, uma operação de crítica ao vivo. Que disso tudo nasça uma pedagogia, não morta e obsoleta, em pose de contrição e defunção, mas fecunda e estimulante, em ação, é uma de suas mais importantes consequências. Muito se fala, por exemplo, das influências joyceanas na obra de Guimarães Rosa. Nenhuma demonstração será, porém, segundo pensamos, mais eloquente e mais elucidativa a respeito do que o simples cotejo de excertos do *Grande Sertão* com outros (recriados em português) do *Finnegans Wake*. Método ideogrâmico. Crítica através da análise e comparação do material (via tradução). A este trabalho se deu Augusto de Campos no seu estudo "Um Lance de *Dês* do Grande Sertão", de onde extraímos a seguinte amostra:

Grande Sertão: Veredas / p. 571 (fim)

E me cerro, aqui, mire e veja. Isto não é o de um relatar passagens de sua vida, em toda admiração. Conto o que fui e vi, no levantar do dia. Auroras. Cerro. O Senhor vê. Contei tudo. Agora estou aqui, quase barranqueiro. Para a velhice vou, com ordem e trabalho. Sei de mim? Cumpro. O Rio de São Francisco – que de tão grande se comparece – parece é um pau grosso, em pé, enorme... Amável o senhor me ouviu, minha ideia confirmou: que o Diabo não existe. Pois não? O senhor é um homem soberano, circunspecto. Amigos somos. Nonada. O diabo não há! É o que eu digo, se for... Existe é homem humano. Travessia.

Finnegans Wake (Finnicius Revém) / p. 627-628 (fim)
(tradução: Augusto + Haroldo de Campos)

Sim, me vou indo. Oh amargo fim! Eu me escapulirei antes que eles acordem. Eles não hão de ver. Nem saber. Nem sentir minha falta. E é velha e velha é triste e velha é triste e em tédio que eu volto a ti, frio pai, meu frio frenético pai, meu frio frenético feerível pai, até que a pura vista da mera aforma dele, as láguas e láguas dele, lamamentando, me façam maremal lamasal e eu me lance, ó único, em teus braços. Ei-los que se levantam! Salva-me de seus terrípertos tridentes! Dois mais. Um, dois morhomens mais. Assim. Avelaval. Minhas folhas se foram. Todas. Uma resta. Arrasto-a comigo. Para lembrar-me de. Lff! Tão maviosa manhã, a nossa. Sim. Leva-me contigo, paizinho, como daquela vez na feira de brinquedos! Se eu o vir desabar sobre mim agora, asas branquiabertas, como se viesse de Arkanjos, eu pênsil que decairei a seus pés, Humil

44

Dumilde, só para lauvá-los. Sim, fim. É lá. Primeiro. Passamos pela grama psst trás do arbusto para. Psquiz! Gaivota, uma. Gaivotas. Longe gritos. Vindo, longe! Fim aqui. Nós após. Finn équem! Toma. Bosculaveati, me-memormim! Ati mimlênios fim. Lps. As chaves para. Dadas! A via a uma a una a mém a mor a lém a

O autor do presente ensaio dedicou-se ao aprendizado do idioma russo com o escopo definido de traduzir Maiakovski e outros poetas eslavos de vanguarda. Não nos cabe avaliar os primeiros resultados já obtidos nesse campo, mas reportar um experimento pessoal que poderá ter interesse. Escolhemos para tentativa inicial o poema "Sierguiéiu Iessiêninu" ("A Sierguiéi Iessiênin"), escrito por Maiakovski quando do suicídio daquele seu contemporâneo (e adversário de ideais estéticos). A propósito desse poema, Maiakovski desenvolve toda a sua teoria da composição poética, num estudo admirável – *Como se Fazem Versos?* – traduzido para o espanhol por Lila Guerrero e para o francês por Eisa Triolet. Pois bem, o exercício da tradução para a nossa língua desse poema, proposto como recriação, através de equivalentes em português, de toda a elaboração formal (sonora, conceitual, imagética) do original, permitiu-nos refazer, passo a passo, as etapas criativas descritas por Maiakovski em seu trabalho teórico, e, *mutatis mutandis*, repetir as operações de testagem e eleição de cada linha do poema entre as várias possibilidades que se apresentavam à mente, tendo em vista sempre o projeto e as exigências do texto maiakovskiano. Foi, para nós, a melhor *leitura* que poderíamos jamais ter feito do poema, colando-o à sua matriz teorética e revivendo a sua *praxis*, uma leitura verdadeiramente crítica. Um exemplo: há no original uma aliteração que merece especial ênfase nos comentários do poeta:

Gdié on / bronzi zvon / ili granita gran.

Literalmente, seria: "onde o ressoar do bronze ou a aresta de granito", – referência ao monumento que ainda não se erguera ao poeta morto. Sem fugir do âmbito semântico, a fidelidade ao efeito desejado pelo poeta levou-nos a "traduzir" a aliteração, antes que o sentido. E ficou:

Onde / o som do bronze / ou o grave granito,

substituindo-se o substantivo "aresta", "faceta", pelo adjetivo "grave", porém mantido o esquema sonoro do original.

De experiências como esta, se nada mais, decorre pelo menos a convicção, que sustentamos agora, da impossibilidade do ensino de literatura, em especial de poesia (e de prosa a ela equiparável pela pesquisa formal), sem que se coloque o problema da amostragem e da crítica via tradução. Sendo universal o patrimônio literário, não se poderá pensar no ensino estanque de uma literatura. Ora, nenhum trabalho teórico sobre problemas de poesia, nenhuma estética da poesia será válida como pedagogia ativa se não exibir imediatamente os materiais a que se refere, os padrões criativos (textos) que tem em mira. Se a tradução é uma forma privilegiada de leitura crítica, será através dela que se poderão conduzir outros poetas, amadores e estudantes de literatura à penetração no âmago do texto artístico, nos seus mecanismos e engrenagens mais íntimos. A estética da poesia é um tipo de *metalinguagem* cujo valor real só se pode aferir em relação à *linguagem-objeto* (o poema, o texto criativo enfim) sobre o qual discorre. Não é à toa, reciprocamente, que tantos poetas, desde o exemplar ensaio de Edgar Allan Poe "The Philosophy of Composition", se preocuparam em traçar a gênese de seus poemas, em mostrar que a criação poética pode ser objeto de análise racional, de abordagem metódica (uma abordagem que não exclui, de modo algum, a intuição sensível, a descrição fenomenológica, antes se completa por elas).

O problema da tradução criativa só se resolve, em casos ideais, a nosso ver, com o trabalho de equipe, juntando para um alvo comum linguistas e poetas iniciados na língua a ser traduzida. É preciso que a barreira entre artistas e professores de língua seja substituída por uma cooperação fértil, mas para esse fim é necessário que o artista (poeta ou prosador) tenha da tradução uma ideia correta, como labor altamente especializado, que requer uma dedicação amorosa e pertinaz, e que, de sua parte, o professor de língua tenha aquilo que Eliot chamou de "olho criativo", isto é, não esteja bitolado por preconceitos acadêmicos, mas sim encontre na colaboração para a recriação de uma obra de arte verbal aquele júbilo particular que vem de uma beleza não para a contemplação, mas de uma beleza para a ação ou em ação. O dilema a que se refere H.G. Porteus ao comparar as versões de poemas chineses feitas pelo orientalista Arthur Waley (certamente competentíssimas como fidelidade ao texto) e por Ezra Pound (indubitavelmente exemplares como criação) –

> Pound é antes de mais nada um poeta. Waley é antes de mais nada um sinólogo. Nos círculos sinológicos, sem dúvida, as incursões de Pound no chinês despertam apenas um esgar de desdém… Por outro lado, as pessoas sensíveis às belezas sutis do verso poundiano não podem tomar a sério a técnica poética de erro e acerto do Sr. Waley

– deve ser superado no projeto de um LABORATÓRIO DE TEXTOS, onde os dois aportes, o do linguista e o do artista, se completem e se integrem num labor de tradução competente como tal e válido como arte. Num produto que só deixe de ser fiel ao significado textual para ser inventivo, e que seja inventivo na medida mesma em que transcenda, deliberadamente, a fidelidade ao significado para conquistar uma lealdade maior ao espírito do original transladado, ao próprio signo estético visto como entidade total, indivisa, na sua realidade material (no seu suporte físico, que muitas vezes deve tomar a dianteira nas preocupações do tradutor) e na sua carga conceitual. Nesse LABORATÓRIO DE TEXTOS, de cuja equipe participariam linguistas e artistas convidados, e que poderia cogitar de uma linha de publicações experimentais de textos recriados, poder-se-iam desenvolver, em nível de seminário, atividades pedagógicas tais como a colaboração de alunos em equipes de tradução ou o acompanhamento por estes das etapas de uma versão determinada, com as explicações correlatas do porquê das soluções adotadas, opções, variantes etc.

BIBLIOGRAFIA
(na ordem em que os autores são referidos no texto)

FABRI, Albrecht. "Präliminarien zu einer Théorie der Literatur". *Augenblick*, nº 1, Stuttgart-Darmstadt, mar. 1958.
BENSE, Max. "Das Existenzproblem der Kunst", *idem*.

_____. *Programmierung des Schönen*. Baden-Baden und Krefeld: Agis-Verlag, 1960.

SARTRE, Jean-Paul. *Situations II* – "Qu'est-ce que la littérature?". Paris: Gallimard, 1951.

RÓNAI, Paulo. *Escola de Tradutores*. Rio de Janeiro: Livraria São José, 1956.

MORRIS, Charles. *Signs, Language and Behavior*. Prentice-Hall: N. York, 1950.

POUND, Ezra. *Literary Essays*. London: Faber & Faber, 1954.

_____. *The Translations of Ezra Pound* (com uma introdução de Hugh Kenner). London: Faber & Faber, 1953.

ELIOT, T.S. "Eurípedes y el Profesor Murray". *Los Poetas Metafísicos y otros ensayos sobre teatro y religion*. Tomo I, Buenos Aires: Emecé Editores, 1944.

PORTEUS, H.G. "*Ezra Pound and his Chinese Character: A Radical Examination*". In: Ezra Pound, *simpósio organizado por Peter Russel*, London-New York: Peter Nevil, 1950.

PASTERNAK, Boris. *Essai d'Autobiographie*. Paris, Gallimard.

MENDES, Manuel Odorico. *A Odisseia de Homero*. 2ª ed. São Paulo: Atena, 1957.

_____. *A Ilíada de Homero*. 2ª ed. São Paulo, Atena, 1958.

ROMERO, Sílvio. "Manuel Odorico Mendes". In: *História da Literatura Brasileira*. Tomo I. Rio de Janeiro: H. Garnier, 1902.

RIBEIRO, João. "Odorico Mendes – Odisseia". In: *Crítica*. Rio de Janeiro: Ed. Academia Brasileira de Letras, 1952, vol. I.

CAMPOS, Augusto de ; PIGNATARI, Décio; CAMPOS, Haroldo de. *Cantores de Ezra Pound*. Rio de Janeiro: Ministério da Educação e Cultura, Serviço de Documentação, 1960.

CAMPOS, Augusto de. *e.e.cummings: 10poemas*. Rio de Janeiro: Ministério da Educação e Cultura e Serviço de Documentação, 1960.

_____. "*Un Lance de Dês do Grande Sertão*". *Revista do Livro*, nº 16, dez. 1959, Rio de Janeiro: Instituto Nacional do Livro.

CAMPOS, Augusto de; CAMPOS, Haroldo de. *Panaroma* (*Fragmentos do Finnegans Wake de lames Joyce vertidos para o Português*). São Paulo: Comissão Estadual de Literatura, 1962.

CAMPOS, Haroldo de. "Maiakovski em Português: Roteiro de uma Tradução". *Revista do Livro*, nº 23-24, jul.-dez. 1961, Rio de Janeiro: Instituto Nacional do Livro.

Observação: A Editora Perspectiva publicou, em reedição, os dois últimos itens da presente bibliografia, a saber: *Panaroma do Finnegans Wake de James Joyce*, col. "Signos", nº 1, S. Paulo, 1971, 1986 (incluindo novas traduções); "O Texto como Produção (Maiakovski)", novo título do ensaio precedentemente estampado na *Revista do Livro*, em Campos, Haroldo de, *A Operação do Texto*, São Paulo, 1976.

48

3. DRUMMOND, MESTRE DE COISAS*

Não por coincidência, no ano em que completa seus sessenta anos, Carlos Drummond de Andrade dá-nos dois novos livros: *Lição de Coisas*, coletânea de seus poemas mais recentes, edição José Olympio; *Antologia Poética*, uma seleção de sua poesia até agora, segundo uma clarificadora sequência, que não é cronológica nem fásica, mas antes vetoriada por certas ocasiões temático-formais, e na qual se compilam, inclusive, alguns inéditos (Editora do Autor). Dizemos não por coincidência, porque Drummond é antes de mais nada um *maker*, um "inventor" (nele "tudo é palavra", já observou Décio Pignatari)[1], e, por isso mesmo, há nele essa capacidade rara de transferir mesmo as efemérides mais íntimas para o

---

* Publicado originalmente no Suplemento Literário de O *Estado de S. Paulo*, 27 out. 1962.

1. "Situação Atual da Poesia no Brasil" (tese-relatório para o II Congresso Brasileiro de Crítica e História Literária, 1961), revista *Invenção*, nº 1, São Paulo, 1962 e *Anais do Segundo Congresso Brasileiro de Crítica e História Literária*, edição da FFCL de Assis, São Paulo, 1963.

horizonte do fazer, de celebrá-las então não em "festa", mas em criação, na "luta corpo-a-corpo com a palavra", que deve ser, aliás, em poetas como ele, o secreto exercício para a perene juventude do espírito.

Não sabemos como os eternos custódios do bom-tom formal e os adversários empedernidos de toda poesia de aventura criativa – gente que tem do "humano" uma noção esquemática e pouco lisonjeira – não sabemos como vão fazer para "eludir e despistar", mas o fato é que o último livro de CDA é um livro que se coloca em cheio, e com alarde de recursos e experiências, na problemática da poesia brasileira (e/ou internacional) de vanguarda, perante a qual já se situaram, cada um por seu turno, com menor ou maior radicalidade, episódica ou definitivamente, poetas como Manuel Bandeira, Cassiano Ricardo, Edgard Braga. Referimo-nos especificamente às questões levantadas pelo movimento de poesia concreta e às suas demandas em prol de uma nova linguagem poética apta a refletir a civilização contemporânea, às quais CDA, sobre a omissão cômoda de muitos, soube enfrentar e replicar em termos de alta e personalíssima criação.

Com isto não se está querendo fazer qualquer miúda reivindicação de possíveis áreas de influência ou contágio, pois antes, no caso, se poderia argumentar que, ao contrário, foi a poesia concreta que assumiu as consequências de certa linha da poemática drummondiana (aquela que o crítico Oliveira Bastos rastreou, à maneira de um *continuum* formal", de Oswald a Drummond e deste a João Cabral, num artigo publicado no dealbar do movimento)[2]. De fato, para só dar uma amostra, um poema como "No Meio do Caminho", do livro de estreia de CDA (*Alguma Poesia*, 1930), composição que se tornou emblemática não só de sua poesia, mas de toda uma fase heroica de nosso modernismo, pode ser visto – e é assim que o veem os poetas concretos – como uma verdadeira "concreção" linguística, pois se utiliza de uma escandalosa técnica de repetições (e uma extrema redundância, como

---

2. "Esquema, Poesia e Processo", *Diário de Notícias*, Rio de Janeiro, 01 jan. 1956.

adverte Max Bense, já se pode constituir, por sua originalidade, em informação estética), para fazer dela o suporte tautológico no qual se engasta, como uma pérola na sua madrepérola, a emoção-surpresa ("Nunca me esquecerei desse acontecimento na vida de minhas retinas tão fatigadas"). De outro lado, a ninguém, a não ser por má-fé, ocorreria falar em tráfico de influências ao considerar o diálogo do octogenário Stravinsky com os jovens compositores de vanguarda, Boulez e Stockhausen, por exemplo[3]. Trata-se, sobretudo, de uma atitude crítica do criador responsável perante o devir de sua arte, de um referir-se e dotar-se incessante frente a novas circunstâncias que permitem engendrar no passado um presente e desgarrar deste um futuro, atitude objetiva e impessoal, que, por isso mesmo, admitirá não influências, mas confluências e pontos-de-encontro, sem prejuízo da autonomia das opções individuais.

Drummond, em *Lição de Coisas*, reencontra as matrizes de sua poesia, ainda coladas a 22, e retraça – retomando-o – o percurso de sua obra-em-progresso, apenas interrompido pela estação neoclassicizante de *Claro Enigma* (1951)[4]. Pois o Drummond que decifrara (ou cifrara) o "pequeno mistério gramatical" de "Aporo", poeta da perquirição ontológica sobre o próprio poema; o Drummond que emprestara a "gravata chamejante" de Neruda e saudara Maiakovski, que quisera ver seu poema "atravessado pelo povo", o Drummond participante de "Nosso Tempo" 64 *Rosa do Povo*, 1943-1945), capaz de aparar o *élan* tribunício no gume acerado da ironia ou da derrisão, de repente (e não por acaso nas circunvoluções da "guerra fria" do segundo pós-guerra) começou a entediar-se dos acontecimentos. "Les événements m'ennuient", Valéry, é a significativa epígrafe de *Claro Enigma*. E ei-lo a praticar esse tédio alienante, reescrevendo em soneto ("Legado") o seu "No meio do caminho tinha uma pedra", que virou "uma pedra que havia em meio do

---

3. Documento desse diálogo é, por exemplo, a apresentação de Pierre Boulez para o disco *La Conjonction Strawinsky/Webem* (Vega C 30 A 120), concertos do "Domaine Musical" (1957).

4. Retomamos aqui o fio de uma análise iniciada por Pignatari na tese-relatório citada.

caminho", em polida e castiça chave-de-ouro. Isto para nos demonstrar, talvez – como se fosse possível prestar tributo à tradição viva senão pela criação viva – sua mestria do idioma, sua familiaridade com as formas fixas, sua perícia metrificante, sua incorporação enfim a uma "tradição". Esta pausa, certamente o afélio de seu itinerário poético, compreensível numa quadra em que, sociologicamente, o País entrava em compasso de espera e, esteticamente, nossa poesia andava atacada da nostalgia da "restauração"; em que o modernismo era dado como um ciclo encerrado e "modernista" passava a ser uma caracterização depreciativa; em que se tomava *fôrma* por forma e um Oswald – esse incansável inventor de novas formas – era acusado de ter praticado uma poesia (e uma prosa) sem preocupações formais...; esta pausa – não fosse Drummond quem é – revelou-se, porém, não como uma demissão das conquistas anteriores, mas como a tomada de impulso (premeditada ou não, pouco importa) para um novo arranque qualitativo. Tudo isto sem embargo de que, no próprio *Claro Enigma*, a guinada neoclassicista foi às vezes, nos melhores poemas, pretexto para memoráveis excursos de dicção – exercícios que um Pound faria, mas coerentemente, via tradução – dentre os quais não pode ficar sem menção o "A Máquina do Mundo", ensaio de poesia metafísica (quem sabe até de secreta teodiceia laica), no qual se recorta o perfil dantesco.

Agora, nesta *Lição de Coisas* (agora? já antes, num poema como "A um Hotel em Demolição", de *A Vida Passada a Limpo*, 1959), CDA atira mais uma vez para diante o marco miliário de sua poesia e, com ele, o da poesia brasileira. Nesta *Lição de Coisas*, se não há o "parti pris des choses" de Ponge (que Sartre entendeu como um afã de "minéralizer les hommes", mas que Robbe-Grillet, com mais propriedade, vê como uma "anthropomorphisation des choses")[5]; se não há atitude lucreciana de redescoberta das coisas da natureza em termos humanos que preside o roteiro do poeta francês, há porém

---

5. Sartre, "L'homme et les choses", *Situations I*; a afirmação de Robbe-Grillet foi feita em conferência pronunciada em 14 set. 1962 na FFCL da USP, em resposta a uma questão que lhe propusemos.

(e nisto se parecem) a consideração do poema como objeto de palavras, a resolução última de tudo – emoção, paisagem, ser, revolta – na suprema instância da coisa-palavra. Aqui, o poema se abre a todas as pesquisas que constituem o inventário da nova poesia: ei-lo incorporando o visual, fragmentando a sintaxe, montando ou desarticulando vocábulos, praticando a linguagem reduzida. Não que estas perquirições surgissem só hoje em Drummond. Provariam o contrário peças como "Canto Esponjoso" (*Novos Poemas*, 1946-1947):

> Valvas, curvos pensamentos, matizes da luz
> azul
> completa
> sobre formas constituídas,

ou aquele poema de 1957, jamais republicado, dedicado ao edifício do MAM do Rio de Janeiro, onde aparece:

> Uma concreção
> do mistério prístino
> feito matemática,

e onde a sigla MAM é projetada no branco da página, como uma constelação móvel. Mas sim que, em *Lição de Coisas*, elas se intensificam e se radicalizam. Desde logo, em poemas com "Terras", "O Sátiro", há uma reconsideração da poesia--minuto de Oswald e um reencontro com peças como "Cidadezinha Qualquer" e "Anedota Búlgara" do CDA estreante. Aliás, a linguagem reduzida é programática de toda uma grande linha do poeta, para a qual valeria o remate crítico do "Poema-Orelha" (*Poemas*, 1959): "e a poesia mais rica é um sinal de menos"[6]. Sobretudo, neste livro dos sessenta anos, o poeta reassume sua constante dialética mais autêntica (o seu "Projeto" como formulou Décio Pignatari), fazendo,

---

6. Esta poesia com sinal de menos, esta poesia reduzida à essencialidade de seu processo de signos, vinha aliás sendo perseguida também de maneira programática (porém ainda mais radical) pela poesia concreta. Não é à toa que a série de poemas-partitura de Augusto de Campos, escrita em 1953 sob a inspiração da "melodia de timbres" de Webern, se intitulava "Poetamenos" (publicada em *Noigandres*, nº 2, 1955).

concomitantemente, poesia de reflexão crítica e poesia de participação, ou, como nos agradaria dizer, *poesia-poesia* e *poesia-para*. Os acontecimentos voltaram a "ofendê-lo" (é o que se lê na introdução do livro) e, sob o impacto deles, dissolveu-se feito uma bruma o *ennui* absenteísta de *Claro Enigma*. A reabertura à "matéria do presente", aos novos conteúdos do presente problemático e contundente, significou mais uma vez, neste poeta paradigmal, a insatisfação com o repertório formal fixado pela tradição e, pois, uma reabertura recíproca às novas formas provocadas por esse presente. Nisto sua poesia é isomórfica ao seu sentimento do mundo. Exemplo da primeira linha (*poesia-poesia*) é o admirável "Isso é Aquilo", poema-dicionário dos acasos da composição, a girar sobre si mesmo num eixo mallarmaico, sem dúvida alguma um dos pontos mais altos da atual poesia brasileira (não será talvez fortuito registrar que o germe deste poema já parece estar em "Os Materiais da Vida", dell *Vida Passada a Limpo*). Na mesma vertente, "Massacre" e "F". Exemplo da segunda (*poesia-para*) é "A Bomba", poema visual, que se monta aparentemente arbitrário, como se os sintagmas que o formam fossem combinados por um computador eletrônico ao qual se ministrasse um programa operacional (experiência nesse sentido, e não por coincidência usando, entre outros, excertos de um texto sobre a explosão de Hiroxima, foi realizada recentemente em Milão pelo *nuovissimo* Nanni Balestrini, redundando num curioso fragmento, de atmosfera quase surreal, "Tape Mark l")[7]. A "Bomba" drummondiana, porém, sobre a primeira impressão de gratuidade e sobre o que haveria eventualmente de fácil nessa pré-fabricação em série de paralogismos, consegue afinal impor um contexto coerente e envolvente, de revolta contra a corrida bélica e de fé no humanismo pacifista. Faz pensar, sem prejuízo de sua incontestável autonomia, em "Bomb", o caligrama atômico do jovem poeta norte-americano Gregory Corso, que recorre também a uma combinatória de estilhaços semânticos, embora o poema de Corso – seguramente uma

7. O poema de Balestrini encontra-se na secção "Poesia Elettronica" de seu livro *Come si agisce*, Milão, Feltrinelli, 1963.

das mais válidas realizações da poesia *beat* – se esgote antes, como endereço ideológico, na rampa para o vazio do desespero anárquico e apocalíptico[8]. Num outro âmbito de participação (participação de existência), o lirismo fenomenológico de "Amar-amaro" e a cartografia vivencial de "A Palavra e a Terra", ambos sob o signo do experimento verbal. Não que em *Lição de Coisas* tudo conte. Várias coisas não contam e podem ser descartadas: certa poesia comemorativa e/ou memorial (inclusive uma esporádica recaída no soneto); certos poemas "padrescos" que se salvam pelo fio fino do humor; alguma insistência no "discurso maior". Mas o que conta, além de numeroso, é, principalmente, fundamental.

Na *Antologia Poética*, também lançada este ano como já ficou dito, estão alguns excelentes inéditos ("Descoberta", "Cerâmica"). Importa, ademais, como lacônico mas esclarecedor depoimento do poeta sobre os caminhos de sua poesia, observar a arrumação não lógica, mas analógica, que CDA dá às produções extraídas de seus vários livros (inclusive de *Lição de Coisas*), distribuindo-as pelos seguintes compartimentos: "1) o indivíduo; 2) a terra natal; 3) a família; 4) amigos; 5) o choque social; 6) o conhecimento amoroso; 7) a própria poesia; 8) exercícios lúdicos; 9) uma visão, ou tentativa de, da existência", tudo isto correspondendo, em nomenclatura mais translata, a: "1) um eu todo retorcido; 2) uma província: esta; 3) a família que me dei; 4) cantar de amigos; 5) na praça de convites; 6) amar-amaro; 7) poesia contemplada; 8) uma, duas argolinhas; 9) tentativa de exploração e de interpretação do estar-no-mundo". O total gera, para quem se dispuser a meditá-lo, um ideograma crítico da obra de CDA[9].

8. O poema de Corso está, sob forma de encarte, no seu livro *The Happy Birthday of Death*, New York, New Directions Paperbook, 1960.

9. A objetividade crítica nos impõe registrar que, nestes anos que se seguiram à publicação de *Lição de Coisas* e da *Antologia*, a produção poética de Drummond, pelo menos a julgar dos poemas divulgados em jornais e revistas, decaiu bruscamente de seu nível de invenção, parecendo enveredar para novo impasse "entediado", semelhante ao ocorrido na fase do *Claro Enigma*. Sintomático dessa recidiva estético-ética é o poema "Apelo a meus Dessemelhantes em Favor da Paz", Suplemento Literário de *O Estado de S. Paulo*, 05 set. 1964.

4. A LINGUAGEM DO IAUARETÊ*

O lugar privilegiado que a prosa de Guimarães Rosa ocupa no ficcionismo de nossos dias se explica por uma coisa: sua maneira de considerar o problema da linguagem. Do assim chamado *rayonnement* de James Joyce – que abrange prosadores como os americanos Thomas Wolfe e John Dos Passos, ou os alemães Hermann Broch e Alfred Döblin, por exemplo – praticamente ninguém ousou herdar as implicações da revolução joyceana no que nela havia de perturbação do instrumento linguístico. Usou-se muito a técnica do "monólogo interior" ("stream of consciousness"), aproveitaram-se os processos de montagem cinematográfica, lançou-se mão, a mais não poder, da ruptura da linearidade, daquilo que na obra do mestre irlandês representava uma dimensão espaciotemporal da narração liquidadora do entrecho corrido e da personagem naturalisticamente delineada. Mas a pedra angular da

---

* Publicado originalmente no Suplemento Literário de *O Estado de S. Paulo*, 22 dez. 1962.

empreitada joyceana, fulcrada na criação de um novo léxico, feito de contínuas invenções semânticas, esta permaneceu quase sempre relegada, marco de um desafio temível, que era mais fácil contornar do que enfrentar. Ainda há pouco, o lançador e teórico do *nouveau roman* francês, Alain Robbe--Grillet – que reivindica Joyce como um dos principais patronos de sua proposta renovação romanesca – admitiu a *sagesse* gramatical de seu estilo, um verdadeiro "francês básico", em contraposição à desintegração joyceana do léxico tradicional[1]. E se é assim com relação a Robbe-Grillet – que pratica implacável e coerentemente essa sua gramática elementar –, não o deixa de ser também igualmente, no tocante a Michel Butor, muito mais "homem de letras" que seu companheiro, e cuja prosa revela todo um lastro de erudição livresca, incompatível com a exemplar secura robbegrilletiana. Pois Butor, que em seu *Repertoire* estuda o Pound de *The Cantos* e o Joyce de *Finnegans Wake*; que em *La Modification* se permite interpolar uma pedra-de-toque poundiana, o verso de Guido Cavalcanti "E fa di clarità l'aer tremare" ("elle faisait trembler l'air de clarté", p. 100); que, numa passagem ápice do mesmo romance (p. 222), lança mão dos sonoros nomes das divindades romanas menores, numa evidente reminiscência joyceana (Cunnina, Statulina, Edulica são invocadas no *Finnegans Wake*, p. 561), o próprio Butor, cuja linguagem é muito mais metafórica e muito mais "brilhante", presta respeito litúrgico ao dicionário extante.

Já Guimarães Rosa retoma de Joyce aquilo que há de mais joyceano: sua (como disse Sartre) "contestação da linguagem comum", sua revolução da palavra, e consegue fazer dela um problema novo, autônomo, alimentado em latências e possibilidades peculiares à nossa língua, das quais tira todo um riquíssimo manancial de efeitos. Neste sentido, ao *nível da manipulação linguística*, a ficção rosiana é mais atual, menos comprometida com o passado, com o assim

---

1. Sob este ponto de vista, o "novo romance" francês pareceria antes um "pré-nouveau roman", como observou Décio Pignalári nos debates que se seguiram à conferência pronunciada por Robbe-Grillet na FFCL da USP (14 set. 1962) à qual nos estamos reportando nesta passagem.

58

dito romance burguês do século XIX, que o *nouveau roman* francês[2].

Estas reflexões surgem a propósito de um conto de Guimarães Rosa publicado na revista *Senhor* (Rio de Janeiro, março de 1961; republicado em *Estas Estórias*, Rio de Janeiro, Livraria José Olympio Editora, 1969), que representa, a nosso ver, o estágio mais avançado de seu experimento com a prosa. Trata-se de "Meu Tio, o Iauaretê". Se em *Grande Sertão: Veredas* a linguagem é o palco móvel para o embate metafísico entre o homem e o Demo; se num conto como "Cara-de-Bronze" (de *Corpo de Baile*) se pode vislumbrar uma espécie de prosa da prosa ou metaprosa, problema mallarmeano de Mestre e Discípulo (o Velho, que "fazia os cálculos", e o Grivo, que a seu mando foi buscar "o quem das coisas"), aqui, neste "Iauaretê", a prosa incorpora o "momento mágico ou da metamorfose", como queria Pound no projeto de seus *Cantores*, ela se faz o âmbito ovidiano onde se cumpre a metamorfose em ato. Então, não é a história que cede o primeiro plano à palavra, mas a palavra que, ao irromper em primeiro plano, configura a personagem e a ação, devolvendo a história. O conto é um longo monólogo-diálogo (o diálogo é pressuposto, pois um só protagonista interroga e responde) de um onceiro, perdido na solidão dos gerais, que recebe em seu rancho a visita inesperada de um viajante cujos camaradas se extraviaram. O onceiro, meio-bugre, desfia sem parar a sua fala, contando casos de onças e de zagaieiros, bebendo cachaça, tentando entreter o hóspede e fazê-lo dormir, com algum propósito maligno que sua conversa ora vela, ora revela. Sua fala é tematizada por um "Nhem?" intercorrente, quase subliminar, que envolve um expletivo-indagativo "Hein?", mas que, como se vai verificando, é antes um "Nhennhem" (do tupi Nhehê ou nheeng, como registra Couto

---

2. Não se pode negar, porém, que do ponto de vista estrutural – isto é, do ponto de vista do que se poderia chamar de uma sintaxe romanesca – Butor, a partir de *Mobile* (Gallimard, 1962), vem avançando com decisão cada vez mais acentuada por caminhos aos quais Rosa pouco se aventurou (apenas em "Cara de Bronze" se encontram experiências de estruturação do texto no sentido a que ora nos referimos). Ver, a propósito, o estudo de Augusto de Campos "A Prosa é Mobile", Suplemento Literário de O *Estado de S. Paulo*, 23-30 mar. 1963).

59

de Magalhães em seu *Curso de Língua Tupi Viva ou Nhehen-gatu*)³, significando simplesmente "falar". Rosa cunha mesmo, em abono dessa linha de interpretação, o verbo "nheengar" ("...em noite de lua incerta ele gritava bobagem, gritava, nheengava..."), de pura aclimatação tupi, e juntando a "jagua-retê" (tupinismo para onça) a terminação "nhennhém" (ou "nhem"), como se fora uma desinência verbal, forma palavras-montagem ("jaguanhenhém", "jaguanhém") para exprimir o linguajar das onças ("Eh, ela rosneou e gostou, tornou a se esfregar em mim, mião-miã. Eh, ela falava comigo, jaguanhenhém, jaguanhém..."). Destes compósitos, tira variantes com significado análogo (Miei, miei, jaguara-inhém, jaguaranhinhenhém..."), comportando porém uma nuança: miado de filhote de onça, de "jaguaraim". Então já se percebe que, neste texto de Rosa, além de suas costumeiras práticas de deformação oral e renovação do acervo da língua (frequentemente à base de matrizes arcaicas ou clássicas inje-tadas de surpreendente vitalidade), um procedimento prevalece, com função não apenas estilística mas fabulativa: a tupinização, a intervalos, da linguagem. O texto fica, por assim dizer, mosqueado de nheengatu, e esses rastros que nele aparecem preparam e anunciam o momento da meta-morfose, que dará à própria fábula a sua fabulação, à história o seu ser mesmo. Para ver como funciona o processo, basta atentar para o fato de que o tigreiro, em seu rancho encravado em plena "jaguaretama" (terra de onças), enquanto conta, para seu hóspede desconfiado e que reluta em dormir, histó-rias de onça, está também falando uma linguagem de onça. Interjeições e expletivos, resmungos onomatopaicos, inter-polam-se desde o começo de sua fala ("Hum? Eh-eh"... "Ã-hã"... "Hum, hum"... "Hum-hum"... "n't, n't"... "Ixe!"... "Axi"... "Hã-hã"...)⁴ e se confundem com (ou se resolvem em)

---

3. Apêndice da obra *O Selvagem*, 2ª ed., São Paulo, Cia. Editora Nacional, 1935.

4. "Eh-eh" poderia talvez encobrir a expressão tupi para "sim", ou seja: "eê" ou "eêhegue"; "Ã-hã" tem toda a probabilidade de ser a forma de nega-ção reservada aos homens "aan, aáni"; "Ixe" coincide com o pronome pessoal "eu": "ixê" ou "xe". Um levantamento completo do glossário tupi usado direta ou veladamente nesta "estória" seria bastante revelador.

monossílabos tupis incorporados ao discurso, portando significado dentro dele se interpretados lexicograficamente ("Sei acompanhar rastro. Ti… agora posso mais não, adianta não, aqui é muito lugaroso"). Esse "Ti" (como talvez o "n't", "n't" que aparece em outros pontos) será provavelmente o advérbio tupi de negação, que Couto de Magalhães dá como *Inti* ou *ti*. Noutras passagens, é o "quem" tupi (*Auá*) que reponta: "Caraó falava só bobagem. Auá? Caraó chamado Curiuã…"; "Auá? Nhoaquim Pereira Xapudo". Estas partículas são como que o fungar e o resbunar da onça, são o "jaguanhenhém" que toma conta do onceiro. O hibridismo do fraseado é acentuado sempre que o referente contextual acena para a onça e seus atributos: "Eh, catu, bom, bonito, porã-poranga!" (onde: "catu" = bom; "porã" ou "poranga" = bonito) é a transcrição do "pensamento" da onça, por exemplo. Como explica o onceiro: "Onça pensa só uma coisa – é que tá tudo bonito, bom, bonito, bom, sem esbarrar. Pensa só isso, o tempo todo, comprido, sempre a mesma coisa só…"

À medida que a história flui, o que parecia bravata do tigreiro para assustar seu hóspede ("Cê tem medo? Mecê, então, não pode ser onça… Cê não pode entender onça"; "Mecê acha que eu pareço onça? Mas tem horas em que eu pareço mais. Mecê não viu"; "Eh, onça é meu tio, o jaguaretê, todas"; "Então eu viro onça mesmo, hã. Eu mio"; "Onça é povo meu, meus parentes"; "De repente, eh, eu oncei…"), os "causos" de caçada e morte, de gente comida de onça e de jaguaretês carniceiros, só familiares para o zagaieiro, que lhes conhecia os nomes e as manhas, tudo vai convergindo para o clímax metamórfico. Este não é apresentado, mas presentado, presentificado pelo texto. O onceiro picado de remorsos pelas "pinimas" (onças pintadas) e "pixunas" (onças pretas) que matara, o caçador que não gostava de mulher mas tinha zelos de macho pela canguçu-fêmea Maria-Maria, acaba, arrastado por sua própria narrativa proteica, transformando-se em onça diante dos olhos de seu interlocutor (e dos leitores), como num filme de Val Lewton a protagonista se converte em pantera diante dos espectadores mediante um expediente de superposição de imagens. A transfiguração se dá isomorficamente, no momento em que a linguagem se desarticula, se quebra em resíduos fônicos, que soam como um rugido e como um estertor (pois nesse exato instante se percebe que o interlocutor virtual também toma consciência da metamorfose e, para escapar de virar pasto de onça, está disparando contra o homem-iauaretê o revólver que sua suspicácia mantivera engatilhado durante toda a conversa):

> Ui ui, mecê é bom, faz isso comigo não, me mata não... Eu – Macuncôzo... Faz isso não, faz não... Heeé... lié... Aar-rrâ... Aaâh... Cê me ar-rhoôu... Remuaci... Rêiucàanacê... Araaã... Uhm... Ui... Ui... Uh... uh... êeêe... êê... ê... ê...[5]

Assim, o nheengatu – de que Guimarães Rosa se vale certamente pela sua carga telúrica e pela sua enigmática familiaridade para os ouvidos brasileiros acostumados com tupinismos (em topônimos, antropônimos e mesmo em

---

5. Os rugidos de morte do homem-onça se resolvem também, aqui e ali, em significados. Assim, "Remuaci" pode ser visto como a montagem de "rê" ("amigo") + "muaci" ("meio irmão"); "Rêiucàanacê" pode ser desdobrado em "rê" ("amigo") + "iucá" ("matar") + "anacê" ("quase parente"). O homem-onça, vendo-se perdido, apela para seu interlocutor, porém já em língua-de-jaguar, com sons que querem inutilmente dizer: "Não me mate! Sou seu amigo, meio--irmão, quase parente!". Quanto a "Macuncôzo" (que não encontramos nos dicionários tupis que pudemos consultar), esclareceu-nos Guimarães Rosa em carta (26 abr. 1963): "...o macuncôzo é uma nota africana, respingada ali no fim. Uma contranota. Como tentativa de identificação (conscientemente, por ingênua, primitiva astúcia? Inconscientemente, por culminação de um sentimento de remorso?) com os pretos assassinados; fingindo não ser índio (onça) ou lutando para não ser onça (índio), numa contradição, perpassante, apenas, na desordem, dele, final, o sobrinho-do-iauaretê emite aquele apelo negro, nigrífico, pseudonigrificante, solto e só, perdido na correnteza de estertor de suas últimas exclamações". As vítimas prediletas da onça, no conto, eram todas pretos, o que completa a exegese anterior. Para ver se escapa da morte, o homem-jaguar procura se identificar com suas vítimas, escondendo-se sob um nome que embora soe como tupi é de extração africana. Assim, antidiscursivamente, Rosa carrega de conteúdo sua narrativa, reduzindo todo um torneio frásico a esta simples abreviatura sintagmática: "Eu – Macuncôzo". Nota para esta edição· Notável a *performance* do ator Carlos Augusto Carvalho, que conseguiu levar ao palco, com virtuosismo de oralização e comovente poder sugestivo, o longo monólogo/diálogo metamórfico do onceiro, operando em cena, diante dos espectadores fascinados, a transformação homem-onça. Cf. "Meu Tio o Iauaretê", adaptação de Walter George Dürst, com o ator-protagonista citado e o interlocutor – silente – adequadamente encarnado, em postura e movimento cênicos, por Paulo Gorgulho; Teatro Paiol, São Paulo, outubro de 1986.

62

expressões correntes, lexicalizadas) – intervém no texto para marcar o tema da onça e, quando o texto é por ele corroído, a ponto de ser lido como um quase-tupi ou um grau de aproximação estocástica ao tupi verdadeiro, então esse tema da onça encontra também sua resolução natural, ao nível da fabulação, na metamorfose (vista por dentro, de um ponto de vista linguístico, intrínseco) do onceiro em onça. Experiência que poderia assumir como lema, entendendo-o em sua máxima literalidade e radicalidade, o primeiro verso das *Metamorfoses* de Ovídio: "In nova fert animus mutatas dicere formas corpora" ("Quero falar das formas mudadas em novos corpos")[6].

6. Joyce, no *Finnegans Wake* (p. 244), tem um trecho zoomórfico, em que a linguagem se imbrica de nomes de bichos e insetos, alusões ao lobo Isengrin das fábulas de Grimm, à Arca de Noé etc. Nessa passagem, reminiscência dos passeios do autor pelos arredores do Jardim Zoológico de Zurique, ele procurou, segundo refere Leon Edel (*James Joyce – The Last Journey*), reproduzir "os sons animais esmorecemos na noite prestes a cair". Para que se possa fazer um confronto de técnicas, apresentamos abaixo, em forma de apêndice, a tradução desse trecho para o nosso idioma:

APÊNDICE (nota 6)

"Escurece, tingetinto, nosso funamburlesco mundanimal. Lamalaguna, aquela, à beira-rota, é montada pela onda. Avemaréa. Somos circunvelopardos pela obscuridade. Homens e bestas iriam. Desejo de não fazer nada, nem nada. Só lá. Zoono bom. Sec, surd, sobr'ulha, jazer, pss, sus pira rr. Ah. Onde se esconde nossa altanobre salve esposestirpe? A doida da família está lá dentro. Haha. ZoÓsim, onde está ele? Em casa, que pena. Com Nancy Nana. Travetsetseiro. Cão correu no milharal. Cão? Não. Isegrim orelhas--murchas. Até lobo! E ovelhas sineiras param sem fôlego. Todas. A trilha do Demo ainda não se vê, rolenrola, cerro acima, vale abaixo, vereda ruim para vagamundos. Nem atraviés da estrelândia aquela banda de prata. Que era sobressoa? Longonga é-tarde. Só longe, scielo! Silúmida, sus vê-se. Silène surge: Oh! Lun! Arca? No é? Nada mexe a moita. Veredas volúvias da libéluaranha pousam paz nos juncos. Refolha queda seus folhos. Graças tácitas. Vale! Orvalha."

63

5. MURILO E O MUNDO SUBSTANTIVO*

Há em *O Discípulo de Emaús* de Murilo Mendes, livro publicado em 1945, um aforismo que vale por toda uma programação estética: "Passaremos do mundo adjetivo para o mundo substantivo"[1]. Pode-se dizer que o itinerário do poeta, a culminar no *Tempo Espanhol*, de 1959, tem sido um longo empenho no sentido de transfundir essa posição teórica na prática de sua poesia. Dos livros anteriores de Murilo, o mais característico desse empenho é, a nosso ver, *Poesia Liberdade*, lançado em 1947, compreendendo a seção que lhe dá o título, de 1945, e uma segunda parte, "Ofício Humano", de 1943. O dado mais significativo da poética muriliana de então (e não apenas desse livro, onde ele se

---

* Publicado originalmente no Suplemento Literário de *O Estado de S. Paulo*, 19-26 jan. 1963.

1. A importância dos aforismos de *O Discípulo de Emaús* para a compreensão da poética de Murilo Mendes foi ressaltada por Luciana Stegagno Picchio, em seu "Itinerário Poético de Murilo Mendes", *Revista do Livro*, nº 16, dez. 1959, Rio de Janeiro, Instituto Nacional do Livro.

intensifica, mas já de muitos poemas de obras anteriores) é a introdução da *dissonância* no campo da imagem. Quando João Cabral de Melo Neto testemunha: "Sua poesia me foi sempre mestra, pela plasticidade e novidade da imagem. Sobretudo foi ela quem me ensinou a dar precedência à imagem sobre a mensagem, ao plástico sobre o discursivo", põe o dedo no cerne dessa poética. De fato, o poema de modo muriliano típico é uma espécie de gerador iterativo de sintagmas, que se escandem completos e acabados, uns após os outros, articulados por uma combinatória capaz de lobrigar a concórdia na discordância, uma versão atualizadíssima da barroca *discórdia concors* (Manuel Bandeira, celebrando o poeta, chamou-o com razão de "conciliador de contrários"). Esse poema de frases inteiras, não obstante, nega o discurso pela violência com que o corta em arestas sucessivas, arrombando com a alavanca da imagem imprevista e imprevisível a porta blindada do silogismo. Não há poesia mais avessa à beatitude morigerada do "clima" poético, ditada por certa preceptística neo-árcade (se o poema é sobre o mar, por exemplo, nunca se poderá admitir a intromissão no vocabulário do poeta de um gramofone ou de um rato, pois só serão lícitas palavras como "hipocampos", "nereidas", "algas" etc.), do que a desse *Poesia Liberdade*, onde "Todas as coisas ainda se encontram em esboço / Tudo vive em transformação". Vejamos alguns exemplos elucidativos da dissonância imagética muriliana:

O horizonte volta a galope / Curvado sob um martelo de espinhos.
Os engenheiros subterrâneos improvisaram uma ponte de camélias.
As lavadeiras no tanque branco / lavam o espectro da guerra.
Os rochedos colocam-se máscaras de pássaros asfixiantes.
O choque da foice contra o cristal dos milionários.
O choque das catástrofes migradoras / Com o silêncio das linhas retas
nas janelas.
Que se passará nos salões da gaivota?

Mais não se precisará transcrever para se demonstrar o âmbito plástico, visual, dessa poesia, que tira partido do conflito entre a linguagem dita "poética" e o coloquial, o jargão técnico-jornalístico do tempo, para assim projetar no espírito uma espécie de diorama fantástico, um *newsreel* transreal passado pelo carretel do automatismo surrealista sim, mas, antes disto, desenrolado pelo molinete feérico das "enumerações caóticas" de (como identificou Spitzer) rica e profunda tradição humanística. Nem se precisará ir mais adiante para se pôr em evidência sua especial articulação oracional, preferentemente assindética, que se move por períodos de andadura aparentemente escorreita e ordenação direta (sujeito-predicado-complemento) e, no entanto, que escandaliza a lógica pela maneira implacável com que a parodia.

À dissonância imagética, por seu turno, corresponde também uma rítmica dissonante. A poesia muriliana é estranhamente amelódica (entendida a melodia no sentido da música tradicional, aferido pela sensibilidade romântica). Livre da paupérrima convenção métrica, da falácia do metrônomo, essa poesia, para estruturar o parâmetro rítmico, vai convocar recursos sutilíssimos. Às vezes, por exemplo, o ritmo nasce da própria construção anafórica (como em "Choques", "Algo"); outras vezes, o poeta engendra uma célula rítmica cuja repetição, a espaços, em posição diversa no contexto, sustenta toda a armação sonora: é o caso da frase incisa *tambores velados* num poema como "O Túnel do Século".

Finalmente, e não com menos relevo, assinale-se a adequação isomórfica dessa estilística da dissonância praticada pelo Murilo Mendes de *Poesia Liberdade* com o próprio conteúdo conturbado do livro, composto de trabalhos escritos entre 1943 e 1945, na sua maior parte marcados pelo espantoso drama da Segunda Guerra Mundial, que explode assim (ou "implode") no próprio âmago conflitante dos poemas.

Depois disto, a poesia de Murilo Mendes passou por outros estágios, mas nenhum, segundo nos parece, liga-se tanto (e no sentido de superação qualitativa, inclusive) com a problemática de *Poesia Liberdade* – como invenção formal e, em certa medida, mesmo como conteúdo – como o representado por seu último livro, *Tempo Espanhol* (Lisboa, 1959), o ápice até agora do itinerário poético muriliano. Em

Poesia Liberdade havia um pequeno poema, de extrema transparência:

Algo

O que raras vezes a forma
Revela.
O que, sem evidência, vive.
O que a violeta sonha.
O que o cristal contém
Na sua primeira infância,

que pode ser tomado como uma pedra-de-toque da marcha de Murilo empós da crescente substantivação de sua poesia, uma substantivação que não se detém nos víveres do real, mas franqueia o marco do irreal, operando não propriamente uma poesia metafísica, no sentido umbroso que a conceituação possa assumir, mas antes convertendo a atitude metafísica naquilo que Gaston Bachelard chamou "ontologie directe". O que quer dizer, por outras palavras, como explica Elisabeth Walther dissertando sobre Ponge, uma redução da metafísica a seus motivos concretos[2]. Outra proposição de *O Discípulo de Emaús* reza: "O universo é um vasto signo concreto em movimento" e, ainda em *Poesia Liberdade*, se lê ("Ideias Rosas"): "Minhas ideias abstratas / De tanto as tocar, tornaram-se concretas". Tudo isto nos leva a um segundo lanço do percurso que redundaria em *Tempo Espanhol*.

Tempo Espanhol é um livro domado e severo, de maturada maturidade. Poesia magra e dura, sem nenhuma concessão ao sentimentalismo superficial dos melancólicos escudeiros da *poesia-liricizante* da poesia-*Gemüt* ("coração"). Seu substrato, sua força, seu "duende", é Espanha, a Espanha problemática e antagônica, sofrida e altiva, cuja tragédia desencadeia no espírito do poeta aquela mesma solidariedade revoltada que o levara a denunciar o choque da "multidão sacrificada / Com o ditador sentado na metralhadora", nos idos de 1945. Só que agora, em *Tempo Espanhol*, o próprio

---

2. Francis Ponge, *Analytische Monographie* (*ein Beitrag zur Semantische und Statistischen Asthenic*), Stuttgart Technische Hochschule, 1961.

tema – o longo drama espanhol acrisolado e contido nos estos de si mesmo e para o qual o poeta ensaia uma explicação ou procura um entendimento mais fundo no deslinde da "espanholidade" em si, vista como um *caráter* histórico, nas artes e nas letras, nos heróis como no homem da rua – o próprio tema, dizíamos, exige da dissonância típica da poética muriliana que se apare em rigor extremo. O rigor age aqui como força centrípeta, convocando os elementos em violenta dispersão e disciplinando-os num seco "estilo de contrastes". O poeta que, em *Poesia Liberdade*, abrira uma "janela para o caos", sente agora a necessidade de ordenar esse caos, mas em toda a agressividade, sem nada lhe tirar da contundência original, somente despojando-o de tudo que não lhe seja cerne ou lâmina. É o vaticínio do "Poema Dialético" que se cumpre no cosmo poético de Murilo; depois de escrever: "Tudo vive em transformação", ele acrescentara, como a deter (ou tentar deter) o fluxo metamórfico das coisas: "Mas o universo marcha / Para a arquitetura perfeita". Na imagem perturbadora do cientista e filósofo da ciência Norbert Wiener, o criador da Cibernética, a vida não é mais do que um breve enclave de ordem num universo caracterizado pela crescente entropia dos processos físicos. Será lícito, pois, admitir, reciprocamente, que, na estética de Murilo Mendes, poeta católico para quem poderia ser válido, pelo menos como pretexto artístico, o axioma atribuído à patrística agostiniana – *Credo quia absurdum est* –, aquela acenada "arquitetura perfeita", que se confunde com a visão do eterno e do absurdo no contexto do poema citado, significaria, por outras palavras, o momento transcendente da abolição do acaso, da – para além do campo do possível – total eliminação da universal e onívora entropia. Esta visão *física* da eternidade, o poeta Murilo Mendes vai pedi-la à Espanha.

Demoremo-nos agora no exame de certos aspectos por assim dizer *microestéticos* de *Tempo Espanhol*, que concorrerão para comprovar o que antes afirmamos: trata-se de um livro que é como que o termo de chegada num itinerário poético programaticamente caracterizado para demanda do mundo substantivo. Cremos que se fosse feita uma análise aritmo-semântica do vocabulário desse livro, segundo os preceitos de Pierre Guiraud[3], para a identificação de seus *mots-clés*, daquelas palavras que são as mais características da linguagem do poeta nesse livro (como *azar* o é, por exemplo, das *Poésies* de Mallarmé), levantar-se-iam, desde logo, termos como *concreto* e *rigor*. O primeiro, por exemplo, incide com alta frequência (vai entre parênteses o número da página respectiva): "Da linguagem *concreta* iniciadores" (17); "O símbolo em valor *concreto* já se muda" (19); "O aqueduto indica / Sempre a matéria *concreta*" (33); "Fundidos na espessura *concreta* de Toledo" (47); "Aguda obstinação / Em situar o *concreto*" (49); "Já que o artista *concreto* o planifica" (50); "Tuas imagens *concretas* enfrentando / As harpias subterrâneas" (52); "Quevedo, a angústia do tempo / Informa tua visão *concreta*" (59); "O tempo se medirá, *concreto*, / Depois de esgotada a clepsidra" (59); "Pelas mãos alternativas, do irreal e do *concreto*" (79); "No espaço de quadro *concreto*" (89); "Córdova *concreta*" (90); "A força do irracional *concreto* / Suspende curvas com o valor de retas" (102).

Esta verdadeira obsessão do concreto e, neste sentido (não meramente no gramatical, de parte do discurso), substantiva, esta *semântica concreta* de *Tempo Espanhol*, ademais, se distingue por um naipe deliberadamente recorrente de outras constantes, polarizadas na área já mencionada do termo *rigor* (concisão, enxutez, severidade, aridez, substantividade, arquitetura, geometria etc.). O poeta contém a diversificação léxica que ocorre em sua poesia anterior (de *Poesia Liberdade*, por exemplo) – certos procedimentos metafóricos *dissonantes*, de tipo surreal, como é óbvio, consomem um acervo muito maior de vocábulos imprevistos – e procura exercer a sua imagética de planos contrastantes, táctil-visual, dentro de uma linguagem voluntariamente reduzida. Nessa "faena com a linguagem" – com a "linguagem macha", inspirada pelos numes de Espanha – outro aforismo de *O Discípulo de Emaús* é reencontrado: "Conforme os autores a língua portuguesa é rica ou pobre: prefiro-a pobre". Pois a *pobreza*

---

3. *Les Caracteres Statistiques du Vocabulaire*, Paris, Presses Universitaires de France, 1954. *Nota para esta edição*: evidentemente, não fizemos aqui uma aplicação rigorosa do método Guiraud; apenas a sugerimos.

vocabular, como escrevemos alhures, longe de ser um pejorativo estético (como acreditam ingenuamente os deslumbrados de "riquezas" vocabulares de gosto coelhonetal), pode constituir-se num legítimo princípio de estilo (Guiraud cita, a propósito, o caso de Valéry, cujo léxico "suporta a repetição das mesmas palavras e se inscreve num espaço verbal bastante reduzido", dando como amostra o poema "Narcisse")[4]. Vemos, assim, que a *hispanidad* – haurida em poetas, prosadores, pintores, guerreiros, heróis e santos da constelação hispânica – é convertida pela arte muriliana em palavras-chave, nelas coagulada e condensada. Estas irão a seguir preparar o poema, aparar-lhe a fúria, e entregá-lo bandarilhado e extreme para a tauromaquia do poeta, que, no lance final, como diz de Picasso, procura sempre "fundir a força e a contenção". Tentaremos, a seguir, sem preocupação sistemática, na ordem da leitura, arrolar algumas das passagens mais ou menos tributárias da grande área semântica do termo *rigor*, acima balizada, uma área que por seu turno, no contexto muriliano, não deixa de ser correlata à do termo *concreto*. Das transcrições se depreenderá, também, como, no extremo de seu percurso, esta poesia entra de novo em contacto fraterno com a de João Cabral de Melo Neto, cujas "Paisagens com Figuras" (em *Duas Águas*, 1956) e cujo fundamental *Quaderna* (1960) estão marcados decisivamente pela acerada tempera espanhola. Eis a tábua de passagens: "Agora fixou-se na parede / Tornado conciso / Por um artesão geômetra" (13); "Antes exposta com lucidez didática / e medida exata de caligrafia" (18); "Rigor de arte e de vida" (18); "Resumo o estilo severo" (20); "Construíram sua fantasia / Com materiais reduzidos" (20); "Elementos que ajustados / pela ternura concisa" (20); "Mulheres contidas / Que uma plástica esquemática / Ordena em rigor" (21); "Mas a dor já rarefeita / na arquitetura dos corpos herméticos" (21); "No espaço árido da minha fome e sede" (28); "Severa e castigada" (29); "A pedra macha de Espanha" (29); "Convida-te a elidir

---

4. Cf. nosso estudo "A Temperatura Informacional do Texto", *Revista do Livro*, nº 18, jun. 1960, Instituto Nacional do Livro. Nota para esta edição: republicado em *Teoria da Poesia Concreta*, São Paulo, Editora Fulgor Distribuidora, 1965.

o supérfluo" (30); "Rigor e lucidez na intensidade" (31); "...
enxuta Segóvia, / Nervo exposto de Castela" (32); "Linguagem
sólida / dos planos de arquitetura opostos / Rude marca de
força" (33); "Viver organizando o diamante" (34); "...o espaço
substantivo, / O estilo do silêncio" (37); "...linguagem seca de
tijolo" (39); "...substância mineral de Espanha" (39); "...o
espanhol insubmisso escreve / Circunscrito pelo olho do
lince" (39); "...a linguagem espanhola / A pedra, sua força
concentrada" (41); "Silêncio e solidão sólidos" (43); "Silêncio
e secura de Espanha" (44); "O silêncio do tijolo, / Timbre
áspero cerrado" (44); "O máximo de intensidade no mínimo
de espaço" (45); "Rigoroso timbre" (54); "O homem susten-
tando as colunas do som / sabe ser vencido pela disciplina..."
(54); "...instrumento elíptico da caveira" (59); "Mas o último
anjo, matemático, / Virá para reunir a caveira geral" (59);
"Medida e timbre justos" (59); "Aferida a rigor" (60); "A linha
castigada e enxuta..." (64); "Demarca os precisos limites"
(64); "...a lucidez objetiva do cientista"(66); "Ao duro sol de
Madrid. / Tua conversa é de sal" (68); "Silêncio espanhol,
rebelde, / Oculto no gume afiado" (69); "...o olho enxuto do
toureiro" (70); "Áreas mais fundas porque / Vazias do próprio
osso" (75); "Vive, poeta: em raiva e ideia" (79); "A pele indi-
cava o osso, / A musculatura de aço" (81); "Que concisa
astronomia" (82); "minuciosamente elucidado, grito / rigoroso de queixa espessa, / O espaço da aridez" (85); "...
arquiteturas noturnas" (83); "...estrutura tersa, / Toda nervo
e osso" (90); "Um nome seco e esdrúxulo te designa" (90);
"A certeza geométrica da cruz" (91); "...arquiteturas verme-
lhas..." (91); "arquiteturas abstratas" (93); "O lamento
substantivo / Sem ponto de exclamação" (96); "Onde Espanha
é calculada / Em número, peso e medida" (97); "Por excesso
de lucidez acumulada" (98); "Dispara a palavra ácida" (103);
"...atingir o osso" (105); "Soubeste fundir a força e a contenção" (106); "...o gênio da concisão" (107); "Nessa pintura
pensada / Com clareza dialética" (107); "cidade pétrea" "...sol
de ferro" "...solo e pedra compactos" (108); "...duro rigor
espanhol / Na arquitetura do quadro" (111); "O timbre áspero
da greve" (112); "A honra vertical..." (113); "A contenção espanhola da morte" (115); "Tempo da memória que explode /

Substantivamente" (115). Convém registrar, nessa esteira, que, em *Siciliana* (1954-1955), livro imediatamente anterior a *Tempo Espanhol*, a linguagem muriliana já é submetida a um primeiro impacto telúrico de rigor, como que ciliciada pela dura paisagem geográfica e humana da Itália Meridional (ver poemas como "Atmosfera Siciliana", "Despedida de Cefalu" etc.).

Nessa semântica de concreções assim atingida pela última poesia de Murilo Mendes, como se há de reparar, até os temas metafísicos do poeta (que, é preciso que se diga, sempre tendeu a uma religiosidade militante, de padre-operário, antes que ao misticismo de teor contemplativo) se convertem em signos de física rigorosidade: seu anjo é *matemático*, sua cruz é *geométrica*, sua morte é um *tempo físico*. O próprio convívio diário, a vivência do cotidiano espanhol, é transmitido em signos dessa família semasiológica: o poeta se sente "o não figurativo"; o estilo de vida da "madalena castigada" é descrito como um "estilo de contactos"; o chofer de táxi de Barcelona, como emblema de sua revolta, "cultivava um sol vermelho". Veja-se também a decisiva e declarada inspiração pictórica de muitos poemas, dedicados a pintores do passado e do presente, como El Greco, Velásquez, Goya, Picasso, Juan Gris, Juan Miró. Não é à toa que a palavra *espaço* é uma outra palavra-chave de Murilo: o "espaço árido" ou "espaço da aridez", o "espaço substantivo", o "espaço de sua técnica", o "espaço de quadro concreto", "o espaço criador de espaço", e daí – pois Espanha é "mestra de espaço" – o espaço branco do papel, reduplicando-se visualmente e comunicando-se assim também ao nível não-verbal, no poema "O Dia do Escorial", onde se lê: "O espaço o espaço o espaço aberto" (com claros na linha separando a palavra, à medida que ela se repete). Aliás, como para Mallarmé, capaz de "ler" uma constelação de palavras pontos-de-luz no céu de Valvins, para o Murilo de *Tempo Espanhol* há também um "céu legível, texto de diamante".

A análise da semântica muriliana foi, talvez, um pouco longa, mas era necessária para que não se acoimassem de gratuidade as ilações dela extraídas. Não queremos finalizá-la, porém, sem transcrever na íntegra um poema paradigmal do atual estágio dessa poética. Trata-se de "O Sol de Granada", peça onde a técnica de repetições, encontradiça em livros anteriores do poeta, é levada ao máximo de depuração (como no Lorca de certos poemas curtos, já estudado por José Lino Grünewald sob uma ótica concreta)[5]:

> O sol de Granada aspira
> Arquiteturas abstratas.
>
> O sol de Granada gira
> O corpo de Lindaraja.
>
> O sol de Granada inspira
> Sangue e ritmo de gitanos.
>
> O sol de Granada mira
> As duas faces de Espanha

Aqui, sobre um esquema-de-base redundante ("O Sol de Granada"), com um câmbio semântico único – o verbo (asp/g/insp/m-ira) –, assim mesmo controlado via rima (que é também uma forma de redundância no plano sonoro), Murilo articula sintaticamente um texto de proposições simples e diretas, um tema em quatro variações e/ou tomadas, apoiado em imagens substantivas, um verdadeiro topo-grama da Granada de cariz mudéjar, da Alhambra e do Generalife, das *cuevas* do Sacromonte e do alvíssimo casario do Albaicín. O poema, todo ele, atua como o desdobramento paralelístico de uma só "figura rítmico-sintática", para nos socorrermos de um termo veiculado pelo formalismo russo (Óssip Brik), e realiza à maravilha o programa muriliano do "máximo de intensidade no mínimo de espaço", que coincide assim, por veredas de uma sensibilidade extremamente pessoal e de exemplar coerência com as raízes mais fundas de sua concepção poética já postulada nos aforismos crítico-estéticos de *O Discípulo de Emaús*, com a reivindicação do movimento de poesia concreta pelo "mínimo múltiplo comum da linguagem".

---

5. "A Outra Face de Lorca", *Correio da Manhã*, Rio de Janeiro, 16 maio 1959; "Lucidez / Invenção – Lorca", página "Invenção", *Correio Paulistano*, 17 abr. 1960.

Pois Murilo Mendes, cujos sessenta anos, completados em 1962, foram celebrados na Itália, onde o poeta está radicado desde 1957, com a publicação por Vanni Scheiwiller (o editor de Ezra Pound e dos *nuovissimi*) da admirável versão italiana de "Janela do Caos" ("Finestra dei Caos"), de lavra de Ungaretti; o Murilo que escreveu: "Só o futuro é moderníssimo", e anotou: "O espírito de invenção em face da realidade produz o choque necessário à criação poética", é e sempre foi, no essencial de sua produção, um poeta inexoravelmente de vanguarda. Uma vanguarda que, neste seu último livro – como a de João Cabral – tem, talvez, o pudor das exterioridades mais gritantes e parece se furtar à politécnica do laboratório experimental[6], mas que, de outra parte, é capaz de interiorizar sua própria radicalidade e verticalizá-la na prospecção profunda dos "cernes e medulas" da linguagem: objetivo primeiro e empenho fundamental da verdadeira vanguarda poética de nosso tempo.

---

6. Não que estas pesquisas o tenham deixado indiferente. Bastaria citar um livro anterior, *Contemplação de Ouro Preto* (1954), onde, no terreno das invenções vocabulares, se encontram criações como: "celoviárias", "setespadária", "envolverônica", "luando", "luassoante", "transluadas", "relonge", "circunvidente", "luagirando", "veronicando", "erocêntrica", "microssoando", "violantelua", "luamafalda", "luadelaide", "solidônia". Nota para esta edição: Inéditos de Murilo Mendes, publicados por Angel Crespo na *Revista de Cultura Brasilena, nº* 12, mar. 1965, Madrid, sobretudo a parte dos intitulados "murilogramas", mostram que o poeta prossegue nestes experimentos semânticos.

6. O GEÔMETRA ENGAJADO*

João Cabral e a Geração de 45

O poeta João Cabral de Melo Neto, nascido no Recife em 1920, costuma ser arrolado entre os integrantes da chamada Geração de 45. E mais, há mesmo quem o indique como líder inconteste dessa geração, que, sucedendo às de 22 e 30, teria, de certa maneira, representado uma reação contra a "indisciplina" modernista, contra a sua propalada ausência de forma. No entanto, nem o modernismo pode ser dado como carecedor de preocupações formais (seus nomes mais representativos, Oswald e Mário de Andrade, foram incansáveis experimentadores de formas); nem 45 pode ser reconhecida como instituidora de uma nova ordem poética entre nós (a menos que se confunda *forma* com *fôrma...*); nem

---

* Conferência pronunciada em 1963 na Universidade do Rio Grande do Sul, Porto Alegre, no "Curso de Integração, Ciência e Arte"; em 1964, no Studium Générale, anexo à Escola Superior Técnica de Stuttgart, Alemanha.

JCMN – a não ser por um critério de cronologia tabelioa – pode ser incluído nessa geração, naquilo que ela acabou representando como ideário estético. Realmente, a assim dita Geração de 45 encarnou, sobretudo, uma nostalgia restauradora de cânones pré-modernistas, aliada, frequentemente, a uma sensibilidade que se fixaria numa faixa gustativa anterior ao próprio simbolismo, quase nunca perturbada (no plano da metáfora, por exemplo, onde punha suas reivindicações mais sentidas) pela revolução verbal que está já na obra dos mais importantes poetas simbolistas e prossegue pelo surrealismo afora. A poética de 1945 cultiva preferentemente o *sermo nobilis*, a palavra erudita ou menos corrente; põe de quarentena as dissonâncias imagéticas (tão características da linguagem de um Murilo Mendes, por exemplo), em prol de uma noção apaziguadora de "clima" ou *decorum* poemático; reabilita as formas fixas de organização do poema, especialmente o soneto[1]. Já JCMN está no polo oposto dessas preocupações. Sua poesia sé prende, nitidamente, a uma constante estilística que pode ser puxada, sem solução de continuidade, desde 1922: é a vertente da poesia-minuto de Oswald de Andrade – a "poesia pau-brasil" –, que passa a informar certos poemas do primeiro Drummond e vai encontrar o seu lugar natural na linguagem reduzida da poesia cabralina[2].

O próprio JCMN, em depoimento escrito em 1952 sobre a Geração de 45[3], mostra as diferenças profundas que o

---

1. Sérgio Buarque de Holanda, que em 1952 fazia crítica militante de poesia, foi dos primeiros a detectar na preceptística de 1945 "o gosto da forma aceita, que se confunde tantas vezes com o da convenção e do estereótipo". Escrevia então: "Quem não reconhece esse gosto do estereótipo nos decretos, por exemplo, de um dos jovens poetas da 'geração de 45', quando sustenta que o bom verso não contém esdrúxulas (apesar de Camões), que a palavra 'fruta' deve ser desterrada em poesia, em favor de 'fruto' e a palavra 'cachorro' igualmente abolida, em proveito de 'cão', e mais que o Oceano Pacífico (adeus Melville e Gauguin!) não é nada poético, bem ao oposto do que sucede com seu vizinho, o Oceano Índico?" ("Rebelião e Convenção", I, *Diário Carioca*, 20 abr. 1952, glosando um artigo de Domingos Carvalho da Silva com objeções dessa natureza a *O Cão sem Plumas* de JCMN, *Correio Paulistano*, 4 mar. 1951).

2. Oliveira Bastos, "Esquema, Poesia e Processo", *Diário de Notícias*, Rio de Janeiro, 1 jan. 1956; "Vinte e Dois e Forma", *Diário Carioca*, 1 abr. 1956.

3. "A Geração de 45", IV, *Diário Carioca*, 21 dez. 1952.

separam do consenso estético que definiria essa geração. Primeiro aponta o que se poderia denominar "uma preferência idealista, nos poetas desse grupo, na seleção e tratamento da linguagem de sua poesia". Mostra, a seguir, como essa preferência finda por se traduzir numa valorização do "sublime contra o prosaico", do "inefável contra o tangível" etc. E acrescenta:

> Trata-se de uma poesia feita de sobre-realidades, feita com zonas exclusivas do homem, e o fim dela é comunicar dados sutilíssimos, a que só pode servir de instrumento a parte mais leve e abstrata dos dicionários. O vocábulo prosaico está pesado de realidade, sujo de realidades inferiores, as dos mundo exterior, e em atmosferas tão angélicas só pode servir de neutralizador.

Assim caracterizada uma inclinação (que o futuro provaria como a que daria perfil estético à indigitada Geração de 45 ou pelo menos à obra de seus mais convictos defensores), JCMN sustenta – e no caso, sem dúvida, falando em causa própria – que entre os homens de 45 havia também poetas com preferência "pelos meios próprios da prosa", e que, portanto, tal geração não poderia ser definida "por meio de uma tendência comum, uma orientação geral de seus poetas". Donde, sua conclusão: "O que há de comum entre os poetas que a constituem é a sua posição histórica. O momento em que iniciaram seu trabalho de criação". Vale dizer: para o próprio JCMN, o único possível critério de aglutinação entre ele e a geração em que o incluem é o meramente cronológico. E acrescentemos de nossa parte: nem mesmo em "posição histórica" comum, a rigor, seria lícito falar, pois esta supõe uma historicidade comum, uma comum visão da história. O que, à evidência, não pode haver entre um marcado pendor idealista para o imponderável e uma acentuada propensão realista para o substantivo e para o concreto.

O Engenheiro *e a* Psicologia da Composição

JCMN estreou com *Pedra do Sono* (1942). Neste livro já se encontram em germe algumas das qualidades da poesia cabralina: o despojamento, o gosto pela imagem visual, de táctil substantividade ("No espaço do jornal / a sombra come a laranja"), aquilo que Cabral diz ter aprendido com a poesia de Murilo Mendes ("dar precedência à imagem sobre a mensagem, ao plástico sobre o discursivo"), e algo que sem dúvida aprendeu com a gente de 22 e apurou com Drummond, certo humor seco servido por uma ágil manipulação de sintagmas extraídos diretamente do coloquial e postos em contraste com outras áreas mais "puras" de seu vocabulário, para aquele efeito de choque ou dialética – que sempre o interessou – entre poesia e prosa. O poeta começa também a debruçar-se criticamente sobre o próprio poema, ouve-lhe as "vozes líquidas", e, assim, não é à toa que o livro surge com uma epígrafe de Mallarmé ("Solitude, récif, étoile..."), poeta crítico por excelência, o Dante de nossa idade industrial. Depois desse livro e de uma incursão sem maior importância no poema dialogado ("Os Três Mal-Amados", à base do conhecido texto de Drummond), Cabral enceta a fase definitiva de sua obra, publicando *O Engenheiro* (1945) e *Psicologia da Composição com a Fábula de Anfion e Antiode* (1947). Em *O Engenheiro*, a epígrafe de Mallarmé é substituída por outra, de Le Corbusier ("...machine à emouvoir"), que ambos, poeta e arquiteto, pertencem a uma mesma família espiritual – a dos construtores –, na qual se inserem as melhores admirações de JCMN. O poeta que, em *Pedra do Sono*, exibia ainda as impregnações do alogicismo surrealista, aqui se volta deliberadamente à lógica (não científica, mas poética) do construir. É a instauração, na poesia brasileira, de *uma poesia de construção*, racionalista e objetiva, contra *uma poesia de expressão*, subjetiva e irracionalista[4].

4. Tivemos presente, aqui e em outros passos deste estudo, a sucinta mas fundamental análise da dialética da criação em JCMN, feita por Décio Pignatari em "Situação Atual da Poesia no Brasil" (tese-relatório para o II Congresso Brasileiro de Crítica e História Literária, FFCL de Assis, 1961). O mesmo autor, em texto de 1957 ("Poesia Concreta: Pequena Marcação Histórico-Formal"), hoje republicado na *Teoria da Poesia Concreta*, São Paulo, 1965, já apontava certas características básicas da poesia cabralina: "...a palavra nua e seca, as poucas palavras, a escolha substantiva da palavra, a estrutura ortogonal, arquitetônica e neoplasticista, das estrofes, o jogo de elementos iguais [...] a serviço de uma vontade didática de linguagem direta, lição que não deveria ter sido esquecida".

Os poemas de *O Engenheiro* são como que feitos a régua e a esquadro, riscados e calculados no papel, e sua semântica funda coincidentemente um âmbito plástico de referências:

> A luz, o sol, o ar livre
> envolvem o sonho do engenheiro.
> O engenheiro sonha coisas claras:
> superfícies, tênis, um copo de água.
> O lápis, o esquadro, o papel;
> o desenho, o projeto, o número:
> o engenheiro pensa o mundo justo,
> mundo que nenhum véu encobre.

Neste poema está todo o programa construtivo do poeta e, ao nível técnico, um dado que será muito importante considerar: a unidade compositiva mais característica de JCMN, a quadra, não tomada como forma fixa (ou *fôrma*), mas como um bloco, como unidade-blocal de composição, elemento geométrico pré-construído, definido e apto consequentemente para a armação do poema. Esta unidade-quadra, conforme o caso, será reduzida em sua medida métrica; seu curso será interrompido pelo recorte brusco do *enjambement*; a rima toante, mais própria à expressão do desacorde acústico, nela prevalecerá sobre a consoante. Em *O Engenheiro*, a vertente crítica do autor se intensifica: o poeta se ocupa obsessivamente da mecânica da criação ("A Mesa", "O Funcionário", "O Poema", "A Lição de Poesia" rodam em torno dessa perquirição). Trata-se de uma empresa de desmistificação do poema, que é sacado de sua aura de mistério e de inefável, e mostrado como é, objeto humano, escrito "a tinta e a lápis", fabricado na "máquina útil" do poeta. Em *Psicologia da Composição* esta "luta branca sobre o papel" é levada ao seu auge. Não foi por coincidência que o poeta passou a se interessar, inclusive, pelas artes gráficas, imprimindo ele próprio seu livro, num prelo manual. O projeto cabralino é agora decididamente mallarmaico: a criação considerada como luta contra o acaso. A epígrafe de Jorge Guillén – "Riguroso orizonte" – corrobora a implacabilidade da análise a que o poeta quer submeter o seu próprio instrumento. A *Psicologia da Composição* (que de Mallarmé retroage ao célebre ensaio de Poe sobre a gênese de "O Corvo" – "The Philosophy of Composition") constitui-se de três peças: a que lhe serve de título; "Fábula de Anfíon"; "Antíode". Na "Fábula", o poeta (Anfíon) cria uma cidade (Tebas ou o próprio poema) suscitando-a do nada (o deserto), depois de domar o acaso ("raro animal"), com o poder de sua flauta. Então, lamenta a obra feita, cotejando-a com o projeto da obra ("a nuvem civil sonhada"), e, encontrando na flauta (no instrumento) o móvel da discrepância entre o projeto original e sua realização, rejeita-a, jogando-a no mar, e procurando o deserto perdido, talvez para o recomeço de tudo. Em "Antíode", o poeta denuncia a poesia "dita profunda", e neste passo põe o dedo na crise da própria linguagem poética. Dessacralizando a poesia, JCMN desaliena a linguagem respectiva de seus paramentos nobres, mostrando que poesia não é "flor" mas "fezes" ("Poesia, te escrevia: / flor conhecendo que és fezes"). Depois deste conhecimento, que o leva à materialidade mesma do poema, como texto, o poeta emerge para redenominar a flor como flor dentro do poema, não uma flor metaforizada, mas *flor* que é a *palavra flor*. A realidade do poema é agora a realidade do seu texto. "Flor" e "fezes" se equivalem, sem privilégios especiais, na dialética da composição. A nobreza da poesia é uma balela solipsista, tão precária como a mosca azul de Machado de Assis sob o dedo do poleá. Em "Psicologia da Composição", o poema-título, o problema tratado em "Anfíon" com apoio numa transposição mítica é enfrentado de maneira direta, de modo a se poder dizer que aquela é como que a chave deste.

O Cão sem Plumas *e* O Rio

Da desalienação da linguagem, JCMN passa ao problema da participação poética. O caminho é natural (por mais surpreendente que pareça). Já se observou que os poetas mais aptos à participação criativa são aqueles que mais meditaram sobre o seu próprio instrumento[5]. Em 1954 ("Da Função

---

5. Décio Pignatari, tese cit.: "Só a atitude radical na poesia – aquela que está sempre a perguntar 'que é poesia?' – alimentando indefinida e

Moderna da Poesia", tese apresentada ao Congresso de Poesia realizado em São Paulo), JCMN atribuía o divórcio entre o poeta de hoje e seu leitor à "preferência dos poetas pelos temas intimistas e individualistas". Preocupava-o o problema da comunicação. Lançava crítica contundente ao chamado "poema moderno", "escrito quase sempre na primeira pessoa e usado indiferentemente para qualquer espécie de mensagem", poema que é "a própria ausência de construção e organização, é o simples acúmulo de material poético, rico, é verdade, em seu tratamento do verso, da imagem e da palavra, mas atirado desordenadamente numa caixa de depósito". Traduziu-se este seu empenho pelo alargamento do auditório na investidura da temática do Nordeste – do subdesenvolvimento econômico agudo e do pauperismo dessa região – no bojo de sua poesia, cuja linguagem já se desvinculara antes, programaticamente, de compromissos com a poética do sublime e do seráfico. *O Cão sem Plumas* (1950), poema do Capibaribe e do seu sofrido homem ribeirinho, é um primeiro passo nessa direção. O livro é todo ele feito de paralelismos semânticos, de símiles voluntariamente rudimentares à base de "como" ou "quando", de termos prosaicos. Releva assinalar, como o faz Antônio Houaiss[6], que o poeta assume a visada do humilde, para o qual o Capibaribe é um "rio-cão", "pai de outros cães, cães-homens, cães sem plumas", e não a perspectiva de certa sociologia heráldica, "que o verá, ao rio, como rio-leão". Em 1954, no ano de sua tese, o poeta retoma o tema, num poema de hausto longo, *O Rio ou Relação da Viagem que faz o Capibaribe de sua Nascente à Cidade do Recife*. Aqui vemo-lo já fazer *prosa em poesia* (não prosa poética nem poema em prosa, mas poesia que fica do lado da prosa pela importância primordial que confere à informação semântica). Nesse sentido, pode-se dizer que JCMN dá categoria estética a muito daquilo que, no chamado romance nordestino, tinha apenas categoria documentária. Sua *poesia-prosa* ("Quiero que compongamos io e tú una prosa" é a

concretamente as suas contradições, pode conduzir à responsabilidade integral do poeta empenhado em construir, e a resultados poéticos positivos".

6. "Sobre JCMN" em *Seis Poetas e um Problema*, Rio de Janeiro, Serviço de Documentação, MEC, 1960.

epígrafe de Berceo que a define), poesia narrativa, é, no entanto, altamente reduzida e concentrada em relação à prosa de ficção habitual (embora seja mais larga e mais discursiva do que *a poesia-poesia* de seus livros anteriores, entendendo--se *O Cão sem Plumas* como um estágio de trânsito entre ambas as dicções do poeta, um momento de equilíbrio estável entre as conquistas construtivas de *O Engenheiro* e da *Psicologia* e a vontade de comunicação, de abertura do âmbito semântico do poema)[7]. *O Rio*, poema "tecido em grosso tear", lançado numa toada deliberadamente monótona e iterativa, consegue não obstante – em sua pauta e a seu modo – o isomorfismo estético: dá no texto, no fluir do texto, a presença viva, o lento desenrolar do caudal que lhe serve de tema, com seu cortejo contrastante de grandezas e misérias.

As Duas Águas

Com o engajamento, a participação ao nível social, nem por isso se pacificou a dialética da criação em JCMN. Que sua poesia é dialética não para o conforto de alguma síntese ideal, hipostasiada no absoluto, mas pela guerra permanente que engendra entre os elementos em conflito, à busca de conciliação, e onde o possível se substitui normativamente ao eterno. *Duas Águas* (1956) é o título significativo da antologia de seus poemas reunidos. "Poesia de concentração reflexiva e poesia para auditórios mais largos." Poesia crítica e poesia que põe o seu instrumento, passado pelo crivo dessa crítica,

7. Em 1964, no posfácio que escrevemos para a edição alemã de *O Cão sem Plumas* (*Der Hund ohne Federn*, tradução de Willy Keller, cadernos *Rot*, nº 14, Stuttgart), formulamos o problema da seguinte forma: "Na primeira linha, predomina o poema autocrítico, o poema-sobre-o-próprio-poema (o poema como metalinguagem voltado sobre a mecânica de sua própria linguagem-objeto); na segunda, o texto do poema é o suporte material para uma informação de tipo documentário ou semântico sobre determinada realidade ou contexto social exterior ao poema. Em *O Cão sem Plumas* [...] o poeta consegue um equilíbrio estável entre as duas vertentes características de sua obra". Este posfácio foi republicado, com o título de "El Geómetra Comprometido", na revista *Cormoran y Delfin*, nº 7, nov. 1965, Buenos Aires.

a serviço da comunidade. Da primeira *água*, é o admirável "Uma Faca só Lâmina" (1955), onde a psicologia vira *fenomenologia da composição*[8], onde, "no estilo das facas", assistimos ao implacável descascamento do objeto poemático; da segunda, o auto "Vida e Morte Severina" (1954-1955), sua obra menos consumada e mais diluída nessa vertente da participação, embora de boa fatura e interessante como experiência de poesia dramática.

Terceira Feira (Quaderna, Dois Parlamentos, Serial)

Com *Quaderna* (1960) prossegue JCMN o seu percurso. Este é um livro fundamentalmente construído sobre o módulo da quadra-quadrado[9]. Aliás, *Quaderna* é a face do dado onde se marcam quatro pontos, e, no "lance de dados" cabralino, esta face sempre comparece sobre as demais. Como na estética neoplasticista de Mondrian: "A relação de posição – a relação retangular – é indispensável para expressar o imutável em oposição com as relações variáveis da dimensão. A neoplástica procura expressar o variável e o invariável simultaneamente e em equivalência"[10]. Aqui as relações invariantes seriam as configuradas na unidade--quadra, as variantes no jogo semântico. Em *Quaderna* as *duas águas* de nosso poeta comunicam-se como braços que são de um mesmo manancial, não se distinguindo às vezes senão pela ocasião temática. É onde intervém Espanha. Pois

8. A poesia concreta prenunciou esta evolução cabralina. Em manifesto lançado em 1956 ("Olho por Olho a Olho Nu", hoje na *Teoria da Poesia Concreta*), escrevemos à maneira de uma proposta-instigação: "não apenas psicologia mas fenomenologia da composição". Concomitantemente, publicávamos a série "o â mago do ô mega" (1955-1956), inspirada por essa atitude fenomenológica de perquirição redutora do *eidos* do compor ("a coisa / da coisa / da coisa [...] zero ao zênit / nitescendo / ex-nihilo").

9. José Lino Grünewald, "O Último Livro de Cabral – *Quaderna*", *Tribuna da Imprensa*, Tabloide, Rio de Janeiro, 6-7 ago. 1960.

10. *Arte Plástico y Arte Plástico Puro*, Buenos Aires, Editorial Victor Leru SRL, 1957. Mondrian, no seu neoplasticismo, considerou também a poesia, explicitamente: "A arte do verbo torna-se assim expressão plástica em relações equilibradas... [...] plástica das relações" (O *Neoplasticismo*, São Paulo, Grêmio da FAU, 1954). O manifesto de Mondrian foi lançado em Paris, em 1920.

o Nordeste é reencontrado por JCMN através de sua prolongada permanência em terras espanholas. A dura meseta de Espanha e o Nordeste áspero se sobrepõem na mesma ótica, como o homem espanhol e o homem nordestino, na magreza exemplar de seus destinos, se confraternizam. As "Paisagens com Figuras", poemas de 1954-1955 publicados em *Duas Águas*, com sua alternância propositada de cenas nordestinas e espanholas, podem ser vistas como o casulo deste livro de 1960. Em *Quaderna* ressaltam poemas como "De um Avião" e "A Paio Seco" (no fundo, verdadeiros poemas sobre o poema). O primeiro procedendo, através dos círculos do voo de um avião que se levanta do Recife, à *epokhé* fenomenológica do poema (e da visão que ele encerra) até o seu eidos: do "diamante ilusório" que é Pernambuco visto do alto e transformado já em memória, até o homem, que é "o núcleo do núcleo do seu núcleo". O segundo, definindo a atitude poética de JCMN em termos de uma concreta experiência espanhola (como, nos poemas de "Paisagens", o didático "Alguns Toureiros"). "A Paio Seco" pode ser considerado mesmo um poema-lema de todo o poetar cabralino, em sua dureza e em sua enxutez, em seu cortante laconismo: "Se diz a *paio seco* / o *cante* sem guitarra; / o *cante* sem; o *cante*; / o *cante* sem mais nada"[11]. Na linha alistada, aqui regida também pelo módulo estrito da quadra, destaca-se o "Paisagens com Cupim", onde: "Tudo carrega o seu caruncho / Tudo: desde o vivo ao defunto. / Da embaúba das capoeiras / à economia canavieira". Em *Quaderna*, por outro lado, assoma o motivo feminino, raro na poesia cabralina anterior (lembre-se "Mulher Sentada", de *O Engenheiro*), tratado porém com extrema sobriedade de notação ("Estudos para uma bailadora andaluza"; "Mulher vestida de gaiola"), revelando uma técnica de conversão de emoção abstrata em imagens concretas, coisificadas, que evoca a poesia amorosa dos chamados "poetas metafísicos" ingleses (John Donne, por exemplo)[12].

11. Ver, neste volume, em nosso estudo sobre Drummond, a observação sobre a "poesia com sinal de menos" (nota 6).

12. Augusto de Campos, em nota a sua tradução do poema "Em Despedida, Proibindo o Pranto", de John Donne, estabeleceu esta comparação (Suplemento do *Jornal do Brasil*, Rio de Janeiro, 5 maio 1957).

Em 1961, Cabral nos deu simultaneamente *Dois Parlamentos* e a antologia *Terceira Feira*, com o inédito "Serial". O primeiro leva o engajamento até à sátira dos costumes políticos, reabilitando um gênero que o poeta, em sua tese de 1954, considerava injustamente expulso da categoria de boa literatura. Em "Serial", a linha de fusão das *duas águas* é desenvolvida através do princípio da composição em série (ocorrente em outros domínios artísticos, como o da música dodecafônica e o da pintura construtivista). Para JCMN esta solução foi natural, pois uma de suas constantes estilísticas é a técnica de repetições (os símiles paralelísticos de *O Cão sem Plumas* poderiam ser vistos já como verdadeiras *séries* semânticas) e a padronização do módulo compositivo. Daí a serializar seus poemas era apenas um passo. A série é temática (mesmo tema) e formal (mesmo número de quadras). JCMN não a concebe, porém, como a de um produto industrial, projetado para ser produzido em *n* exemplares a partir de um tipo acabado (protótipo); sua série é ainda artesanal, no sentido de objetos feitos a mão por um artesão, que nunca os faz todos iguais, mas os labora e elabora, tirando variantes minuciosas e sutis sob a aparente similitude de fatura. Este *artisanat furieux* explica o amaneiramento de alguns poemas do livro, o comprazimento luxurioso no difícil que se torna fácil à força da demasia de competência que o poeta já tem no seu fabrico. Coincidentemente se nota em alguns desses poemas algo como um certo distanciamento dos fatos, um certo tédio dos acontecimentos, roçado já pela curva da alienação de que o poeta se desembaraçara em outros livros: quando ele gira e regira diante do olho o "O Ovo da Galinha", parece um cultivador de ocupações inusitadas, como aqueles ironizados em *O Rio*, apostados em estudar "como se palitava os dentes nesta freguesia". O poeta que, entre o agreste de um lado e o canavial do outro, soubera ver o homem como "a planta mais franzina / neste ambiente de rapina", agora contempla o canavial do alpendre da casa-grande e discreteia sobre o tempo. Estas contradições não são respigadas com propósito judicativo, mas antes para mostrar que a mente do poeta não descansa em seus embates e contra embates, não aplacou suas lutas e perplexidades, o que pode ser, inclusive, fecundo. Pois, no mesmo "Serial", outros poemas há, como o "Velório de um Comendador", onde o gume da crítica social não se deixa amortecer por nenhuma nostalgia sócio ontológica do "tempo perdido"[13]. O melhor, porém, do livro são os poemas dedicados às admirações intelectuais do poeta, a série "O sim contra o sim", onde surgem recortados na palavra justa Cesário Verde, Augusto dos Anjos, Marianne Moore, Francis Ponge, Miro, Mondrian, Juan Gris, Jean Dubuffet.

A obra de JCMN, obra que está longe de seu término e que nos reserva ainda muitas surpresas, é hoje sem dúvida a que mantém maior unidade e coerência de produção, dentro de um alto gabarito, na poesia brasileira. Obra que honraria qualquer literatura e que em qualquer literatura seria rara pela sua qualidade. Sua ressonância ainda pequena junto ao público de poesia brasileiro (esta ficção!) deve-se, em parte, ao fato de que o poeta só recentemente (falando em termos relativos) começou a ter tiragens comerciais, mas, sobretudo, resulta do rigor de sua concepção poética, que jamais se rendeu ao "vício retórico nacional" e ao sentimentalismo epidérmico, encontradiço em tantos poetas que fazem praça de modernidade e até de vanguarda. Mesmo em seu aspecto participante, a obra de JCMN não é de acesso fácil ao leitor, que lhe estranhará a dureza e a secura, e que deparará com um *testemunho* áspero e contundente onde, possivelmente, esperaria achar uma retórica de tipo caritativo ou um apelo demagógico. Mas entre os poetas, especialmente na nova geração, a poesia de JCMN tem um lugar privilegiado: o lugar cartesiano da lucidez mais extrema.

13. O poeta, a quem lemos este trabalho em Genebra, em 1954, argumentou que não lhe interessara a recuperação proustiana do "tempo perdido", do tempo da memória, mas tão-somente (no poema citado, "O Ovo da Galinha") a fixação do tempo (ou tempos) físico da percepção.

7. LIRISMO E PARTICIPAÇÃO*

O Cogumelo de Bikini – emblema de uma civilização atormentada pelo pesadelo atômico – deveria projetar-se na tela e em seguida a câmera realizaria uma tomada dos personagens (um japonês e uma francesa) no enlace amoroso. No roteiro de *Hiroshima, mon Amour*, de Marguerite Duras (Gallimard, 1960), a sequência é desenvolvida da seguinte maneira:

Le film s'ouvre sur le développement du fameux "champignon" de Bikini. Il faudrait que le spectateur ait le sentiment, à la fois, de revoir et de voir ce "champignon" pour la première fois [...] À mesure que ce "champignon" s'élève sur l'écran, au-dessous de lui, apparaissent, peu à peu, deux épaules nues. On ne voit que ces deux épaules, elles sont coupées du corps à la hauter de la tête et des hanches. Ces deux épaules s'étreignent et elles sont comme trempées de *cendres, de pluie,* de *rosée* ou de *sueur,* comme on veut. Le principal c'est qu'on

---

* Publicado originalmente no Suplemento Literário de *O Estado de S. Paulo*, 6 jul. 1963.

ait le sentiment que cette rosée, cette transpiration, a été déposée par le "champignon" de Bikini...

Na filmagem, Alain Resnais tornou mais sintética a passagem, eliminando a imagem da bomba explodindo, e deixando que o tema atômico se marcasse por outras tomadas (hospital, museu de Hiroxima, vítimas), insinuado porém, desde logo, pelo jogo de luz sobre a pele do par amoroso, uma limalha de prata que lantejoula as espáduas nuas e que tanto poderia ser um orvalho de suor ou as cinzas lançadas pela explosão apocalíptica. De qualquer modo, o que é importante em *Hiroshima* é a maneira pela qual, com os recursos próprios da montagem e do contraponto visual, o problema personalíssimo da realização amorosa é permeado, até o mais íntimo, pelo drama coletivo da guerra atômica, não apenas localizado em Hiroxima, mas já extrapolado como um espectro ameaçador sobre o futuro de toda a humanidade. Ao invés de refrães amorosos, o diálogo dos amantes ("Tu n'as rien vu à Hiroshima" / "J'ai tout vu. Tout") consiste numa espécie de extroversão do inconsciente coletivo (ou mais certamente da *mauvaise conscience* coletiva), suscitada pelas imagens diretamente memorizadas ou mediatamente recolhidas pelos protagonistas do ato amoroso, as quais se vão sobrepondo, como que saídas de uma faixa subliminar, às próprias memórias pessoais do casal, imbricando-se nelas, invadindo-as: não é mais possível, para o homem contemporâneo, refugiar-se num *paradis artificiel*, amar sem ter consciência de Hiroxima. Uma profunda mensagem humanista e pacifista, presentificada através da linguagem econômica dos meios fílmicos, e que só passa despercebida àqueles que estão habituados a pensar discursivamente mesmo onde a arte de hoje exige uma "lógica da imaginação", um "pensamento por imagens". Os beatos do realismo ingênuo não verão por certo, em *Hiroshima, mon Amour*, o que há de profundamente crítico e de entranhadamente real – inclusive porque informado daquela "perspectiva" lukacsiana[1], que não exclui, quando

---

1. O papel da "perspectiva" como princípio de seleção artística, de economia, de eliminação do acessório e do inessencial, é desenvolvido por G.

bem entendida (e muitas vezes será mister entendê-la contra as predileções e ojerizas do próprio Lukács), as inovações formais[2]. Isto não impedirá porém que o filme nos proponha à reflexão todo um problema estético que reputamos fundamental: até que ponto o individual e o coletivo podem cristalizar-se, isomorficamente, num mesmo e reversível objeto estético.

Se isto foi possível no cinema – uma arte especificamente de nosso tempo, cujos meios, como o demonstrou Eisenstein na sua teoria da montagem, são de natureza analógico-sintética ao invés de analítico-discursiva –, será o caso de indagar-se: poderia ser obtido, em outro campo artístico – digamos, na poesia – um resultado semelhante, ao mesmo tempo complexo na sua apreensão das relações da realidade e sucinto na estruturação dessas mesmas relações? Em que medida o eu-lírico e o eu-participante podem conter-se no mesmo parâmetro semântico, podem resolver-se no mesmo lance linguístico, sem desgaste da categoria do estético, sem que tudo redunde em platitude retórico-sentimental?

Preliminarmente, seria necessário considerar o problema específico da poesia do lirismo amoroso como possibilidade criativa, em nosso tempo. Impõe-se uma desmistificação dos resíduos românticos que impregnam constantemente o tratamento do poema lírico. A idealização do lirismo corresponde, com frequência, um expediente linguístico evasivo-elusivo que escamoteia, sob os biombos de uma nova convenção do "amor cortês", com seu ritual de vocativos e metáforas fixas, a própria experiência amorosa no que esta tem de plenitude e de realização. Se o cinema pode empreender essa desmistificação através da linguagem direta das imagens, a poesia (e a prosa) há de fazê-lo enfrentando, sem falsos pudores nem rodeios virtuosos-vitorianos, o problema do erótico. E, diga-se de passagem, a importância de um Henry Miller – incompreendida pelo puritanismo zelote de Lukács – se liga justamente a esta empresa: a desmistificação do amor burguês, submetido, na

Lukács em *La Signification Présente du Réalisme Critique*, Paris, Gallimard, 1960, p. 100 e ss.

2. G. Lukács, op. cit., *p.* 187: "...para que apareça uma forma nova é preciso que a vida ela própria comece por produzir uma realidade nova".

ficção milleriana, à sistemática violentação dos quadros de conceitos em que se nutre; a redução ao absurdo da própria reificação das relações amorosas engendrada pela sociedade mercantilista, através da exponenciação dessa reificação a suas últimas consequências. O choque desalienador nasce desse consumo interdito e exorbitante de liberdade (a liberdade de reificar o amor como experiência física, para além de qualquer censura ou convenção moral).

Este argumento preliminar, que levaria a considerações mais extensas e marginais, aqui se coloca como simples reivindicação de uma lírica desalienada quanto ao seu próprio objeto. Uma lírica que se sirva da linguagem para revelar e não para velar a vivência amorosa.

Mas o problema aqui em destaque é outro: trata-se da possível coincidência, em poesia, do eu-lírico (aquele eu-lírico integral, desalienado, não jugulado por conceitos prévios) e do eu-participante num mesmo lugar estético.

Dois poetas, ao que nos ocorre, resolveram admiravelmente este problema, em poemas de fatura e técnica muito pessoais, que se contam entre os melhores que produziram, além de envolverem toda uma redimensão do gênero. Referimo-nos a Vladimir Maiakovski ("Carta a Tatiana Iácovleva", 1928) e Oswald de Andrade ("Cântico dos Cânticos para Flauta e Violão", dezembro de 1942)[3].

No poema de Maiakovski[4], fixam-se várias emoções que trabalharam simultaneamente o espírito do poeta: o amor pela russa branca Tatiana Iácovleva, que o poeta foi encontrar na boêmia Paris dos anos 20; a sua amargura pessoal ao vê-la recusar o pedido que lhe faz para retornar à pátria (Tatiana optou pelo exílio confortável e por um matrimônio milionário e vagamente heráldico...). Ambos estes sentimentos pertencem à esfera privada do eu-lírico. A eles porém se somam os zelos revolucionários do poeta – o "caudilho

3. Nota para esta edição: Gostaríamos aqui de referir o poema "Hiroxima, meu Amor", de Augusto de Campos, publicado no nº 3, jun. 1963, da revista *Invenção*, São Paulo, onde o problema é enfrentado com os recursos próprios da poesia concreta.

4. Uma tradução deste poema, nossa e de Boris Schnaiderman, foi publicada no Suplemento Literário de O *Estado de S. Paulo*, 29 set. 1962.

vociferante" como ele próprio se chamava – e, encarnando o *epos* do eu-coletivo, ei-lo a sentir ciúmes pela sua ideologia e pela sua pátria ("Não é por mim / que tenho ciúmes / antes / me enciúmo pela Rússia Soviética"), e a superpor à conquista da amada renitente (e inclusive à posse física desta) uma imagem, carregada de *élan* proselitista, do triunfo final do socialismo ("De qualquer modo / um dia / vou tomar-te / Sozinha / ou com a cidade de Paris"). Como em *Hiroshima*, as imagens das duas esferas – a pessoal e a coletiva – entram num sutil contraponto e acabam se fundindo através do próprio instrumento linguístico: o verbo "tomar-te" está colorido de bivalência semântica, posse amorosa e revolução social nele reverberam simultaneamente. Vai o poeta até a perturbação da sintaxe normal de seu idioma para obter os efeitos desejados: a frase "tenho ciúmes por" ("iá rievnúiu za"), como anota Boris Schnaiderman citando E. Papiérni, "embora gramaticalmente incorreta em russo, era a única possível para exprimir o pensamento do poeta"[5].

Também Oswald enfrentou, no seu "Cântico dos Cânticos", um semelhante conflito de sentimentos e a necessidade de recorrer a uma análoga dialética de expressão. O poema, dedicado à celebração da mulher amada – poema do amor total, conquistado ao cabo de andanças e lutas, na maturidade da prática da vida – é também um poema de defesa total e obstinada desse amor, contra tudo e contra todos, convenções ou pessoas, que a ele se opunham:

> E se ele vier
> Defenderei
> E se ela vier
> Defenderei
> E se eles vierem
> Defenderei
> E se elas vierem todas
> Numa guirlanda de flechas
> Defenderei
> Defenderei
> Defenderei

5. Cf. "Nota sobre a Carta…", loc. cit. na nota anterior.

Raras vezes, em nossa poesia, *o pathos* amoroso atingiu tal densidade, feita, não obstante, de agudo despojamento. Sua estrutura consiste numa montagem de quinze fragmentos, titulados separadamente desde *oferta* até *encerramento* e *gran-finale* (como é de hábito na poesia oswaldiana, os títulos acabam se integrando no corpo das respectivas seções do poema). O procedimento estilístico que tem maior incidência no "Cântico" é a *técnica de repetições*, seja o andamento anafórico e paralelístico, seja a simples reiteração topológica de palavras iguais ou parônimas. Aliás, se se pode identificar uma célula rítmica básica na construção sonora dos textos do poeta, esta será a repetição de tipo aliterativo ("coral caído", "duro dorso"), agnominativo ("bonançosa bonança") ou em eco ("mim" / "Alkmin"). À medida que o poema progride, a defesa da mulher amada se confunde com a defesa da humanidade (estamos em plena Segunda Guerra Mundial, nos dias sombrios da agressão nazifascista)[6]:

> Eles querem matar todo amor
> Corromper o polo
> Estancar a sede que eu tenho doutro ser
> ....
> Atira
> Atira
> Resiste
> Defende
> De pé
> De pé
> De pé
> O futuro será de toda a humanidade.

No *gran-finale*, depois de um breve epitalâmio (*himeneú*), cuja sedução nasce do arranjo inusitado de frases triviais, indicativas de operações cotidianas, arrancadas à matriz do coloquial; depois de *blackout*, rodízio apocalíptico entremeado de imagens fálicas e bélicas, onde ocorre uma transposição do tema

6. "É poesia de transição, poesia de guerra, poesia carro de assalto", escreveu Oswald de Andrade referindo-se ao "Cântico" em "Poesia e Artes de Guerra" (*Ponta de Lança*, São Paulo, Livraria Martins Editora, s/d, p. 32).

amoroso para o social através do jogo paronomástico entre "sereias", nas suas duas acepções, e "searas":

> Da podridão
> As sereias
> Anunciarão as searas

– no *gran-finale* o poeta alcança a pacificação e o momento da plenitude amorosa:

> Viveremos
> O corsário e o porto
> Eu para você
> Você para mim
> Maria Antonieta d'Alkmin.

E é neste final-trégua que se imbrica, avassaladora, sem solução de continuidade, como um *shot* seguindo a outro numa "montagem de atrações" eisensteiniana – como as imagens das vítimas da catástrofe atômica aliadas às tomadas do enlace amoroso em *Hiroshima* –, a visão do cerco e afinal da resistência e da vitória final de Stalingrado, cuja epopeia o poeta de longe acompanhava, num mesmo frêmito, enquanto vivia sua experiência amorosa culminante:

> Para lá da vida imediata
> Das tripulações de trincheira
> Que hoje comigo
> Com meus amigos redivivos
> Escutam os assombrados
> Brados de vitória
> De Stalingrado.

Ao nível estrutural, estes dois fragmentos derradeiros do "Cântico" estão entrelaçados por aquela projeção, na camada sonora, da técnica de repetições que, na dimensão sintático-semântica, constitui a tônica estilística do poema: "mim" repercute em "Alkmin", assim como "brados" ressoa em "assombrados" e ricocheteia, toantemente, em "Stalingrado" (as formas de redundância aqui são o eco, a aliteração, e a rima externa e interna). O encadeamento de motivos – a telescopagem do eu-lírico e do eu-participante, da vivência amorosa e da convivência política – opera-se não por um pacto exterior, mas por dentro, na textura mesma da linguagem. O que lhe confere uma singular eficácia.

8. ESTILÍSTICA MIRAMARINA*

Estudando o romance-invenção *Memórias Sentimentais de João Miramar*, de Oswald de Andrade, usamos da expressão "cubo-futurismo plástico-estilístico" para definir o sentido da prosa miramarina[1]. Citamos então, para exemplificar, trechos como estes:

> Um cão ladrou à porta barbuda em mangas de camisa e uma lanterna bicor mostrou os iluminados na entrada da parede.

> Mas a calçada rodante de Pigalle levou-me sozinho por tapetes de luzes e de vozes ao mata-bicho decotado de um dancing com grogs setinadas pernas na mistura de corpos e de globos e de gaitas com tambores.

Em tais passagens, observamos, cláusulas se encontram e se interceptam como planos, os atributos saltam do engaste

---

* Publicado originalmente no Suplemento Literário de O *Estado de S. Paulo*, 24 out. 1964.

1. Ver "Miramar na Mira", estudo introdutório à reedição das *Memórias Sentimentais de João Miramar*, São Paulo, Difusão Europeia do Livro, 1964.

e deslizam de uma superfície semântica para outra, as imagens se seccionam como providas de arestas. Pareceu-nos que, vista à essa luz, a prosa miramarina refletia o impacto das descobertas pictóricas de Oswald nas exposições de Paris, agitadas, nas primeiras décadas do século, pelo futurismo e pelo cubismo.

Um trabalho de Roman Jakobson, o notável crítico formalista russo hoje radicado nos EUA como professor da Universidade de Harvard, permitir-nos-á, porém, um enfoque mais rigoroso do assunto e a tentativa de detectar uma chave para a prosa oswaldiana, num dos seus aspectos mais característicos, talvez aquele responsável pelo que há nela de mais perturbadoramente original. Trata-se do estudo "Dois Polos de Linguagem e Dois Tipos de Perturbação Afásica"[2]. Examinando o síndroma da afasia nos seus aspectos linguísticos, Jakobson estabelece que dele podem resultar dois tipos diferentes de perturbações: 1. a que afeta a operação de substituição, atingindo a relação de *similaridade* que dá a *metáfora*; 2. a que afeta a operação de combinação e formação de contexto, a capacidade de hierarquização das unidades linguísticas, a relação de *contiguidade* que constitui a *metonímia*. No discurso normal – prossegue Jakobson – ambas as orientações polares tipificadas na *metáfora* e na *metonímia* atuam, porém, sob o influxo da personalidade, da cultura e do estilo, pode-se dar preferência a uma ou outra dessas operações. Este é o ponto que nos interessa, pois se trata de ver como uma preferência pelo polo *metonímia*, ou, pelo menos, uma ênfase estratégica nesse polo parece caracterizar o que há de mais surpreendente na prosa oswaldina da fase de *Miramar*. Mas continuemos a examinar as indicações fornecidas por Jakobson. Desde logo convém observar que, para o linguista de Harvard, a *operação metafórica* tem sentido lato, cobrindo não apenas a metáfora propriamente dita, mas outras relações de substituição, similaridade ou contraste (que ocorrem sobretudo no plano semântico), tais como a tautologia, a sinonímia e a antonímia; enquanto que, de sua

2. Publicado em tradução alemã em *Grundlagen der Sprache*, Berlim, Akademie-Verlag, 1960.

parte, a *operação metonímica* envolve não apenas a figura em causa, mas sua irmã-gêmea, a *sinédoque*[3], ou, numa palavra, as relações de tipo aditivo-predicativo, caracterizadas pela contiguidade posicionai (que decorrem sobretudo no plano sintático). Se é verdade que o primado do processo metafórico na poesia romântica e simbolista é geralmente reconhecido, não se tem falado suficientemente – repara Jakobson – do papel fundamental da metonímia para o realismo. Por meio do princípio de contiguidade, o autor realista vai da ação ao segundo plano, das pessoas às representações espaciais e temporais. E exemplifica com Tolstói: em *Ana Karênina*, na cena do suicídio, o autor chama a atenção sobre a bolsa da heroína; em *Guerra e Paz*, as sinédoques "cabelos sobre o lábio superior" e "ombros nus" são empregadas para indicar mulheres que apresentam estas particularidades. Mas essa estrutura bipolar básica não se limitaria à linguagem verbal, estendendo-se a outros sistemas semióticos. E é assim que Jakobson toca num aspecto extremamente pertinente para o presente estudo: o cubismo ofereceria uma orientação nitidamente metonímica, onde o objeto é como que "dissolvido num sistema sinedóquico"; em contrapartida, o surrealismo forneceria um exemplo de predileção metafórica. O cinema – acrescenta – desde as inovações de Griffith, através do alto desenvolvimento das técnicas para a variação de ângulo, perspectiva e distância de foco, rompeu com a tradição teatral e conquistou uma inusitada multiplicidade de grandes tomadas sinedóquicas e graduações de tomadas

---

3. Parece-nos interessante recordar, para melhor compreensão da teoria de Jakobson, o sentido próprio que têm os termos metonímia e sinédoque, segundo o *Diccionarío de Términos Filológicos* de Fernando Lázaro Carreter, Madrid, Editorial Gredos, 1953. *Metonímia*: tropo que responde à fórmula lógica *pars pro parte*; consiste em designar uma coisa com o nome de outra, que está com ela em uma das seguintes relações: causa a efeito; continente a conteúdo; lugar de procedência a coisa que dali procede; matéria a objeto; signo a coisa significada; abstrato a concreto; genérico a específico etc. *Sinédoque*: tropo que responde ao esquema lógico *pars pro tolo* ou *totum pro parte*. Produz-se quando se emprega uma palavra por outra, estando seus respectivos conceitos em relação de: gênero a espécie ou vice-versa; parte a todo ou vice-versa; singular a plural ou vice-versa etc. Etimologicamente, estas figuras também se explicam: metonímia significa transnominação; sinédoque, compreensão de várias coisas ao mesmo tempo.

metonímicas. Aqui seria o caso de observar, marginalmente, que o teatro moderno, por seu turno, deixou-se influenciar pelas operações metonímicas da sintaxe cinematográfica, procurando convocar para esse fim novos recursos técnicos.

A propósito do *Miramar*, tivemos a oportunidade de deter-nos sobre a presença do cinema no estilo oswaldiano. A técnica de montagem – que é sobretudo uma técnica de criação de contexto através da manipulação de relações de contiguidade (embora dela possa resultar muitas vezes a metáfora no plano semântico) –, implicando elipses (suspensões ou cortes bruscos), traduz frequentemente a atitude metonímica com que o pintor cubista (um Picasso, um Braque, um Juan Gris) reordena o mundo exterior no correal estético que é o quadro, selecionando este ou aquele detalhe, estabelecendo novos sistemas de vizinhança, fazendo um olho, por exemplo, ganhar proporções e sobrepujar todo um rosto, uma perna justapor-se sem transição a uma cabeça, reorganizando livremente a anatomia da figura humana e as relações entre as coisas. Escrevendo sobre Picasso, Apollinaire resume essa atitude nas seguintes palavras:

> A grande revolução das artes que ele realizou quase sozinho é a sua nova representação do mundo [...] Homem novo, o mundo é a sua nova representação. Ele enumera-lhe os elementos e particularidades com uma brutalidade que sabe também ser graciosa. É um recém-nascido que põe ordem no universo para uso pessoal e ainda para facilitar as relações com os seus semelhantes [...] De fato, a anatomia, por exemplo, não existia mais na arte; era necessário inventá-la de novo e assassiná-la com a ciência e o método de um grande cirurgião[4].

Formulações de Max Bense, contidas na sua "Teoria do Texto Cubista" e em outros trabalhos[5], permitir-nos-ão caracterizar agora o estilo cubista e em que sentido a prosa miramarina pode ser definida como prosa cubista. Escreve Bense que, para a estética da pintura cubista, o quadro não é mais compreendido como um quadro de objetos do mundo

4. *Les Peintres Cubistes*. Extraímos as citações da tradução italiana publicada pela Casa Editrice II Balcone, Milão, s/d.

5. "Théorie kubistischer Texte" (inédito); "Wörterbuch moderner Ästhctik" (inédito), verbetes "Kubismus!" e "Kubistischer Text"; *Modelie*, cadernos *Hot*, nº 6, Stuttgart, s/d; *Théorie der Texte*, Colônia, Kiepenheur & Witsch, 1962.

100

exterior, mas como "uma composição inovadora das possíveis relações de elementos do objeto do mundo exterior no material do mundo próprio da pintura". Assim também o texto cubista é por ele conceituado como aquele "cuja realização não se refere imediatamente à representação de um objeto do mundo exterior ao texto, mas sim ao texto em si mesmo, como seu próprio objeto estético, no sentido da realidade do mundo que lhe é privativo". Paradigma desse tipo de texto seria a prosa de Gertrude Stein em "If I Told You – A Completed Portrait of Picasso". Tomando como ponto de apoio uma distinção de Mandelbrot entre linguagem imitativa ou analógica e linguagem combinatória ou digital, Bense esclarece que essa distinção, proposta na teoria estatística da informação, corresponderia, semioticamente, à diferença entre linguagem icônica e linguagem simbólica (cabe-nos advertir que não se trata aqui de símbolo no sentido da poesia simbolista, mas na acepção da matemática ou da lógica simbólica). Em seguida, passando para a dicotomia de Jakobson entre processo metafórico e processo metonímico, conclui Bense que o primeiro seria analógico-imitativo (icônico), dando lugar à formação de *simplexos* (ou representações imitativas); o segundo seria digital-combinatório (simbólico), dando margem à produção de *contextos* (âmbitos de palavras definidos por relações predicativas de ordem ou vizinhança). O *estilo cubista* pode ser então definido como um *estilo digital*: o objeto estético é, em tal caso, em princípio, um objeto variável, cujos elementos se prestariam sempre a uma outra apresentação, a um outro arranjo. Detendo-se sobre o texto citado de Gertrude Stein (cuja prosa, devemos apontar, exerce uma grande influência na literatura alemã de vanguarda, de um Helmut Heissenbüttel ou de um Reinhard Döhl, por exemplo), Bense passa a assinalar que o título "Um Retrato Concluso de Picasso" funciona como *índice* do processo cubista de formação do texto e que aqui, se se quiser falar de *ícone*, ter-se-á que admitir que o texto como todo engendra não "o ícone de um objeto", mas o "ícone de uma estrutura"[6]. Ou, trocando em miúdos esse

---

6. A propósito da poesia concreta, falamos cm "iconografia dinâmica" ou "abstrata", para exprimir algo semelhante (Posfácio à antologia

tratamento semiótico: no seu célebre "Portrait", Gertrude Stein não retratou o pintor, não procurou fixar-lhe com palavras os caracteres físicos, mas sim tratou de transpor para o seu texto a atitude picassiana diante da composição do quadro cubista, articulando palavras que falam de tudo menos do pintor retratado, das quais porém resulta um contexto estruturalmente análogo ao de uma tela picassiana.

Uma assunção rigorosa dessas formulações bensianas só ocorre, a nosso ver, no caso do cubismo onde os pretextos figurativos são reduzidos a um mínimo, onde os signos praticamente se emancipam das coisas designadas, como se verifica nas composições de Mondrian da fase de transição entre cubismo e neoplasticismo, de quem diz Michel Seuphor que soube ler melhor nas obras de Braque e Picasso do que os seus próprios autores, "levando ao cabo suas [deles] ideias inexpressas, consignando de maneira logicamente clara toda a lição do cubismo no momento mesmo em que os grandes pintores cubistas se detinham ou retrocediam"[7]. Justamente nessa passagem, ou já mesmo na linha do construtivismo não-figurativo, se inserem os textos de Gertrude Stein (como o "Portrait" citado ou, mais ainda, "A Very Valentine"). No caso da prosa miramarina de Oswald de Andrade, o estilo cubista, a operação combinatória ou metonímica nele realizada, está do lado do cubismo histórico, é ainda residualmente icônica em relação ao mundo exterior. Propõe, no fundo, através da crítica à figura e à maneira habitual de representar o mundo das coisas, e mediante uma livre manipulação dos pretextos sígnicos daquela e destas, um novo realismo comensurado à civilização da velocidade e da máquina, à civilização que incluiu o cinema como seu aporte mais característicos no elenco das artes. Assim, quando Oswald escreve "um cão ladrou à porta barbuda em mangas de camisa", emprestando à porta as qualidades do porteiro que a foi abrir e definindo

---

Noigandres – Konkrete Texte, cadernos *Rot*, nº 7, Stuttgart, s/d). Nota para esta edição: no vocabulário da semiótica, *índice* é um signo que denota sem descrever, não tendo semelhança com o objeto a que se refere mas chamando a atenção para ele (por exemplo: uma seta indicando caminho); *ícone* é um signo que tem traços em comum com o seu objeto, que a este de certa maneira se assemelha (por exemplo: uma fotografia).

7. *Piet Mondrian*, Paris, Flammarion, 1956.

o todo pela parte (isto é, o porteiro por suas barbas e por suas mangas de camisa), está em plena *operação metonímica*, selecionando elementos fornecidos pela realidade exterior e transformando-os em *dígitos*, para depois recombiná-los livremente e hierarquizá-los numa nova ordem, ditada pelos critérios de sua sensibilidade criativa. O mesmo quando escreve: "uma lanterna bicor mostrou os iluminados na entrada da parede", querendo dizer que o porteiro trazia uma lanterna na mão e à luz dela inspecionou os visitantes. Os pontos de partida descritivos (icônicos) aí estão: mas o que importa em última análise, também aqui (como nos textos de Gertrude Stein, onde há uma radicalização maior do processo combinatório), é a nova estrutura que Oswald lhes impõe. A violência das compressões e transnominações a que é submetida a linguagem, a ênfase que se dá aos detalhes (barbas, mangas de camisa, lanterna), as novas relações de contiguidade que se engendram no contexto e que o engendram fazem com que uma informação trivial (a descrição de um casal chegando a um hotel) se transforme, pelo aporte de originalidade, numa informação estética. Em igual sentido se poderia analisar o outro fragmento do *Miramar* citado no início deste estudo: não é a "calçada rodante de Pigalle" que leva Miramar a um "matabicho decotado", mas o herói que passeia pela calçada de Pigalle, tendo dela a impressão de um tapete rolante (pelo movimento dos transeuntes); o "matabicho decotado" é o drinque bebido num *dancing* entre mulheres decotadas, e a enumeração seguinte: "com grogs setinadas pernas na mistura de corpos e de globos e de gaitas com tambores", isolando e destacando faces da realidade reordenadas à discrição do autor, parece sair diretamente de uma tela cubista. A comparação entre os trechos do *Miramar* estampados na revista *A Cigarra* em 1916 e a versão afinal publicada (1923-1924) mostra que houve no interregno um laborioso e lúcido percurso estilístico, da banalidade e do convencionalismo de um relato de viagem ao gosto duvidosamente crepuscular das elites da época até a violência criativa da prosa cubista[8]. Este percurso foi cumprido pela

8. Os fragmentos da primeira versão de *Miramar* foram mencionados por Paulo Mendes de Almeida ("A Cigarra Literária", Suplemento Literário de O *Estado de S. Paulo*, 6 jun. 1964), a quem devemos a oportunidade de tê-los consultado. Nota para esta edição: para que se possa observar, através

decidida aplicação daquilo que, em termos de Jakobson, se poderia chamar o processo metonímico de elaboração de textos, no caso para fins estéticos.

Mas Roman Jakobson não se limita a verificar a bipolaridade dos processos linguísticos corporificada na metáfora e na metonímia. Vai mais longe, retoma uma tese que sustentou num ensaio de 1935 sobre a prosa de Pasternak[9], afirmando que, na prosa, há uma natural propensão para a metonímia e,

de um confronto, a violenta compressão metonímica a que Oswald submeteu o seu texto, apresentamos em apêndice a versão de 1916 (inicial?) do episódio-fragmento 39 do *Miramar* e a versão definitiva do mesmo trecho: grifamos as palavras (cerca de 25 apenas) que permaneceram no texto final.

APÊNDICE

"Havíamos atravessado *na límpida manhã* a Alemanha das aldeias de *litografia*, tendo passado, à entrada da noite anterior, pela Alsácia conquistada, onde o grito *gutural* dos soldados botados e duros anunciara Altkirch na fronteira do império.

"E chegávamos a *Munich* ao meio dia, olhos nos olhos, *coração* no coração. O 'Hotel Metrópole' que procuramos era em frente à 'gare'. E, da sacada do nosso quarto, assistimos desde logo ao embandeiramento vagaroso da maciça 'Eisenbahn'. Munich preparava a recepção de um velho *príncipe* da casa de *Baviera*. Saímos pelas ruas. Os bairros eram severos e limpos, levantados uniformemente sobre o asfalto polido, do mesmo tom de cor que as casas tinham.

"Jantamos num restaurante, onde a luz mortiça clareava *paredes enormes e portas góticas*.

"E uma manhã o príncipe esperado *chegou*. A população se alinhara pelas ruas. Doze cidadãos em uniforme de gala burguesa – edis ou nobres – foram em colegiada comovida beijar a mão de Sua Alteza. Depois, *perfilados, gordos* uns, magros outros, saudaram com o mesmo berro solene a *carruagem* que passava.

"E soldados luzidios e *sólidos* desfilaram por entre o povo.

"A noite, fomos ver um 'cabaret' de arte. Havia caricaturas pelos muros e cerveja pelas mesas. De repente, ao fundo, modularam-se acordes melancólicos de piano. *Um bardo* grisalho e grande ia cantar. Pôs-se de pé. E lançou, em cascatas *sonoras* pelo ambiente *enfumaçado*, a alma sentimental do Reno."

("Munich", em A *Cigarra*, ano III, nº 48, São Paulo, 17 de agosto de 1916.)

"Empalada na límpida manhã a Alemanha era uma litografia gutural quando os corações meu e de Madô desceram malas em München.

"Paredes enormes davam comida a portais góticos. Um príncipe de Baviera chegou para as calçadas perfiladas e gordas hurrarem a carruagem que entrou no povo por mitrados cavalos sólidos.

"E um bardo garganteou entre bocks na fumaça sonora de valquírias."

("39. Cerveja", em *Memórias Sentimentais de João Miramar*, 1923-1924.)

9. Além da obra citada na nota 2, consultar, de Victor Erlich, *Russian Formalism*, Haia, Mouton & Co., 1955 (especialmente p. 177-178 e 209).

na poesia, um pendor também natural para a metáfora. Esta colocação é, sem dúvida, por demais generalizante, embora possa ser útil para uma visualização do problema em termos didáticos. Seria difícil enquadrar nela muitos produtos da prosa e da poesia (até onde possam diferenciar-se) que a literatura moderna nos oferece. Tomando-a ao pé da letra, poderia parecer que não haveria tanta razão para o impacto de surpresa que o estilo miramarino tem sobre o leitor, pois, explicado através da orientação metonímica, este estilo estaria dentro da tradição congenial à prosa narrativa. Mas as coisas não são assim tão claras. Enquanto que num escritor do realismo tradicional, interessado antes nas articulações temáticas do que propriamente na linguagem, a operação metonímica é o caminho adequado para as discriminações psicológicas ou para o mais sutil encadeamento do enredo, através da seleção e da ênfase dos caracteres e situações típicos (a famosa *perspectiva* lukacsiana), na prosa miramarina a atitude metonímica é assumida *em si mesma*: o que interessa, em última instância, nessa prosa, é o processo metonímico pelo qual os dados de uma realidade trivial (irrelevante na sua versão estilística originária, convencional) são reelaborados, rearticulados, reordenados para adquirir condição estética. Trata-se aqui de um realismo especial, quase etimológico, fundado na realidade do texto como coisa de palavras, cuja coerência se mede pelos seus próprios materiais (palavras numa determinada ordem de contiguidade). Que essa prosa não corte suas amarras icônicas com o mundo exterior é bastante compreensível, pois uma de suas dominantes (presente inclusive e precisamente no insólito de suas técnicas e processos) é a sátira, ao nível social e linguístico, de uma determinada faixa, perfeitamente localizada no tempo e no espaço, desse mundo exterior (a prosa de Gertrude Stein não tem estas mesmas preocupações de crítica social). Mas a nítida propensão da prosa miramarina no sentido de conquistar a emancipação de seu mundo de signos e de fundar na realidade do texto a sua própria realidade (a absolutização da metonímia, por exemplo, que passa de técnica diluída no enredo a ingrediente de primeiro plano – a verdadeira "protagonista" – dessa prosa) não entra em contradição com os propósitos crítico-satíricos de Oswald.

Antes, ele consegue conciliar admiravelmente ambas as solicitações de seu espírito, o empenho criativo de inovar e o empenho moral de testemunhar, como que para fazer prova de uma outra tese de Jakobson, da fase heroica das escaramuças entre críticos formalistas e críticos sociológicos, a de que entre a realidade do mundo e a realidade da arte é lícito que se tentem estabelecer correlações, não no sentido de uma "harmonia idílica", mas no de captar as "tensões dialéticas" entre esses diferentes níveis de realidade. Um único mas significativo exemplo extraído da prosa miramarina: o Dr. Pôncio Pilatos da Glória, cuja "agigantada figura moral" resume prototipicamente os caracteres humanos e de contorno social satirizados pelo criador do *Miramar*, é sempre anunciado, através de todo o livro (fragmentos 67, 72, 88, 148 e 153), por um hilariante passe metonímico: as interjeições *oh. ah!*, justapostas, acompanham-no como um rabo de papel, definindo-lhe o amor à grandiloquência vazia, próprio do letrado provinciano e alienado. É só ver, como amostra, este pequeno trecho do fragmento 153, dos mais típicos do estilo cubista de Oswald: "E na sala aberta da redação o dr. Pilatos noturno de ohs e ahs aportou a notícia de fraque do adoecimento final e morte de minha sogra".

Através da orientação metonímica inspirada nos exemplos dos pintores cubistas (cuja primeira manifestação coletiva se deu em Paris, no Salon d'Automne de 1911), Oswald conseguiu libertar sua prosa das convenções do "bem escrever", em voga na sociedade paroquial onde se formara, e, ainda, livrá-la do ranço finissecular de dannunzianismo que, dentro dessa sociedade, gozava de prestígio no reduto mais restrito de sua assim dita *intelligentsia* (dannunzianismo que impregna os romances da *Trilogia do Exílio*, do mesmo autor). Desidentificando berrantemente seu estilo dos padrões aceitos, rompendo inclusive consigo mesmo, Oswald, através das *Memórias Sentimentais de João Miramar* e, depois, do *Serafim Ponte Grande*, plantou o marco definitivo de nossa prosa nova. Resta agora averiguar até que ponto a outra orientação polar da linguagem, a metafórica, encaminhada num sentido de "prosa poética", seria responsável por aqueles vestígios dannunzianos e pelo estilo *art nouveau* da *Trilogia*[10].

---

10. Antonio Candido, na sua fundamental análise de ficção oswaldiana ("Estouro e Libertação", em *Brigada Ligeira*, São Paulo, Livraria Martins Editora, s/d), apontando tais rastros dannunzianos, autoriza, por antecipação, este corolário, escrevendo: "*A Trilogia do Exílio* é uma série sufocada pelo abraço da metáfora".

9. BANDEIRA, O DESCONSTELIZADOR*

Quando, em princípios de 1957, depois de ter afrontado sem maiores comoções aparentes a suspicácia paulista, a poesia concreta lançou-se com estardalhaço na capital da acústica e da difusão literária do país, o Rio de Janeiro, uma voz levantou-se, em meio ao barulho das manchetes e ao fogo cruzado das diatribes, pedindo atenção e compreensão para a experiência que estava sendo levada a efeito pelos novos poetas. Esta voz era a de Manuel Bandeira, veterano de muitas batalhas, o decano de nossa poesia moderna. Escrevia Bandeira em 9 de janeiro daquele ano, referindo-se ao Suplemento Literário do *Jornal do Brasil*, cujas páginas estavam abrigando os porta-vozes do movimento:

> O seu suplemento é diferente como apresentação e conteúdo. Este impressiona agradavelmente pela sua densidade, aqui e ali pela sua novidade. Está valendo como revista de afirmação de novos

---

* Publicado originalmente no Suplemento Literário de O *Estado de S. Paulo*, 16 abr. 1966.

109

valores poéticos, acolhendo em suas colunas as primeiras demonstrações da poesia concreta. A geraçãozinha de 45, coitada, pouco tempo teve para brilhar na crista da onda. A verdade é que não tinha mensagem coletiva a comunicar tem os seus poetas, um ou outro grande poeta em via de realizar-se, mas nada os ligava senão o desejo de desancar os confrades maiores de 50 anos. Os poetas concretos, não: trazem realmente, como grupo, uma mensagem nova. Pode-se gostar ou não da poesia que fazem. Mas é óbvio que fazem coisa diferente e merecem atenção.

Pouco mais tarde, em fevereiro, Bandeira publicava três artigos sobre "Poesia Concreta" nas colunas daquele jornal carioca, o último dos quais terminava assim: "Qualquer que seja o valor que possam ter as suas produções, merecem mais deferência do que a eterna *rengaine* dos de calcadores". E em março, uma grande revista do Rio (*O Cruzeiro*) divulgava, com uma reportagem polêmica sobre o movimento ("O *Rock'n Roll* da Poesia"), o primeiro poema concreto de Bandeira.

O interesse de MB pela poesia concreta como tal foi episódico, mas resultou em alguns poemas reunidos sob os títulos de "Composições e Ponteios", incluídos posteriormente no volume *Estrela da Tarde* (Livraria José Olympio Editora, 1963). Destas suas incursões no campo da poesia espacial, o produto mais realizado é, sem dúvida, o "Verde-Negro" (que, na publicação em jornal, tinha o nome de "Ponteio"), e que é mesmo um hábil dedilhar visual das cordas semânticas do idioma, à base de homofonias e paranomásias entre formas verbais (*dever*, *ver* e *vir* e suas flexões), adjetivas (*verde* e *negro*, palavras que têm em comum sons aliterantes) e sintagmáticas (integradas pela preposição de: *de ver*, *ver de*); tudo isto repassado dos ecos líricos de rimas camonianas e gonçalvinas sobre o *verde* ("olhos verdes"). Mas, para além dos poemas que Bandeira esportivamente procurou estruturar dentro das propostas do movimento concreto, alguma coisa havia de mais profundo a explicar a atitude do velho poeta, que de modo nenhum, seja pela espontaneidade generosa em que se situava seu gesto, seja pelo próprio caráter circunstancial das produções bandeirianas nessa linha, poderia ser interpretada como uma adesão ao novo estilo, embora também não fosse uma simples demonstração de versatilidade e juventude artesanal. Nem sequer a compreensível solidariedade do velho combatente da revolução modernista, que proclamara num poema de *Libertinagem* (1930): "estou farto do lirismo comedido / do lirismo bem comportado / do lirismo funcionário público...", daria uma explicação satisfatória à intervenção de Bandeira. Os motivos que então inspiraram o seu ato vinham de mais longe e se radicam numa constante da qual, a nosso ver, sai talvez o melhor da poesia bandeiriana. Bandeira é um *desconstelizador*. Sua poesia – certa parte dela – inscreve-se nessa linha sutil que separa o lugar comum (a redundância, a frase feita, o clichê da sensibilidade) da informação original, e que faz muitas vezes que, por uma simples mudança de ângulo de enfoque e/ou de âmbito contextual, o que é redundante passe a produzir essa informação nova; melhor esclarecendo: a informação estética de certos poemas bandeirianos (sirva de exemplo a "Balada das Três Mulheres do Sabonete Araxá", de *Estrela da Manhã*, 1936) nasce do deslocamento repentino, fiado numa fimbria de linguagem apenas, do lugar comum para o lugar incomum (para usar aqui de uma fórmula de Décio Pignatari). Diante das palavras consteladas pelo uso num *planetarium* fixo de significados e associações, Bandeira se comporta como um operador rebelde, que se insubordina contra as figuras sempre repetidas do estelário dado (frases feitas do domínio comum) e, subitamente (luciferinamente), procura recompor a seu arbítrio poético os desenhos semânticos articulados pelo uso, resgatar as estrelas-palavras de suas referências e das imagens estáticas que projetam. Veja-se o que diz o poeta ("Poesia Concreta – 2", 10.2.1957):

Ninguém poderá negar a intensa poesia das frases de cartilha: só que é poesia não intencional. Pois bem, vem o poeta e passa a usar intencionalmente o processo, mas em sentido contrário. O analfabeto acaba aprendendo o sentido da sentença, a virgindade das palavras se gasta, elas se transformam nos túmulos da imagem

(aqui Bandeira se remetia a uma frase de um dos primeiros manifestos concretos, de Augusto de Campos, onde se afirmava que a convenção transforma as palavras em "túmulos-tabus"). E prosseguindo:

O poeta terá que fazer ver a palavra liberta de suas mortalhas. Tenho que é empresa dificílima – uma aventura como a do *Coup de Dés* de Mallarmé.

No fim do artigo, vinha a elucidação:

Vou exemplificar. Vocês já tentaram ver os nomes dos nossos grandes românticos como nomes quaisquer? Gonçalves Dias, Castro Alves, Fagundes Varela, Alvares de Azevedo? Desde a infância ouvimos falar neles, de sorte que os seus nomes se tornaram como palavras novas da língua, têm a sua música própria, o seu desenho, o seu cheiro, derivados de tudo o que sabemos desses poetas e de sua poesia. [...] Ora, muito bem, eu tinha vontade de compor um poema concreto em que partiria do nome Gonçalves Dias e dissociaria os dois apelidos e combiná-los-ia com outros e forjaria firmas comerciais (Dias Gonçalves, S.A., Dias Leiloeiro, Gonçalves, Dias & Cia. etc.), enfim, faria o diabo, de maneira que ao fim do poema o leitor visse o nome inteiramente dissociado da imagem do poeta. Como Ribeiro Couto leu, um dia, o seu na placa de uma firma da Rua Primeiro de Março: Ribeiro, Couto & Cia.

E Bandeira adita, como num segundo pensamento: "Eu disse que teria vontade. Mas não tenho coragem". Alguns anos mais tarde, porém, quando a equipe da revista *Invenção*, através de Edgard Braga, solicitou um poema a MB para o seu número 3 (junho 1963), eis que o poeta nos manda a sua projetada "dissociação" gonçalvina (o seu "não tenho coragem" não lhe impediu, afinal, a dessacralização, cheia de verve sintática, do nome emblemático do Romântico que, por sinal, lhe merece o apreço maior). O texto, que se intitulava fenomenologicamente "O Nome em Si", vinha precedido dos seguintes esclarecimentos: "Quando os concretos surgiram, julguei que eles queriam sobretudo restituir à palavra a sua virgindade delas palavras. Mando-lhe aqui um poema que não passa de um exercício de desconstelização do nome de Gonçalves Dias". O poema, como se poderá ver de sua leitura[1], é radical:

---

1. O texto de "O Nome em Si" encontra-se na secção intitulada "Composições" de *Estrela da Vida Inteira*, Rio de Janeiro, Livraria José Olympio Editora, 1966, p. 281.

pulveriza a "aura" do nome célebre, restitui-o a um estado de disponibilidade anterior à conceituação, e arrasta no seu curso toda uma situação linguístico-literária reificada (seja denotativa, a imagem do poeta; seja conotativa, a imagem do Romantismo tal como configurada pela imagem de seu poeta-símbolo, através de um longo processo de mitificação que começa pelos florilégios escolares e que desemboca depois no panteão respeitável das Histórias Literárias e das antologias para leitura adulta). Neste "desconstelizar" o nome do poeta famoso e desconstelizar-se a si próprio (um dos mais entusiastas cultores do autor da "Canção do Exílio"), Bandeira, o humor bandeiriano, não poupa e não se poupa no seu exercício de sinceridade, que não contradiz a adesão admirativa que o biógrafo de Gonçalves Dias sabidamente tem para com a figura gonçalvina, mas se mostra capaz de interpor no caminho consueto dessa estima uma inesperada distância de crítica. Esta, ao se perfazer na linguagem, por um simples jogo de sintagmas desmembrados e remontados que dispensam qualquer comentário discursivo, exibe a sua face mais contundente. Se o lance de dados mallarmaico não pode abolir o acaso a não ser, quem sabe, no fugaz momento da constelação (soma de palavras, poema) que engendra, a "desconstelização" de nosso poeta libera o acaso dentro da linguagem amortalhada pelo costume e, por sua vez, obriga os dados a serem relançados. A "desconstelização" bandeiriana é, nesse sentido, manifestação daquilo que o crítico formalista russo Victor Schklóvski chamava de "desautomatização" ou "efeito de estranhamento" (*ostranienie*), princípio que consiste em libertar o objeto que nos é familiar do automatismo perceptivo e vê-lo como se pela primeira vez[2].

Falar em Mallarmé a propósito de Bandeira não é impertinente, e isto é também parte da elucidação do sentido mais profundo de seu interesse pela poesia concreta na fase

---

2. Em um estudo de 1917, "Iskusstvo kak priom", considerado como que o manifesto do chamado formalismo russo (publicado em tradução francesa – "L'art comme Procédé" – na revista *Tel Quel*, nº 21, Paris, 1965 e, em seguida, no volume *Théorie de la Littérature* (*Anthologie des Formalistes russes*, Paris, Éditions du Seuil, 1966).

do lançamento desta, quando era mais difícil e menos compensador do que hoje fazer reflexões sobre poesia de vanguarda. Os concretos, desde o primeiro momento, se reclamavam do poeta do *Un Coup de Dés*. Pois bem, Bandeira há muito se ocupara precisamente do grande mestre da poesia experimental (ver "O Centenário de Stéphane Mallarmé", conferência publicada em *De Poetas e de Poesia*, 1945, e depois incluída na edição de 1957 de *Itinerário de Pasárgada*, Livraria S. José Editora). Nesse trabalho, MB ressalta a importância do "poema tipográfico" do *Coup de Dés* na obra do poeta francês, além de fazer precisas observações sobre a sintaxe mallarmeana ("processo de organização de um sistema de incidentes em torno de uma ideia e tendendo não à cadência redonda, mas a um remate agudo como o bico de pena pingando o ponto-final"); sobre o "conceito orquestral" dessa poesia ("através dos véus da ficção, desprender o assunto de sua estagnação acumulada ou dissolvida com arte – começar por uma afirmação como um pórtico de acordes triunfais convidando a que se componha, em retardos liberados pelo eco, a surpresa; ou o inverso: atestar um estado de espírito em certo ponto por um sussurro de dúvidas para que delas saia um esplendor definitivo simples"); ou, finalmente, sobre a intenção que perpassa toda a obra do poeta da Rue de Rome ("isolar para os olhos um sinal da esparsa beleza geral"). Esta familiaridade com o mundo mallarmaico se espelha numa das mais importantes composições bandeirianas, o poema "Agua-Forte", de *Lira dos Cinquent'anos*, conforme já ressaltou Ledo Ivo (O *Preto no Branco*, Livraria S. José Editora). Em 1958, quando estava em projeto uma edição da tradução brasileira do *Lance de Dados*, de nossa autoria (publicada em *Mallarmé*, de Augusto de Campos, Décio Pignatari e Haroldo de Campos, São Paulo, Perspectiva-Edusp, 1975), resolvemos escrever a MB indagando-lhe se além dele outro representante de nossa primeira geração modernista havia escrito algo sobre o poema constelar. Recebemos então a resposta que a seguir vai transcrita, e que ilustra bem o interesse despertado em Bandeira pelo poema visual do último Mallarmé:

Não me lembro de ninguém que se haja ocupado do *Coup de Dés* por ocasião de minha conferência na Academia, Joanita Blank decalcou para mim sobre papel imperial do Japão a edição Gallimard do poema. O papel me foi cedido pelo Portinari, que fez um belíssimo desenho para essa edição *sui generis de* um único exemplar. Mandei encaderná-lo em pergaminho, os títulos desenhados a vermelho por Joanita. Guardei-o durante anos, mas um dia a pintora manifestou desejo de ficar com ele e eu prontamente atendi-a, pois ela foi quem teve todo o trabalho. E ela hoje é embaixatriz da Holanda em Belgrado. Mas de vez em quando me dá uma saudade louca do livro.

O crítico Oliveira Bastos ("Bandeira e a Poesia Concreta", Suplemento do *Jornal do Brasil*, 23.2.1958) escreveu: "Estimulado pelas pesquisas concretistas, Bandeira não fez senão dar maior ênfase a elementos familiares de sua poesia ao escrever poemas como 'Ponteio'". Esses elementos, segundo Bastos, seriam, de um lado, o gosto pelo despojamento vocabular, e, de outro, a construção do poema em termos da projeção objetiva das virtualidades do enunciado (através de recursos rítmicos e até mesmo, ocasionalmente, visuais, como no poema "Pensão Familiar", de *Libertinagem*, 1930).

Sem prejuízo da acuidade dessa análise, preferimos ver o problema sob o ângulo de uma *função desconstelizadora* a atuar ao longo de toda a poesia bandeiriana, sob duas formas: a) como geradora da particular *mockery* do poeta, em poemas de linha coloquial-irônica ("Pneumotórax" é um exemplo entre muitos outros); *b*) como suporte de certa poesia de simplicidade emocional quase tocada pela trivialidade, que no entanto se sustenta admiravelmente em tênues linhas de força graças ao efeito de singularização obtido pelo poeta com o arranjo novo dessas aparentes banalidades sentimentais (o apego do poeta à simplicidade romântica se compreenderá também aqui à luz do especial conceito de singeleza que nos vem do Romantismo, sobretudo do Romantismo de linhagem alemã frequentado por Bandeira, um conceito onde interagem inocência e "ironia" – tomada crítica de distância – para a configuração de uma naturalidade de segundo grau, da qual não está excluída a sofisticação). Para ilustrar o modo "desconstelizador" *b*, sirva de exemplo o poema "Preparação para a Morte", a nosso ver a peça culminante de *Estrela da Tarde*.

Dentro de um esquema muito simples de reiterações paralelísticas, o poeta enuncia truísmos sobre o milagre da vida e da criação ("A vida é um milagre" etc.), não diferentes dos que se contêm em versos como "O saisons! O châteaux! / Quelle âme est sans défaut?", que não passariam de *beaux mots d'âme* convencionais, se, como repara Sartre, seus conteúdos pudessem ser extraídos da concretude verbal, da *coisicidade* que Rimbaud lhes conferiu. A negação da série "banal" pelo último verso do poema ("- Bendita a morte, que é o fim de todos os milagres") provoca uma inesperada mobilização reversiva de sentido, que faz toda a prévia escala quase tautológica reverberar, magnetizada de originalidade, tensa e densa a um só tempo, como num circuito sensível movido a *feedback*. (A vida é um breve enclave de resistência à entropia, à tendência geral da natureza para a desordem e para o caos; os seres vivos, o homem, são metaestáveis: "o estado estável de um organismo vivo é a morte", - estas formulações do ciberneticista Norbert Wiener mostram que a especulação científica pode convalidar a surpresa da descoberta poética...)[3]. Para o impacto final do poema concorrem, sem dúvida, a técnica de cortes, a andadura anafórica precisamente engendrada, com as suas suspensões e "ralentis" semânticos, que retardam o desfecho e aumentam lhe a imprevisibilidade. O último verso "desconsteliza" todos que o precedem e os reconstela a seguir num significado uno, pleno e cintilante. Este, a nosso ver, o melhor Bandeira, o Bandeira dono talvez da dicção mais sutil de nosso Modernismo, o Bandeira com quem temos sempre algo a aprender. Das manifestações desse seu espírito de inquietude inventiva, encontramos pontilhada, numa releitura crítica, a obra bandeiriana, da qual, sob este critério seletivo, poder-se-ia fazer uma antologia sem dúvida reveladora.

---

3. *The Human Use of Human Beings – Cybernetics and Society*, New York, Doubleday & Company, Inc., 1954.

PARTE II:
OUTRAS METAS

10. SOBRE ROLAND BARTHES*

– *Como se deu a difusão da obra de Roland Barthes no Brasil?*

– Roland Barthes publicou seu primeiro livro em 1953, *Le Degré Zéro de l'Écriture*. Esse livro só foi traduzido no Brasil em 1971, dezoito anos depois, portanto (O *Grau Zero da Escritura*, Cultrix). É certo que antes disso, em 1970, na Coleção Debates da Editora Perspectiva, já havia aparecido uma outra obra de Barthes, uma coletânea de ensaios, organizada a partir de dois livros do autor (*Essais Critiques*, 1964, e *Critique et Vérité*, 1966). Adotando como título o nome do segundo livro citado, essa coletânea vinha apresentada por Leyla Perrone-Moisés, que se firmaria a seguir entre nós como a principal expositora e intérprete do crítico-escritor

---

* Texto de entrevista concedida a Alípio R. Marcelino, publicada originalmente no jornal *O Escritor*, da UBE, número de abril de 1980.

francês. Pode-se dizer, todavia, que a obra de Barthes, ainda mesmo antes das traduções mencionadas, começa a ser discutida e a produzir efeito em nosso meio, a partir sobretudo dos anos 60, na maré montante do chamado "estruturalismo" francês. Não que, de um lado, a obra de Barthes possa ser definida por um "ismo", já que a sua abordagem estrutural dos fenômenos literários e artísticos nunca foi ortodoxa; nem que, por outro, as preocupações com a estrutura nos estudos literários brasileiros possa ser derivada, em termos de mera acessoriedade (como parece a certos círculos acadêmicos, ou como talvez tenha acontecido no caso específico deles próprios), da voga francesa "estruturalista": em ensaio que escrevi em 1973, publicado em revista especializada de Semiótica, procurei demonstrar como as tendências para uma abordagem de tipo estrutural da obra literária já existiam no Brasil muito antes do *boom* franco-estruturalista entre nós (seja na linguística de J. Mattoso Câmara Jr., discípulo de Roman Jakobson; seja, com inflexões diferentes, na crítica e na historiografia literária sócio estrutural de Antonio Candido, por uma parte, e na historiografia periodológico-estilística de Afrânio Coutinho, por outra, ambas reivindicando, com argumentos diversos, e até reciprocamente polêmicos, uma "crítica integral", com "precedência do estético", ainda quando – caso de Antonio Candido – orientada por uma "perspectiva histórica"; seja nos trabalhos de Boris Schnaiderman sobre o chamado "formalismo russo" ou no de Anatol Rosenfeld sobre a concepção fenomenológico-estrutural de Roman Ingarden)[1]. Parece-me que, nos anos 60, por todo esse labor teórico-crítico que entre nós se desenrolava, e que procedia já, em boa parte, da década anterior, a obra de Barthes encontrou campo fértil para a sua divulgação e discussão em nosso ambiente, tanto mais que, sendo uma obra eminentemente voltada para a produção do novo em literatura (no prefácio ao *Grau Zero* já está demarcada a linha Flaubert-Mallarmé como aquela em que a escritura se separa de sua "função

---

1. "Structuralism and Semiotics in Brazil: Retrospect/Prospect", *Dispositio, Revista Hispânica de Semiótica Literária*, vol. Ill, nᵒs 7-8, 1978, Dept. of Romance Languages, University of Michigan, Ann Arbor, Michigan.

instrumental" para adquirir espessura enquanto objeto sígnico, enquanto linguagem voltada sobre si mesma, num duplo movimento de construção e destruição), deparava, em nosso meio, com a problemática suscitada, desde os primeiros anos da década de 50, pela teoria e pela prática da poesia concreta. De fato, é como um "fenômeno dramático de concreção" que Barthes, no mencionado prefácio, descreve o processo de emancipação da linguagem na literatura da Modernidade, ao longo do século XIX até aos nossos dias...

– *Como sentiu a receptividade desses trabalhos: se houve resistência; críticas; inicial indiferença.*

– Não creio que tenha havido indiferença. Ao contrário, por tudo o que indiquei, a obra de Barthes encontrou entre nós campo propício para suscitar seja a influência, seja a crítica e mesmo a polêmica: nunca iria cair no vazio. Já na sua apresentação à antologia *Crítica e Verdade*, Leyla Perrone-Moisés encarregara-se de mostrar como a obra barthesiana despertara a reação da "velha crítica" francesa (representada por Raymond Picard) e como, saudado por muitos como o verdadeiro "mestre da nova crítica", Barthes não fora, felizmente, "assimilado", mas continuava sendo "alvo de ataques vindos dos mais variados pontos". Dizia Leyla: "Mesmo os que aceitam uma crítica de base marxista, psicanalítica, fenomenológica, estilística, estruturalista ou semiológica, relutam por vezes em aceitar esse crítico que assume todas essas posições alternadamente ou ao mesmo tempo". E indigitava o "purismo ideológico" dos que censuravam a "inconstância" barthesiana, incomodados, no fundo, por sua "abertura à contemporaneidade", por sua "permanente disponibilidade para o novo"... A prova da vitalidade do interesse produzido pelas ideias de Barthes encontra-se nas edições, que se sucederam, de outros livros seus em tradução brasileira: os *Elementos de Semiologia* (Cultrix, 1971), os *Novos Ensaios Críticos*, acompanhados da reedição de *O Grau Zero* (Cultrix, 1974), bem como, entre 1977 e este ano de 1980, no surgimento em nossa língua de três dos mais importantes trabalhos da fase final de Barthes:

O Prazer do Texto (traduzido por J. Guinsburg para a nova coleção Elos, da Perspectiva) e *Roland Barthes* e *Aula* (*Roland Barthes par Roland Barthes*, 1975, e *Leçon*, 1978), que Leyla Perrone-Moisés recriou em português para a Editora Cultrix. As *Mitologias* (de 1957) e o *Sistema da Moda* (de 1967) estão também editados no Brasil.

– A obra de Barthes, em particular, que posições vincula à Semiótica e ao estruturalismo em geral? Parece ter vocação polêmica no Brasil. Algo sobre essa polêmica e sobre as críticas que lhe estão frequentemente ligadas.

– Barthes não se vincula propriamente à Semiótica (nome que, a rigor, deve ser aplicado à teoria triádica dos signos, de raiz hegeliana, fundada pelo grande filósofo norte-americano Charles S. Peirce), mas sim à Semiologia, do não menos importante linguista genebrino Saussure (uma ciência dos signos fulcrada na dicotomia *significante/significado*). Nesse sentido Barthes segue uma inclinação do pensamento francês contemporâneo, encontradiça também em Lévi-Strauss e Lacan. Entre nós, o poeta e crítico Décio Pignatari, autor de uma obra pioneira, *Semiótica e Literatura* (Perspectiva, 1974), tem-se oposto com muita veemência a essa visão dicotômica, de raiz saussureana, da Semiologia de Barthes, apontando-lhe o pendor verbalista, em detrimento dos aspectos mais amplos, abertos, de uma abordagem de tipo peirceano, que daria melhor conta da intersemioticidade dos processos sígnicos (da intercorrência de outros códigos que não apenas o verbal nesses processos, sobretudo no fenômeno artístico). A polêmica de Pignatari é desenvolvida estritamente nesse plano científico, de orientação metodológica, sem deixar nunca de ressalvar a importância de Barthes como crítico-escritor. De minha parte, tenho posição algo diferente: entendo que a Semiologia, para Barthes, tem sido sobretudo um instrumento heurístico para as suas descobertas e achados de crítico sensibilíssimo que é. Barthes, para retomar um jogo de palavras que lhe é caro, não está preocupado com a *doxa* (a opinião verdadeira) mas com a *hetero-doxa*, a *pára-doxia*... Suas incursões semiológicas, que o levaram a compilar os seus *Elementos* (aliás utilíssimos) quase que num ato de auto aprendizado sistemático, nunca se pretenderam um caráter normativo, prescritivo, ainda quando, naquele gosto dos extremos em que (segundo Walter Benjamin) o pensamento crítico se compraz e se testa, Barthes tenha levado, em certo momento, à última potência o pensamento saussureano (e assim, implicitamente, proposto a sua *reductio ad absurdam* e a sua re-versão nietzscheana), ao declarar, provocativamente, que não era a Linguística que fazia parte da Semiologia, mas esta, sim, que se incluiria no círculo da Linguística, já que a tradução para o verbal, o código mais estruturado, seria indispensável para quaisquer outras mensagens de tipo não-verbal... É evidente, como provou o futuro, que esse verbo-centrismo só fascinava a Barthes do ponto de vista do texto, do "prazer do texto", da festa sígnica do significante, não como axioma soberano de uma ciência semiológica prescritiva da qual ele nunca foi um paladino convicto, mas antes, e sempre, um enamorado evasivo e irônico, mais chegado à disforia do cético do que ao fervor do zelote. Nesse ponto, Barthes é muito diferente de Greimas, que constituiu uma teoria canônica e disseminou pelo mundo formulários e prosélitos... Direi que o espírito barthesiano tem dois vértices: um sistemático, apolíneo, disfórico, do qual saem os seus namoros com a ciência, as tentativas de método e rigor (*Elementos de Semiologia* e *Système de la Mode*, este de 1967, pertencem a esse canteiro de trabalho); outro assistemático, dionisíaco, eufórico, jubilante: é o seu polo predileto, que tende, com o tempo, a ser ostensivo, enquanto o outro se torna recessivo; dele se irradia a crítica-escritura, o "prazer do texto", o "texto plural", o éden do significante... De *s/z* (1970) a *Fragments d'un diseurs amoureux* (1977), é esse o "intratexto" preferencial que se faz ouvir nos escritos de Roland Barthes, como uma partitura eversiva de significantes erotizados, levando de roldão o discurso do método... É desse esto e desse gesto que irrompe e depois cristaliza, gnomicamente, em aforismo luminoso, o pensamento final *de Aula*: "*Sapientia*: nenhum poder, um pouco de saber, um pouco de sabedoria, e o máximo de sabor possível".

– Morto Barthes, abre-se um vazio, ou há teóricos capacitados a darem continuidade à sua linha de investigações. Quais?

– Na medida mesma em que se afastava do discurso do método em direção ao discurso do prazer, a obra de Barthes é singular, personalíssima, dificilmente transmissível hereditariamente a discípulos. Os métodos podem ser veiculados e converter-se mesmo em algo epigonal, automatizável, assim como uma terapêutica ocupacional para uso do receituário didático. A invenção crítica, esta só pode contagiar como sublevação, vale dizer, como instigação à produção da diferença ainda que sob a aparente categoria do mesmo. Por outro lado, Barthes nunca esteve sozinho. No espaço francês, por exemplo, a obra barthesiana coexistiu e conviveu com a de outros críticos e pensadores igualmente fascinados pela dimensão escriturai da linguagem. Leyla Perrone-Moisés, em seu indispensável *Texto, Crítica, Escritura* (Ática, 1978), focalizou os casos paradigmais de Blanchot, Butor e do próprio Barthes. Mas a aventura sígnica, o que poderíamos chamar um "pensamento do significante", engaja contemporaneamente outros nomes não menos representativos: Foucault, Derrida, o bruxo Lacan (este Freud gongorizado pelo fantasma retrospectivo de Mallarmé...). Em outros países, quando se fala em crítica-escritura, como não lembrar, por exemplo, um Walter Benjamin, com sua prosa "arruinada", fragmentária, seu estilo marxiano-cabalístico? Ou John Cage, em quem o último Barthes reconhecia mais de uma afinidade? Ou entre nós a metalinguagem antropofágica dos Manifestos de Oswald, de sua joyceana *Antologia* (ou Manifesto Anti-Anta)?... Barthes, como caso individual, é irrepetível. Mas a família espiritual – a constelação – a que ele pertence vem de antes, configurou-se de maneira independente e diversa em outras latitudes, converge, diverge, prolifera...

– A divulgação da obra de Barthes no Brasil tem sido produtiva, gerando outras obras, pesquisas e investigações teóricas? Sobre que aspectos a contribuição barthesiana lhe parece mais

enriquecedora no caso brasileiro, no campo da crítica, pesquisa acadêmica e criação artística!

– Creio que a presença da obra de Barthes no Brasil foi produtiva, desde logo, como antídoto necessário ao estruturalismo ortodoxo, de tipo dogmático, tipificado, sobretudo, pela escola greimasiana, que entre nós teve cômodo ingresso acadêmico, já que reduzia a espessura concreta do objeto literário a esquematizações simplificadoras e auto bastantes, que prescindiam, no limite, da própria obra de arte que lhes servira de partida, substituída por uma hipotética matriz combinatória elementar. Barthes, mesmo no seu momento "semiológico" mais agudo, jamais renunciou ao apelo da face sublevada dos signos, ao fascínio da obra de invenção. Em 1968, num ensaio sobre "Linguística e Literatura", propôs mesmo que a Semiologia do discurso assumisse, como "tema de contestação", as obras "ilegíveis", aquelas "não-classificáveis segundo as normas tradicionais", que "subvertiam as próprias noções de poesia ou narração", configurando um novo tipo de produção escritural, regido por uma lógica não-monovalente, não linear, mas de rupturas, o *texto*. A função da Semiologia literária, segundo Barthes, não seria "enriquecer um novo departamento da ciência linguística ou da crítica literária, nem satisfazer ao mito atual da *interdisciplinaridade*", mas, sim, antes de mais nada, "mudá-las, deslocar a imagem que temos da linguística e da literatura, a ponto de, se necessário, relegar uma e outra à condição de sistemas historicamente datados, cuja mutação já está, em grande medida, desencadeada". Diante dessa postura radical, dissolve-se o escolasticismo convencional dos estudos acadêmicos, e o signo novo irrompe como provocação da inventiva crítica. Este o melhor e mais desafiador legado de Barthes. Se um dos vértices do espírito barthesiano era a vontade de sistema, e isso implicava uma contenção aticista, "clássica" (não é à toa que um de seus primeiros livros toma como objeto Racine, ou seja, a transparência, o paradigma clássico por excelência, "um lugar comum de nossa literatura, uma espécie de grau zero do objeto crítico, um lugar vazio, mas eternamente aberto à significação"); o outro, como apontei, seduzia-se pela festa sígnica, pela orgia do significante, pela proliferação galáxia (em *S/Z*, 1970, o "texto plural" é concebido como uma "galáxia de significantes", não como uma "estrutura de significados"). Este outro vértice – ou vórtice –, que poderia ser chamado "barroco", é o que contém, em ignição, o melhor Barthes, o Barthes do corpo (como há um Marx do corpo, o da "educação dos cinco sentidos", como "tarefa da história universal"). Este o Barthes que, a meu ver, mais solicita a posteridade, mais desgarra para o futuro. Sem esquecer que o Barroco, enquanto tradição antinormativa e prática lúdica e liberadora do signo, é também uma profunda vocação latino-americana...

11. IRACEMA: UMA ARQUEOGRAFIA DE VANGUARDA*

Porventura não haverá no caos incriado do pensamento humano uma nova forma de poesia, um novo metro de verso?

JOSÉ DE ALENCAR, 11 jun. 1856.

Se fizermos uma leitura do espaço romanesco brasileiro que não seja predeterminada por uma escatologia hegelolukacsiana do romance como forma "agônica" (em vias de desaparição: em Hegel, a transcendência da arte se dá na filosofia, com a morte do *epos* clássico e a deslocação do interesse moderno da obra de arte para a reflexão sobre a mesma obra de arte; em Lukács, no Lukács de 1935, que revê em clave otimista o pessimismo da *Teoria do Romance*, de 1914-1915, a reconciliação do mundo com o sentido aponta para uma

---

* Texto datado de 1981, publicado originalmente no Caderno de Programas e Leituras do *Jornal da Tarde* (*O Estado de S. Paulo*), 02 jan. 1982; republicado na *Revista da USP*, nº 5, São Paulo, mar.-abr.-maio 1990.

nova épica, a da sociedade sem classes, supostamente já em vias de materialização no "realismo socialista" prenunciado pelo heroísmo positivo de *A Mãe*, de Górki); se o fizermos, ou seja, se adotarmos um enfoque dialógico-bakhtiniano, que reconheça "a coexistência, na literatura, de fenômenos profundamente anacrônicos, o que complica ao extremo o processo histórico-literário" ("Formas do Tempo e do Cronotopo no Romance"), então *Iracema* (1865), de José de Alencar, surgirá como uma opção na série literária não preexcluída (nem sancionável pejorativamente) pelo fatalismo linear-evolutivo daquela primeira leitura escatológica[1].

Recepção Constelar

Alencar recebeu ("recepcionou") a série literária, representada pela "escola francesa", de maneira blocal, constelar, como ocorre na contemplação do céu homogêneo, feito na realidade de diferentes distâncias astronômico-estelares (valho-me aqui da metáfora de Jauss, que retoma a ideia de Kracauer, da impossibilidade de uma "história geral" capaz de reintegrar unitária e coerentemente a "história evêntica", donde decorre a "coexistência do simultâneo e do não-simultâneo" no horizonte de recepção). Leitor "promíscuo" (a expressão é de Araripe Jr.), Alencar leu Balzac antes de Chateaubriand e de Victor Hugo, nos seus tentames de passar dos textos de Fenelon e Voltaire aos dos "modernos", segundo ele próprio relata de maneira espontânea, recapitulando seus anos de formação, seu aprendizado *naïf* de escritor, em *Como e por que sou Romancista* (1873). Se não lhe era possível responder à "boa forma" do romance realista balzaquiano, àquilo que Lukács chamou "a forma da virilidade amadurecida"; se não lhe era dado encontrar uma forma brasileira para o romance da "desilusão" enquanto epopeia burguesa

---

1. Roberto Schwarz, bom discípulo lukacsiano, atento à norma do mestre em *Ao Vencedor as Batatas*, São Paulo, Duas Cidades, 1977, vai até ao destempero, numa invectiva ao gosto da velha crítica silvioromeiriana: "tem sempre" (NB: a obra de Alencar, sem exclusão de *Iracema*) "um quê descalibrado e, bem pesada a palavra, de bobagem".

do mundo desprovido de sentido (*Lucíola* e *Senhora* são suas tentativas mais bem-sucedidas para enfrentar as relações existenciais reificadas pelo dinheiro, encontrando na mulher objetificada o *pharmakós* por excelência: a prostituta forçada, cuja vindita é o desenfreio de Eros; a mulher financista, que vence o homem com seus próprios meios e o prende numa rede ambígua de poder e sedução despótica), outro foi o seu movimento mais consequente (como resultado esteticamente ponderável) no tabuleiro da série literária; seu espaço mais coerente de liberdade abriu-se segundo a linha de menor resistência do ideológico, aquela que melhor lhe permitia exercer sua factividade romanesca (tão fecunda em obras, tão parca em realizações efetivamente duradouras): o recuo arqueográfico para a pré-história do romance burguês, para aquém da épica, para o fundo ritual do mito e da lenda, a pré-história folclórica do romanesco, o UR-EPOS.

Utopia Regressiva ou Revolução Filológica?

Não se tratava de uma mera "utopia regressiva", porque nesse arco de retorno, nessa volta imaginária às origens, havia um conteúdo concreto, travado, em termos da práxis literária do tempo: desde logo, o problema de fundar uma língua literária nacional, tópico particular de uma demanda mais ampla, a pesquisa da *forma de expressão*, que tão importante e persistente seria para o escritor brasileiro (como Antonio Candido o sustenta em seu estudo de 1943 sobre o "raiar" de Clarice Lispector, trabalho polêmico, onde a atualidade da questão se repropõe em pleno momento do romance pós-modernista, contra o bastidor dos regionalistas da década de 30). Criar uma nova expressão era criar liberdade, e a baliza negativa dessa liberdade estava justamente no purismo vernacular português. Se alguma vez o político conservador e ex-ministro da Justiça do Império (1868-1870) se proclama subversivo é quando assume a acusação, que lhe é movida por Pinheiro Chagas, de "insurreição contra a gramática de nossa língua comum", quando considera que a "revolução filológica" que lhe atribui o crítico luso é "irresistível e fatal", funda-se no "espírito popular" e "há de ser larga e profunda, como a imensidade dos mares que separa os dois mundos a que pertencemos". Seu pós-escrito à segunda edição de *Iracema* (outubro de 1870), como, antes, a "Carta ao Dr. Jaguaribe", que serve de posfácio à primeira edição, é, quase tanto como os Manifestos Modernistas de Oswald, uma peça aguerrida de combate poético e de reivindicação de liberdade de invenção. Alencar verbera o "terror pânico do galicismo", a "tacanha avareza" daqueles puristas lusófilos que "defendem o seu português quinhentista, aliás a adolescência, como um jardim das Hespérides, onde não pode penetrar um termo ou frase profana". (Assim, relida a distância, a ironia alencariana tem um matiz pré-freudiano, quando surpreende, na repressão ao "estranho", um gesto pubertário – de *puberté difficile* –, de defesa adolescente contra a mácula prazerosa no texto...) O autor de *Iracema* proclama a influência dos escritores na transformação do código da língua, recusando-se a ver na gramática um cânon imutável, "padrão inalterável, a que o escritor se há de submeter rigorosamente". Argumenta: "Cotejem-se as regras atuais das línguas modernas com as regras que predominavam no período da formação dessas línguas, e se conhecerá a transformação por que passaram todas sob a ação dos poetas e prosadores". Defende o caldeamento polilíngue como forma de vivificação do português do Brasil:

> Cumpre não esquecer que o filho do Novo Mundo recebe as tradições das raças indígenas e vive ao contato de quase todas as raças civilizadas que aportam a suas plagas trazidas pela emigração. Em Portugal o estrangeiro perdido no meio de uma população condensada pouca influência exerce sobre os costumes do povo: no Brasil, ao contrário, o estrangeiro é um veículo de novas ideias e um elemento da civilização nacional. Os operários da transformação de nossas línguas são esses representantes de tantas raças, desde a saxônia até a africana, que fazem neste solo exuberante amálgama do sangue, das tradições e das línguas.

O Hibridismo e a Operação Tradutora

Estudando as origens do romance como um "híbrido" de linguagem, M. Bakhtin escreve: "A prosa romanesca europeia nasce e se elabora num processo de tradução livre (transformação) das obras de outrem" (processo que, segundo esclarece, pode incluir a "translação" de versos épicos em prosa). E acrescenta:

Os embriões da prosa romanesca aparecem num mundo plurilíngue e polifônico, na época helenística, na Roma imperial e na ocasião da desintegração e da queda da centralização ideológica da Igreja medieval. Do mesmo modo, nos tempos novos, a floração do romance está sempre relacionada com a decomposição dos sistemas verbais ideológicos estáveis e, em contraparte, relaciona-se com o reforço e a intencionalização do plurilinguísmo, tanto nos limites do próprio dialeto literário como fora dele ("Sobre o Discurso no Romance").

Elegendo o "cronotopo" fabular de raiz folclórica, *Iracema* recua para a pré-história do *epos*: articula-se como um "mito de origem", exposto, do ponto de vista estrutural, em termos de raconto simbólico de aventuras, e matizado de momentos idílico-pastorais (Brito Broca falou em "verdadeiras pastorais, em que há muito de conto de fada", referindo-se a essa fase da produção alencariana, na qual *Iracema*, a meu ver, é o único texto verdadeiramente exponencial). Nesse sentido, pode ser descrita como uma obra "monológica" (próxima do "monologismo épico"), elaborada em modo "sério-estético" (a "carnavalização" desse paradigma se dá em *Macunaíma*, onde a fábula se deixa transvestir de farsa, assumindo o "modo paródico"). Todavia, é no plano do significante – plano que, segundo penso, vendo-o da perspectiva operacional da "função poética", deve ser entendido de modo abrangente, envolvendo tanto a "forma da expressão" como a "forma do conteúdo" –, é nesse plano do significante, justamente, que o texto da "lenda" alencariana se deixa atravessar de "polifonismo", na acepção bakhtiniana. A intervenção da linguagem "em estado selvagem", apresentada como programa para uma tomada de consciência crítica do fazer poético brasileiro, rompe o estatuto do "monologismo épico". Marca-se também aqui um momento de "romantização do epos" *via* linguagem, enquanto reeducação do poeta brasileiro através do aprendizado do "estado da natureza" *via* escritura tupinizada. É este o momento de "provocação experimental" (Bakhtin) em *Iracema*, que a reprojeta no futuro, resgatando-a dos arcanos do "distanciamento épico" onde a inscrevera Alencar com traço augural, fascinado pela recuperação da "infância histórica" do brasileiro (um tema capaz de provocar "uma eterna instigação", como o próprio Marx o reconhece referindo-se àquelas "crianças normais" que os gregos teriam sido...). Nesse plano, Alencar se comporta como um tradutor que aspirasse à radicalidade, "estranhando" o português canônico e "verocêntrico" – língua da dominação da ex-metrópole – ao influxo do paradigma tupi, por ele idealizado como uma língua edênica, de nomeação adâmica, em estado de primeiridade icônica, auroral. (O autor de *Iracema*, aliás, acabará por exprimir que vê em Adão, "homem vermelho", de argila, o pai da "raça americana")[2].

É o próprio Alencar quem se apresenta como tradutor virtual, ao expor o seu projeto de "experiência em prosa" (também definido, enquanto livro, como "ensaio" ou "mostra", onde se achará "poesia inteiramente brasileira, haurida na língua dos selvagens"). Diz o romancista, enunciando o seu programa:

> Sem dúvida que o poeta brasileiro tem de traduzir em sua língua as ideias, embora rudes e grosseiras, dos índios; mas nessa tradução está a grande dificuldade; é preciso que a língua civilizada se molde quanto possa à singeleza primitiva da língua bárbara; e não represente as imagens e pensamentos indígenas senão por termos e frases que ao leitor pareçam naturais na boca do selvagem. O conhecimento da língua indígena é o melhor critério para a nacionalidade da literatura. Ele nos dá não só o verdadeiro estilo, como as imagens poéticas do selvagem, os modos de seu pensamento, as tendências de seu espírito, e até as menores peculiaridades de sua vida. É nessa fonte que deve beber o poeta brasileiro; é dela que há de sair o verdadeiro poema nacional, tal como eu o imagino.
>
> "Carta ao Dr. Jaguaribe", cit.

Nessa linha de concepção, a operação tradutora acaba sendo, irresistivelmente, uma *razzia* "barbarizante", que arruína a pureza do idioma dominante, civilizado, dobrando-o à

---

2. "Por um como pressentimento do passado, semelhante à profecia de Vieira, penso que o Brasil é o berço da humanidade; e que o Adão da Bíblia, o homem vermelho feito de argila, foi o tronco dessa raça americana, que supõem degeneração das outras, quando, ao contrário, é a sua estirpe comum." Cf. Araripe Jr., *José de Alencar* (em *Obra Crítica*, Rio de Janeiro, MEC – Casa de Rui Barbosa, 1958, vol. I, p. 239, nº 110). Trata-se de excerto de um artigo de Alencar sobre o homem pré-histórico, publicado pouco antes da morte do romancista. Observe-se que a metáfora antropológico-etimológica remonta ao hebraico, idioma onde *adam* significa "homem", feito de barro segundo a Bíblia; *adamá*, "terra", e *adora*, correlatamente, quer dizer "vermelho", "cor de terra". Ver *Theologisches Wörterbuch turn Alt Testament*, org. por G.J. Botterweck e H. Ringgren, Stuttgart, Verlag W. Kohlhammer, 1973, vol. I, p. 82; *Lexicon Hebraicum et Aramaicum Vetais Testamenti*, org. por F. Zorell S.J., Roma, Pontificium Institutum Biblicum, 1968 (Recdilio photomecanica), p. 12-14.

"fantasia etimológica" (a fórmula é de Cavalcanti Proença) da "expressão selvagem". Alencar afasta-se de Chateaubriand, que, em *Atala*, professara usar com parcimônia o *style indien*, temeroso de que seu relato virasse algo tão incompreensível para o leitor como o "hebraico"[3]. Ao invés, o autor de *Iracema*, intuitivamente, por uma tática de "nativismo" de combate em que o "verossímil" é um outro nome para o "realismo" edênico da linguagem entendida como "vera-efígie" do homem no "estado da natureza", aproxima-se, antecipadoramente, de uma ideia de tradução como "estranhamento" do idioma vernáculo, uma ideia que implica a exposição da língua do tradutor "ao impulso violento que vem da língua estrangeira" (este o preceito da tradução "como forma", defendido modernamente por Walter

---

3. Alguns espíritos tacanhos, contemporâneos ou pósteros, acusaram o autor de *Iracema* de "plagiário" de modelos europeus. A proposição é vazia de conteúdo, para quem entenda a literatura como permanente diálogo intertextual, onde o problema da "originalidade" não se reduz à mera resenha passiva de fontes e influências. Alencar, "tradutor criativo", transgride o paradigma de *Atala* em mais de um sentido. No linguístico, ao invés de civilizar a linguagem indígena, como se propõe fazer Chateaubriand, busca tupinizar o português. No ideológico (religioso e ético), Atala, mestiça, filha de um espanhol, revela-se cristã. Apaixonada pelo índio Chacta, prefere envenenar-se, para não quebrar o juramento de virgindade e de consagração a Deus feito à mãe agonizante. Com *Iracema*, tudo se dá com sinal trocado. A virgem de Tupã viola o interdito da tribo e se deixa possuir por Martim, possibilitando que este lhe arrebate o licor sagrado da jurema, com o qual o jovem guerreiro português se "droga" e, assim, amortece as restrições de seu código de conduta cavalheiresco e cristão. Seguindo seus impulsos naturais, a virgem tabajara vai aninhar-se nos braços do amado, consumando-se a entrega/posse no transe do sonho. Seduzida/sedutora, violada/violadora, a "virgem do sertão" é comparável, na expressão de C. Proença, à "liana que se enrosca, erótica e amorosa, no tronco altaneiro que é Martim". A "condição selvagem" de Iracema liberou o Conselheiro Alencar de suas inibições conservadoras e dos preconceitos de sua época, permitindo-lhe criar uma figura feminina capaz de iniciativa amorosa e realização sexual, em lugar de uma submissa e obstinada pucela freirática. Lucíola, nesse sentido, é a contraparte de Iracema, na obra alencariana. Como a selvagem, a prostituta é também um ser de exceção, à margem das normas, livre; só que, enquanto a primeira é espontânea e inocente nos seus arroubos, a segunda é dividida. Já observou Dante Moreira Leite: em Lucíola, Alencar coloca, "na mesma mulher, as duas imagens femininas da época: a virgem pura e a cortesã. Essas duas mulheres (Maria e Lúcia), embora reunidas, são pessoas diferentes: Maria é a alma, Lúcia é o corpo". *Iracema*, portanto, radicaliza e subverte *Atala*: Alencar vai mais longe que Chateaubriand (a "cristianização" do fim de Atala, para Michel Butor,

Benjamin, como apoio em Rudolf Pannwitz). Seu tupi até certo ponto "inventado" (pelo menos tendo em conta o que diz Mattoso Câmara Jr. sobre a estrutura dessa língua, cientificamente descrita e "desromantizada")[4], resulta numa enxertia heteroglóssica sobre o português: prolifera em metáforas desencapsuladas a partir de semantemas aglutinados; desdobra-se em símiles que reproduzem, icasticamente, a pressuposta concreção do mundo primitivo. Na "ficção" historiográfica de nosso Romantismo Indianista, pode-se dizer que o tupi alencariano representou, à maneira de imaginosa "contrafação" escritural, o "Poema Ossiânico" que nos faltava, a indicar, como "suplemento" estranhante (extravagante) a rasura da "origem" promovida pela

---

representaria a primeira etapa do esforço paulatino de Chateaubriand por "desnaturar" um livro – *Les Natchez* – que, "na origem, era um grito de indignação contra sua pátria e sua religião"). Se o livro-poema alencariano nos parece hoje um "romance-rosa", convém lembrar que, à época, houve quem visse nele (em particular na cena da posse de Iracema) "a mais deslavada materialidade". O autor da censura é Franklin Távora, por sinal considerado precursor do "naturalismo" brasileiro... A reação moralista do futuro autor de *O Cabeleira* coincide, aliás, com a que tivera D. Pedro II diante de *Lucíola*, ao estranhar o feitio "tão licenciosamente realista" do livro do Conselheiro Alencar. Enfatizei esses aspectos "transgressores" de *Iracema* em relação a *Atala* no breve texto de apresentação que escrevi, em julho de 1985, quando da nova tradução francesa, por Inês Oséki-Dépré, da obra-prima do romancista cearense (*Iracema. Legende du Ceará*, Aix-en-Provence, Alinéa-UNESCO, 1985). Meu texto foi estampado em *Impressions du Sud*, Aix-en-Provence, nº 11, janeiro de 1986, sob o título "Iracema: une archéologie d'avant-garde", juntamente com a resenha de Liliane Giraudon, "Erotisme de langue".

4. J. Mattoso Câmara Jr., "Da Natureza das Línguas Indígenas", *Revista de Letras*, FFLCH de Assis, 1962, vol. 3, p. 20-21. Mattoso não se refere explicitamente a Alencar, mas verbera a técnica "ingênua e simplista" para a depreensão da etimologia das palavras tupis, de que o autor de *Iracema* foi praticante convicto. Restrições diretas e pormenorizadas ao romancista encontram-se em *José de Alencar/O Tupinista Segundo as Notas do Romance Iracema*, por Frederico G. Edelweiss, Salvador, Centro de Estudos Baianos, UFB, publicação nº 87, 30 nov. 1979. Lê-se à p. 13 desse trabalho: "Ora, com tais recursos precários e falazes a ninguém é dado atinar com genuínos termos tupis, únicas formas aceitáveis no ambiente das tribos não aculturadas, em cujo meio se desenrolam as cenas do romance *Iracema*, e que, por este motivo, já peca no título". Ficamos sabendo (p. 27) que *Eirembé* seria o composto onomástico apropriado, em lugar de *Iracema*... Esse dado é suficiente para avaliarmos o abismo de incompreensão que se pode abrir entre a sisudez da pesquisa tupinológica, necessária e respeitável no plano científico em que se deve colocar, e a livre inventiva poética do tupinista-amador Alencar, quando o escrúpulo da primeira pretende "corrigir" o projeto estético da segunda.

134

repressividade da cultura colonizadora (lembre-se, neste passo, a tese de Joaquim Norberto, sublinhada como sintoma de radicalidade por Antonio Candido, da presumida "existência de uma literatura indígena, autenticamente nossa, que, a não ter sido sufocada maliciosamente pelo colonizador, teria desempenhado o papel formador que coube à portuguesa...").

Da Metáfora Fônica ao Estilo de Períodos Destacados

Ao inventar o seu tupi como dispositivo estético, Alencar constituiu uma imagem da sua prosódia, do seu ritmo, da sua fonia. Isto tem sido objeto de muitos estudos, e desde logo acha-se assinalado em Cavalcanti Proença: "É claro, pois, que Alencar encontrou no tupi não só a sonoridade vocálica de sua predileção, mas a língua plástica e sensorial, rica de onomatopeias..." Mais adiante, o mesmo autor registra: "E algumas das virtudes da língua tupi se transmitem ao idioma dos civilizados, principalmente a suavidade prosódica, com vogais descansadas e lentas, alheias aos empurrões das consoantes". E conclui por frisar a "influência da língua indígena no ritmo de Alencar", falando da "música de Alencar" como de uma expressão "já tornada lugar comum literário". O que é menos óbvio, e não tem sido analisado, é o quanto essa pauta sonora idealizada (que se transforma em programa de revitalização diferenciadora do português no Brasil: "Todos os povos de gênio musical possuem uma língua sonora e abundante. O Brasil está nestas condições; a influência nacional já se faz sentir na pronúncia muito mais suave do nosso dialeto") acabou por influenciar a tessitura "microtonal" (por assim dizer) de *Iracema*. Das equações de similitude no plano da "forma do conteúdo" (metáforas em termos genéricos, ou mais especificamente "símiles" comparativos), o passo imediato são as "metáforas fônicas" ou "parafonias" (os "anagramas" na acepção saussureana do termo) que equacionam e magnetizam semanticamente figuras fônicas dispersas e redistribuídas no "plano da expressão". Se muita gente observou que a chave do romance-lenda é "criptográfica" (de Araripe Jr. a Wilson Martins e Silviano Santiago), será necessário ir mais longe, para perceber que Iracema não é apenas o criptograma "lábios de mel", verbetado no glossário alencariano de tupinismos, mas, ainda, que se deixa reconfigurar no texto em "criptofonia" subliminar (assim, por exemplo, o sintagma comparativo: "Mais rápida que a ema selvagem", diz o nome da virgem morena, quando lhe introduz a corrida ágil, à maneira de uma "metáfora fixa" homérica; ouça-se: RÁPIdA EMA/ IRACEMA...).

A esse trabalho fônico, sempre dentro do paradigma tupinizante, corresponde a ideia do "estilo" como "arte plástica" (ainda a propósito da influência da língua tupi sobre a imaginação alencariana, observa C. Proença: "Nela, a imaginação de Alencar acharia largos horizontes onde espraiar-se; e o traço visual de seu espírito só poderia estimular-se ao contato de uma linguagem que, por ser primitiva, era concreta por excelência").

Daí decorre a oposição de Alencar ao "estilo conjuntivo", na polêmica travada com Pinheiro Chagas:

> No conceito do distinto literato, os nervos do estilo são as partículas, especialmente as conjunções, que teciam a frase dos autores clássicos, e serviam de elos à longa série de orações amontoadas em um só período. Para o meu gosto, porém, em vez de robustecer o estilo e dar-lhe vigor, essa acumulação de orações ligadas entre si por conjunções relaxa a frase, tornando o pensamento difuso e lânguido.

Ao estilo copulativo, que considera "abusivo" ("o emprego da copulativa para unir ideias distintas e orações completas é um abuso"), o autor de *Iracema* opõe o estilo de "períodos destacados", propondo a substituição daquele estilo conjuntivo ("tão alinhavado de conjunções") por uma "frase mais simples e concisa": a "separação dos períodos denota a sucessão e contraste" das "impressões várias", ao invés de tender para a "acumulação de cores", para o "pastiche grosseiro". O exemplo que Alencar exibe no "Pós-escrito à Segunda Edição" de *Iracema*, da ocorrência desse "estilo de períodos destacados" nos próprios clássicos (descrição da ilha do Ceilão por Lucena), é um paradigma *ready-made* de "poesia pau-brasil", tal como Oswald a iria sistematizar nos seus recortes em "estilo montagem" dos anos heroicos do Modernismo. Reescrevo-o parcialmente aqui, com as típicas "pausas" oswaldianas:

As pedreiras criam os mais finos rubis,
safiras, olhos-de-gato e outra muita sorte de pedrarias.

O mar, além de muito pescado, é, como já dissemos,
um dos três tesouros das pérolas e aljofras do Oriente.

É a defesa da escritura assindética, princípio da sublevação da parataxis contra a hipotaxis, no plano da informação
estética, que começa a esboçar-se com o Alencar "tupinista".
Essa defesa é apoiada por um argumento extraído da operação tradutora. Alencar, no mesmo "Pós-escrito", agindo como
tradutor intertextual (intralingual), mostra como fazer para
trasladar o estilo "antigo" no moderno. Apresenta um trecho
da prosa clássica de Fr. Luís de Souza, "vestido à moderna";
em seguida, traja "à antiga" (à moda clássica) um fragmento
do *Guarani*. Nessa operação de reescritura entendida, muito
a propósito, como "transvestimento" (vestir, trajar), o que
releva, na primeira demonstração, é a compactação do texto
em menos orações (de oito para seis), a fim de torná-lo mais
"conciso" e "terso"; na segunda, é o próprio "estilo de períodos
destacados" (embrião da prosa sincopada modernista?) que
se deixa manifestar. Tudo isto convergindo para o programa
da "barbarização" estranhante: "é preciso que a língua civilizada se molde quanto possa à singeleza primitiva da língua
bárbara". Um programa fundamentalmente de "tradução",
como o soube ver bem Soares Amora:

> Alencar não hesitou em tirar todo o partido das palavras indí-
> genas, jogando com seus valores sonoros e seu conteúdo metafórico
> e simbólico, e em procurar, numa estrutura fraseológica portuguesa;
> com todos os seus recursos de eufonia, expressividade e impressivi-
> dade, uma "tradução", o mais fiel possível (do ponto de vista literário,
> bem entendido) do espírito da língua tupi. Não importa que as solu-
> ções encontradas por Alencar sejam válidas mais à luz da estética
> literária que da linguística – o que importa é que seus achados resul-
> taram perfeitos e responderam integralmente ao espírito, ao caráter
> e às intenções poéticas da obra.

Só que a ideia de "fidelidade", reguladora na citação, pode
ser agora repensada em termos benjaminianos de "fidelidade
à redoação de uma forma": a forma semiótica do tupi esteticamente idealizado como língua adâmica, que levaria o autor de
Iracema à transgressão hibridizante do português canônico.

A etapa mais radical desse projeto heteroglóssico será levada a cabo por Guimarães Rosa, em "Meu Tio, o Iauaretê", verdadeira ultimação da "revolução filológica" de *Iracema*, onde a virgem selvagem que corria ágil nas matas do Ipu, e depois amamenta seu filho com o leite dos seios sangrados pelos filhotes da irará, reencarna-se numa "tigresa" real, a canguçu-fêmea Maria-Maria, cobiçada com zelos de macho pelo onceiro-onça Tonho Tigreiro, que ruge e esturra em tupi... Um olho lexicográfico poderá descobrir o nome "Jaguaretê", verbetado como "o grande devorador", numa nota alencariana; um amador de consonâncias fônicas poderá encontrar um eco de "Moacir", o "filho do sofrimento" – numa certa linha possível de interpretação, o próprio texto híbrido engendrado e "doado" por Alencar, na sua tentativa, enfatizada por Araripe Jr., de decifrar o enigma da origem ("... decifrá-lo, dar-lhe forma, e, de vago, reduzi-lo a concreto...") – no apelo final, "Remuaci" (amigo, meio irmão), do índio-onça estertorante...

A Recusa à Forma Epigonal da Épica

Na concepção de André Jolles, *Mythos* e *Logos* coexistem "oximorescamente". A vontade de conhecer por "esclarecimento", orientada para o objeto e suas relações, que aspira a julgamentos universalmente válidos, se desdobra numa outra "disposição mental", da qual resulta o "mito": forma capaz de criar o universo, as coisas e suas relações, através de uma interrogação e de uma resposta, e que se baseia não no conteúdo de verdade, mas na "profecia verídica" (Jolles sublinha que, em alemão, *fragen*, perguntar, vem da raiz *freh*, envolvendo ainda as acepções de *forschen*, desejar, buscar, e *fordem*, exigir). A esse questionar humano, que se traduz num desejo e numa demanda, o universo, segundo Jolles, responde como uma "forma", o mito, cujo portador é o "símbolo".

O gesto alencariano de retorno ao UR-EPOS (à retomada do *epos* impossível na era burguesa, por um romancista brasileiro incapaz, por seu turno, de escrever com coerência a "prosa do mundo" moldada na forma "forte" e no paradigma

138

de "verdade" do realismo balzaquiano) se deu por esse modo paramitológico de "decifração verídica", através do recurso à estrutura tabular, haurida pela mediação do folclore e da tradição oral. Lembre-se que Alencar, ao tratar do argumento histórico de *Iracema* – a que chama "lenda", e não "romance histórico" quando sistematiza o conjunto de sua obra – aponta a "tradição oral" como "fonte importante da história, e às vezes a mais pura e verdadeira". C. Proença assinala: "A obra de Alencar tem raízes embebidas no folclore; daí a estrutura dos contos populares se projeta fortemente em sua efabulação. Alguns de seus personagens podem receber, como nas histórias do Trancoso, vagas denominações – *um moço muito pobre, um rei, o índio, a bruxa*". (Daí o equívoco dos que buscam uma indagação psicológica em *Iracema*: seria como que perguntar pelo aprofundamento psicológico da Helena homérica ou da heroína de um "conto maravilhoso"...)

Fazendo a sua opção "regressiva" na série literária disponível (o exemplo de *Atala* à vista, convivendo, no espaço literário dialógico da coexistência do não-simultâneo, com a obra de Balzac, falecido em 1850, e cuja desaparição deixou um vazio de expectativa quanto ao futuro da forma do romance junto ao público francês, segundo observa Jauss, louvando-se no testemunho de Baudelaire), Alencar, no espaço literário brasileiro, provocou, ao mesmo tempo, um momento antecipador e produtivo. Seu movimento foi regressivo/progressivo, se considerarmos o que vem depois (a "prosa do *como*", de Pompeia e Clarice Lispector, por um lado; a "carnavalização" macunaímica, em modo paródico-antropofágico, por outro; a radicalização "tupinizante", dentro da vertente "sério-estética", no "Iauaretê" de Rosa, num terceiro tempo).

O poema épico de molde camoniano, gasto por sucessivas diluições epigonais, da *Prosopopeia* de curto fôlego ao *Caramuru* e à *Confederação dos Tamoios* (para nos limitarmos ao âmbito brasileiro), havia-se exaurido na série literária, como padrão intertextual dotado de eficácia, sem que disto se dessem conta, entre nós, os próprios poetas. Alexandre Herculano, depondo sobre a recém-publicada A *Confederação dos Tamoios* (1856), a pedido de D. Pedro II, mecenas do autor, já indigita essa caducidade da epopeia como forma:

Nenhum dos sumos poetas contemporâneos, Goethe, Byron, Manzoni, Hugo, Lamartine, Garret, tentou, que eu saiba, a epopeia, É que os seus altíssimos instintos poéticos lhes revelaram que o cometimento seria mais que árduo, seria impossível. A epopeia humana, que já não era do século passado (deu-nos tristes documentos disso o gênio de Voltaire), menos é deste século. O passado ainda tinha as cóleras do filosofismo: este olha para tudo o que é heroico e soberano com o frio desdém da indiferença e do ceticismo.

Alencar, intuitivamente, caminha para a rejeição da forma epigonal, neoclássica, do *epos* em poesia, levado pelo mesmo impulso de recusa ao "português de Corte", em que, segundo objeta, fora escrito o poema de Magalhães ("um belo assunto que, realçado pela grandeza de uma raça infeliz, e pelas cenas da natureza esplêndida de nossa terra, dava tema para uma 'divina epopeia' se fosse escrito por Dante"). Afirma na polêmica movida contra a camoníada do vate áulico: "Se algum dia fosse poeta e quisesse cantar a minha terra e as suas belezas, se quisesse compor um poema nacional, pediria a Deus que me fizesse esquecer por um momento as minhas ideias de homem civilizado". Esse "esquecimento", embora ainda nutrido no sonho de escrever "um poema", deu *Iracema*. Aí, para captar o "pensamento selvagem" (esta expressão, que hoje nos soa à Lévi-Strauss, está na "Carta ao Dr. Jaguaribe"), o escritor se decide por uma "experiência em prosa". Alencar parece estar reunindo, num mesmo propósito programático, os dois móveis (ou as duas pontas) de sua polêmica: por um lado, a necessidade de "barbarizar" (leia-se, "tupinizar") o português para submetê-lo aos "modos do pensamento" indígena, e assim, graças a uma operação tradutora conduzida no plano do significante, chegar às fontes linguísticas de que sairia o "verdadeiro poema nacional"; por outro, aquele sentimento, não completamente formulado em termos de programa, mas percebido fortemente em termos de rejeição de uma forma gasta, que o faz, primeiro, investir contra a *Confederação*, e mais tarde, no "posfácio" a *Iracema*, ressalvar o que entende por grandeza de Gonçalves Dias, mediante uma crítica à "linguagem clássica" da tentativa gonçalvina (outra mais!) de "epopeia brasileira" (*Os Timbiras*, 1857):

Gonçalves Dias é o poeta nacional por excelência; ninguém lhe disputa na opulência da imaginação, no fino lavor do verso, no conhecimento da natureza brasileira e dos costumes selvagens. Em suas poesias americanas, aproveitou muito das mais lindas tradições indígenas; e em seu poema não concluído *d'Os Timbiras*, propõe-se a descrever a epopeia brasileira. Entretanto, os selvagens de seu poema falam uma linguagem clássica [...]; eles exprimem ideias próprias do homem civilizado, e que não é verossímil tivessem no estado da natureza.

A inadequação da linguagem gonçalvina, resolvida por Alencar, no plano expressional, por um dispositivo de tradução radical, estranhante (não importa se filologicamente "falso", idealizado, quanto à sua concepção do tupi), deu lugar a uma outra solução formal, complementar, esta para resolver um impasse tipológico: aceder ao poema pelo caminho da prosa. Ditou-a o fracasso da retomada do *epos* em forma versificada (e modelada inevitavelmente em Camões, ainda quando em versos brancos), seja nos inconclusos *Timbiras* de Gonçalves Dias, "o poeta nacional por excelência", seja no voo canhestro da *Confederação dos Tamoios*, bafejada pelo renitente favor imperial. Reconfirmou-a a práxis escritural do próprio Alencar: o fracasso de seu projeto pessoal de épica, intentado em 1863:

> Cometi a imprudência quando escrevia algumas cartas sobre *A Confederação dos Tamoios* de dizer: "as tradições dos indígenas dão matéria para um grande poema que talvez algum dia alguém apresente sem ruído nem aparato, como modesto fruto de suas vigílias". Tanto bastou para que supusessem que o escritor se referia a si, e tinha já em mão o poema; várias pessoas perguntaram-me por ele. Meteu--me isto em brios literários; sem calcular das forças mínimas para empresa tão grande, que assoberbou dois ilustres poetas, tracei o plano da obra e a comecei com tal vigor que a levei quase de um fôlego ao quarto canto. Esse fôlego susteve-se cerca de cinco meses, mas amorteceu...

Nem tudo isto se deu sem profundas vacilações. A ideia da passagem do verso para a prosa envolve, para Alencar, como para o Chateaubriand *de-Atala*, que o inspira em certa medida, um traço de "rebaixamento", de "degradação". (No prefácio à primeira edição *de Atala*, depois de definir o seu livro: "C'est une sorte de poème", Chateaubriand se apressa em esclarecer, através de uma nota:

> Num tempo em que tudo está pervertido em matéria de literatura, sinto-me obrigado a advertir que, se me sirvo aqui da palavra Poema, é porque não sei como fazer-me entender de outro modo. Não sou um desses bárbaros, que confundem a prosa e o verso. O poeta, digam o que quiserem, é sempre o homem por excelência; volumes inteiros de prosa descritiva não valem cinquenta belos versos de Homero, Virgílio ou Racine.

Alencar, por seu turno, ao renunciar à épica iniciada e em plena expansão ("livro, onde estão ainda incubados e estarão cerca de dois mil versos heroicos"), o faz mediante um "álibi", uma astúcia da reflexão teórica, que invoca a possível recepção incompreensiva do poema em elaboração como argumento decisivo para o abandono da empreitada: o verso acresceria a dificuldade do projeto, tornando mais complexa a tarefa de amoldamento do português ao "pensamento selvagem". A "experiência em prosa" funcionaria como um primeiro passo, um "teste" para a obra começada em verso ("Por outro lado conhecer-se-ia o efeito que havia de ter o verso pelo efeito que tivesse a prosa"). A consolação da poesia perdida (e ínvia) pela prosa viável se consuma nessa declaração de intenções: "Se o público ledor gostar dessa forma literária, que me parece ter algum atrativo, então se fará um esforço para levar a cabo o começado poema, embora o verso tenha perdido muito de seu primitivo encanto". (Caso contrário – acrescenta o poeta irredento – os versos inacabados seriam relegados à "gaveta dos papéis velhos", como "relíquias autobiográficas"; isto é, se a incompreensão do público fizesse o autor se desenganar de mais esse "gênero de literatura".) Ocorre que, embora não tenha encontrado desde logo sucesso junto ao público (ver nesse sentido o testemunho de Machado de Assis, em 1866, referindo-se a *Iracema* como "obra do futuro"), a "experiência em prosa", o poema vicário ("ensaio" ou "mostra") de Alencar suplementou e rasurou ao mesmo tempo, no ânimo do escritor, sua inaptidão vocacional para a épica versificada. Esta lhe deixa um penoso saldo de "dois mil versos heroicos", que lhe parece, nos intervalos de lucidez autocrítica, inferior, pela vulgaridade e monotonia, a "quanta prosa charra" tenha ele "estendido sobre o papel"; em momentos de menos rigor, o "álibi" ardiloso recrudesce, tingido de contrafeita soberbia, e ele o formula então como receio de perder inutilmente o tempo "a fazer versos para caboclos", variante daquela mesma justificativa, conforme a qual urgia abandonar o projeto de "escrever um poema que devia alongar-se", para assim evitar "o risco de não ser entendido". Nesta segunda linha de auto explicação, o projeto "selvagem" é punido pela "má-consciência" civilizada. O respiro épico do poema (o molde camoniano está implícito) não se coaduna com o "pensamento selvagem": os "versos para caboclos" arriscariam não encontrar audiência suficientemente solerte para discernir o "escrópulo d'ouro fino" [...] "desentranhado da profunda camada, onde dorme uma raça extinta"; uma audiência capaz de preferir, "às imagens em voga", as "flores agrestes da poesia brasileira", "a imagem ou pensamento" tão fatigosamente "esmerilhados" pelo Autor; enfim, de reconhecer a validade estética da operação tradutora, hibridizante, da língua civilizada nos moldes da língua bárbara, ousada pelo poeta-prosador no momento de radicalidade que governa esse mesmo projeto. (Araripe Jr., em seu livro de 1882 sobre Alencar, captou bem a "sensação estranha" que *Iracema* despertava, dando-lhe um "tom inimitável": "Não é um canto aborígene; mas também um europeu não seria capaz de escrevê-lo. É um produto inteiramente crioulo". E ressalta o "fato da intraduzibilidade" – uma característica geralmente atribuída à poesia – como a "prova mais evidente" do "caráter original" dessa prosa, resultante, por sua vez, como vimos, de uma operação de tradução, no sentido lato do termo...)

O Maior Poeta Indianista

Quaisquer que sejam as fraturas *post-festam* em que se divida o romancista Alencar, enquanto sujeito reflexionante, confrontando-se com a experiência de *Iracema*, a verdade é que a deslocação do projeto épico, do verso epigonal para a prosa "inimitável", resolveu o acaso vocacional em necessidade morfológica (e o movimento regressivo em progressivo): da inibição ou incompetência versejatória nasce a proposta de uma nova "forma literária", erigida sobre a exaustão de um modelo obsoleto ("O verso pela sua dignidade e nobreza não comporta certa flexibilidade de expressão, que entretanto não vai mal à prosa a mais elevada. A elasticidade da frase permitiria então que se empregassem com mais clareza as imagens indígenas, de modo a não passarem despercebidas").

Iracema, o poema-substitutivo, o "canto sem metro" na "rude toada" do "pensamento selvagem" ("Quem não pode ilustrar a terra natal, canta as suas lendas, sem metro, na rude toada de seus antigos filhos"), corrói e erode a "nobreza" da épica em versos propriamente dita, que só sairá do limbo autobiográfico para a museografia póstuma das páginas especializadas. *Os Filhos de Tupã* (1863), em versos decassilábicos, planejados para XII Cantos, são o borrador sem lustre dessa apetência frustrada para o épico "dignificado", em moldes tradicionais. O estado diamantário dessa pulsão (a metáfora aqui não é mallarmaica, mas alencariana: "A natureza sofre a influência da poderosa irradiação tropical, que produz o diamante e o gênio"), agora retificada em seu curso ou inflexão, se manifesta em *Iracema* (1865). Graças a uma espécie de mutação cristalográfica, que resulta da torção do poema frustro na prosa surpreendente. Da crisálida minaz onde larvam dois milheiros de decassílabos em estado potencial de proliferação épica, emerge um livrinho de 33 capítulos sintéticos, uma prosa de metáforas "desaglutinadas" e "períodos destacados", em ritmo de tupi imaginário. Aqui Alencar, o prosador de destinação, supera os poetas de eleição, a começar do próprio Gonçalves Dias.

Parafraseando o que disse Walter Benjamin sobre o Romantismo Alemão ("Die Idee der Poésie ist die Prosa"), poderia eu dizer que a ideia de poesia do Romantismo Indianista brasileiro foi a prosa. Numa Escola em que a poesia dava o tom, a prosa deu a forma (o "método", explicita Benjamin). Jakobson reparou, falando de Puchkin e Liérmontov, de Maiakovski e Pasternak, nos momentos respectivos da literatura russa, que em períodos de epigonismo prosaico, de repetição de modelos clássicos, o sopro renovador, precursor de rumos insuspeitados, costuma vir da prosa de exceção dos poetas. Talvez, neste nosso caso brasileiro, estejamos diante de uma hipótese simetricamente oposta. O maior poeta indianista (o único plenamente legível hoje, se não pensarmos no Indianismo às avessas de Sousândrade) foi um prosador: José de Alencar. Não é novidade. Augusto Meyer (num ensaio pioneiro, em que se rebela contra a leitura empobrecedora de Alencar pelo padrão estrito do realismo) já havia observado: "Bastaria *Iracema* para consagrá-lo o maior criador da prosa romântica, na língua portuguesa, e o maior poeta indianista".

12. TÓPICOS (FRAGMENTÁRIOS)
PARA UMA HISTORIOGRAFIA DO *C O M O**

> *O valor de um pensamento se mede por sua dis-*
> *tância em relação à continuidade do conhecido.*
>
> T.W. ADORNO, *Minima Moralia.*

1.

Paul Valéry – lembra Gérard Genette, em "Structuralisme et Critique Littéraire", – sonhava com uma História da Literatura compreendida "não tanto como uma história dos autores e dos acidentes de sua carreira ou do curso de suas obras, mas como uma História do espírito, enquanto produtor ou consumidor de *literatura*, e essa história poderia mesmo ser feita sem que nela se pronunciasse o nome de um escritor sequer".

---

* Texto escrito em 1981, publicado originalmente em *Arte & Linguagem*, Cadernos PUC-SP, nº 14, EDUC-Coitez, 1982.

Genette vislumbra nesse projeto valeryano (a reverberar em autores como Borges e Blanchot) uma "utopia muito profunda", a do campo literário pensado em termos de um "conjunto coerente, um espaço homogêneo no interior do qual as obras se tocam e se penetram umas às outras".

2.

Creio que, na linha de um semelhante pressentimento historiográfico de instigação utópica, com função, talvez, de "ficção heurística", poder-se-ia muito bem intentar a história de certos operadores textuais enquanto agentes (protagonistas, "actantes") da evolução literária, entendida esta (e, assim, a estória da história) como um modelo narratológico sujeito a um procedimento de *emplotment* (a expressão é de Hayden White, *Tropics of Discourse*), cuja finalidade, na acepção que aqui lhe dou, seria organizar a matéria factual (os textos sequenciados no tempo) num espaço constelar de coerência. Só que, em contrapartida à ideia de Genette, nesse traçado ou diagrama, não apenas o "homogêneo" (a identidade, a convergência), mas ainda, e sobretudo, o "heterogêneo" (a diferença, a divergência) deveria ter voz e vez.

3.

Assim, por exemplo, seria possível imaginar uma história do *como* (da partícula comparativa "como") e de suas aventuras textuais no espaço literário brasileiro, desde o Romantismo. Falo nominalmente de *prosa*, para tornar a intriga mais desconcertante. Esta "estória" na "História" poderia também ser rebatizada como uma "História do epifânico" (protagonizada pelo "como") *versus* (ou paralelamente a) uma "história do epos" (cujos heróis, no nível funcional da gramática narrativa, são os verbos de ação, factivos e performativos). Do ponto de vista ontológico, o *status* desta última seria definível pelo princípio aristotélico da identidade e da não-contradição (uma coisa não pode ser e deixar de ser ao mesmo tempo) e pela silogística do terceiro excluído. O princípio da identidade caucionaria, por um lado, o regime lógico do discurso e da predicação na gramática grega e no Ocidente (Derrida mostrou a solidariedade entre a concepção metafísico-linear da história, enquanto desdobramento da presença, num esquema de início-meio-fim, e o modelo épico-discursivo; Jauss evidenciou como a ilusão de objetividade da historiografia teleológica tradicional está presa à ideia aristotélica da unidade da fábula épica). Por outro lado, o mesmo princípio garantiria a apofântica da produção do sentido na narração e assim a "conexão épica", cuja dissolução, como traço negativo da Modernidade, minando a sobrevivência residual do epos clássico na prosa do mundo da burguesia, ou seja, no romance enquanto "epopeia burguesa" da desilusão, regido pela nostalgia verocêntrica da restituição do sentido imanente perdido, é tão lastimada pelo Lukács que opõe, como sinal pejorativo desses nossos tempos agônicos de "solitude ontológica", o modo épico do *narrar* ao modo epifânico do *descrever* (reporto-me à conhecida disjunção lukacsiana, *Erzaehlen oder Beschreiben*).

4.

Para a escritura do "como", no princípio não era o verbo, mas o advérbio. O *status* desse "como" (conjunção adverbial comparativa) não é afiançado pela lógica-discursiva, mas pela analógica da similitude. E aqui entra de novo Aristóteles, pai da lógica ocidental, "rector" do Logos, e teórico da metáfora, ou seja, padrasto da Analógica, da – por assim dizer – não lógica do terceiro incluído, onde uma coisa pode deixar de ser igual a si mesma para incorporar o outro, a diferença, desde que postulada uma relação de similaridade, cabendo ao poeta (sendo mesmo sinal de seu gênio) perceber essas relações, – essas afinidades "simpoéticas", capazes de reconciliar, no amplexo da mesmidade assim relativizada, o estranhamento subversivo da outridade. Se as poéticas classicizantes da "imitado" e as poéticas sociológicas do "reflexo" não podem esconder um étimo aristotélico, não é menos exato (embora seja menos frequente insistir neste aspecto) que as poéticas barroco-maneiristas do "maravilhamento" e as poéticas de vanguarda do "estranhamento" têm expresso débito para com o Estagirita. Vejam-se, em abono desta afirmação, as considerações de Gustav René Hocke sobre o *Cannocchiale Aristotélico* do teórico da paralogia conceitista Emanuele Tesauro, onde a retórica aticista seria "deformada" como que num espelho convexo, e reinterpretada para o uso combinatório da "elocução arguta e engenhosa"; lembre-se, por outro lado, que Viktor Chklóvski, em seu "A Arte como Procedimento", de 1917, virtual manifesto do chamado "formalismo" russo, recorre a Aristóteles (ou melhor, funde duas passagens aristotélicas: uma da *Poética*, na qual o filósofo faz o elogio da elocução que "escapa à banalidade quando emprega palavras estranhas ao uso cotidiano", compreendendo, entre esses "nomes estranhos" (*xeniká*), as próprias translações metafóricas de sentido; outra, da *Retórica*, onde se lê que "é preciso dar estranheza à linguagem, pois admiramos aquilo que está afastado..."); com esse apoio, Chklóvski avança a sua tese polêmica do "estranhamento" (*ostraniênie*) como método em arte, tese que, por seu turno, teria repercutido na fórmula brechtiana do *Verfremdungseffekt*...

5.

O "como" torna lábil o estatuto da identidade (da continuidade, da verdade), abrindo nele a brecha vertiginosa da associação por analogia: a rígida equação de identidade (x é x) se deixa substituir por uma flexível, e arriscadamente idiossincrática, equação de similaridade (é como y); no limite, como ressalta Walter Benjamin a propósito da metaforização hieroglífica na alegoria barroca, "qualquer coisa, cada relação, pode significar uma outra qualquer *ad libitum*" (ou seja, qualquer x pode ser assimilado a qualquer y...).

6.

É bem verdade que Aristóteles, prudentemente, preveniu contra esse risco, advertindo que, se um poeta compõe exclusivamente com o estranho, o resultado será "o enigma ou o barbarismo". Derrida, em "La mythologie blanche", evidencia o estatuto ambíguo da metáfora aristotélica, explicando, assim, o quanto ela pode ainda submeter-se ao olho regulador do Logos. A metáfora, na *Poética*, segundo Derrida, "arrisca interromper a plenitude semântica à qual ela deveria pertencer". É que, "marcando o momento da virada ou do desvio, durante o qual o sentido pode aparentar aventurar-se por conta própria, desligado da coisa mesma a que no entanto visa, da verdade que o harmoniza com seu referente, a metáfora abre, assim, a errância do semântico". É por isso que Aristóteles nos põe em guarda contra as "más metáforas", o que faz supor "uma axiologia embasada numa teoria da verdade", já que "por seu poder de deslocamento metafórico, a significação ficará numa espécie de disponibilidade, entre o não-senso precedente à linguagem (a qual tem um senso) e a verdade da linguagem, que dirá a coisa tal qual ela é nela mesma, em ato, apropriadamente". Prevenindo-nos contra o "enigma", Aristóteles, no fundo, quer barrar a proliferação metafórica ("o redobramento metafórico", "a elipse da elipse") a contrapelo do Logos legiferante. Pois, como aponta ainda Derrida, "esse processo pode prosseguir e complicar-se até o infinito". Assim:

> Se nenhuma referência está mais propriamente nomeada numa tal metáfora, a figura é arrastada na aventura de uma longa frase implícita, de um raconto secreto, com relação ao qual nada nos assegura que ele nos reconduzirá ao nome próprio. A metaforização da metáfora, sua sobredeterminação sem fundo, parece inscrita na estrutura da metáfora, porém como sua negatividade. Desde que se admita que, numa relação analógica, todos os termos já estão enredados, um a um, numa relação metafórica, tudo se põe a funcionar não mais a modo de sol, mas de estrela, permanecendo invisível ou noturna a fonte pontual de verdade.

É então que Derrida conclui:

> Se Aristóteles não se entrega a essa consequência é, sem dúvida, porque ela contradiz o valor filosófico de *alétheia*, o aparecer próprio

da propriedade do que é, e assim todo o sistema dos conceitos que se investem no filosofema "metáfora", outorgam-lhe sua carga e também o delimitam. Obstando o seu movimento: tal como se reprime por meio de uma rasura; tal como se governa o movimento infinitamente flutuante de um navio, para dirigi-lo ao ponto onde se quer lançar âncora. Todo o onomatismo que comanda a teoria da metáfora, toda a doutrina aristotélica dos nomes simples (*Poética* 1457a) é feita para assegurar ancoradouros de verdade e de propriedade.

7.

A irrupção do analógico no lógico, do "como" no "é" (e no "faz", que desdobra o estatuto da identidade e da unidade no da factividade funcional), ou seja, o irromper da possibilidade aleatória do "como" descritivo-epifânico na assertividade apofântica das narrações de estados e ações – do advérbio no verbo –, se dá, como fator estético revolucionário, no Brasil, com o Romantismo Indianista alencariano (se deixarmos provisoriamente à parte o caso retórico do Barroco, onde o alegórico é a regra lúdica do mundo). Em *Iracema* (1865), especialmente, o "como" mitopoético (inspirado no "comme" bíblico-homérico *de Atala* de Chateaubriand, porém radicalizado pela imagem "barbarizante" do tupi idealizado pelo escritor à maneira de um dispositivo linguístico antinormativo), esse "como" é o ponto de fuga por meio do qual o romancista brasileiro se esquiva do confronto com o padrão verocêntrico do modelo balzaquiano de Realismo, que, dez anos depois, o seduzirá, arrastando-o à sua mais ambiciosa tentativa de "atualização" urbana, levada a cabo com certo brio, mas necessariamente malograda em *Senhora*, já que não era esta, no campo do possível, a linha de força de seu projeto.

8.

Em *Iracema* o "como" alencariano convive com o "cronotopo" (a expressão é de Bakhtin, e indica uma categoria tipológica dotada de estabilidade relativa através das variações evolutivas) do romance de aventuras de matriz folclórica. E um "como" arqueológico que recua para o passado mítico (para a elaboração de um "mito de origem"), como se para o limbo auroral do UR-EPOS. Assim como a épica homérica é brasonada de "metáforas fixas" que nomeiam os protagonistas da ação, esse "como" alencariano atravessa de ponta a ponta a lenda cearense, matizando, com suas equações de similitude, as andanças do "fazer" narrativo (interditos e violações de interditos; fugas e punições pendentes; atualizações de punições e superações das degradações infligidas) ou delongando o narrar, demorando-se comprazidamente nos enclaves lírico-pastorais, onde o tempo idílico-natural, "denso e fragrante como o mel" (Bakhtin mais uma vez, falando sobre *Dáfnis e Cloe* de Longus), contrasta com o "tempo de aventuras".

9.

O "como" alencariano é a marca, a charneira de articulação, do "pensamento selvagem" (a expressão não ocorre aqui como um decalque retrospectivo de Lévi-Strauss; está na "Carta ao Dr. Jaguaribe", no passo em que o romancista explica porque prefere contrariar a "simplicidade" e a "naturalidade" do português em prol da "tradução" daquilo que chama "a beleza da expressão selvagem", donde o seu esforço por preservar, em sua "experiência em prosa", a correspondência com esse "pensamento selvagem"). O "símile" alencariano, como reparou Cavalcanti Proença em seus penetrantes estudos estilísticos, é um modo de captar a visualização concreta da linguagem primitiva. Se passarmos da observação em nível retórico, para uma outra, mais abrangente, em nível linguístico e semiótico, pensando as equações de similitude em termos de "polo metafórico" (à Jakobson) ou de "iconicidade" (à Peirce), veremos que a concepção do tupi por Alencar se dá acentuadamente nesse polo ou nessa dimensão, onde mesmo as perífrases desdobram metáforas etimológicas implícitas, que a compressão aglutinante encapsula, valendo-se para tal, como nos resumos picturais da ideografia, de abreviaturas metonímicas. Assim: *Iracema* = lábios de mel; a doçura dos lábios da virgem comparada à do mel; a beleza da índia tabajara evocada metonimicamente no traço de dulçor de sua boca-favo-de-mel; *piguara* = senhor do caminho; aquele que, ao inventar o caminho "na ocasião da marcha" (pois, como argumenta Alencar, "o caminho no estado selvagem não existe; não é coisa de saber"), e ao doá--lo, fazendo-o, tornando viável aos outros o que antes era ínvio, procede *como* um senhor, que dispõe soberanamente do que tem, e é por seu turno definido pelo traço distintivo de sua eficiência munificente.

10.

Alencar, inventor da linguagem, se apresenta como tradutor, e como tradutor que aspira à radicalidade. Ao invés de Chateaubriand, que procura conciliar, por um ardil da razão cartesiana, o "estranhamento" selvagem com o Logos eurocêntrico, imaginando um indígena polilíngue e paraclético como personagem narrador (além de protagonista idílico) *de Atala*

> Chacta, o amante de Átala, é um selvagem que se supõe ter nascido com gênio, e que é, em mais da metade, civilizado, uma vez que ele não somente sabe as línguas vivas, mas ainda as línguas mortas da Europa. Deve, pois, exprimir-se num estilo misto, conveniente à linha sobre a qual ele caminha, entre a sociedade e a natureza. Isto me deu grandes vantagens, fazendo-o falar como Selvagem na pintura dos costumes, e como Europeu no drama e na narração. Sem isso, seria preciso renunciar à obra: se eu me tivesse servido sempre do estilo índio, *Atala* seria como o hebraico para o leitor.

Não entende assim Alencar, cuja atitude perante o *style indien* parece ser a oposta:

> Sem dúvida que o poeta brasileiro tem de traduzir em sua língua as ideias, embora rudes e grosseiras, dos índios; mas nessa tradução está a grande dificuldade; é preciso que a língua civilizada se molde quanto possa à singeleza primitiva da língua bárbara; e não represente as imagens e pensamentos indígenas senão por termos e frases que ao leitor pareçam naturais na boca dos selvagens.

O conhecimento da língua indígena *é o* melhor critério para a nacionalidade da literatura.

11.

Alencar "traduz" como que intuindo o preceito que rege a tradução como forma, e que W. Benjamin encontrou exemplarmente formulado por Rudolf Pannwitz: "O erro fundamental do tradutor é fixar-se no estágio em que, por acaso, se encontra a sua língua, em lugar de submetê-la ao impulso violento que vem da língua estrangeira". O tupi (ou pseudotupi, a pensarmos em certas considerações de Mattoso Câmara Jr. sobre a estrutura dessa língua e a interpretação de suas formas) imaginado por Alencar funcionou, em certa medida, para a poética de sua "prosa experimental", como o chinês fabulado por Fenollosa, o anti-sinólogo, para a concepção poundiana do método ideogrâmico em poesia. (Mattoso Câmara Jr. fala, depreciativamente – ainda que não se refira a Alencar, mas à técnica de decompor vocábulos perfilhada pelo romancista –, em "ressurreição do método etimológico de Frei Isidoro de Sevilha, que o advento da linguística comparativa, no século XIX, parecia ter enterrado definitivamente"). Alencar "estranhou" o português sob o influxo desse paradigma tupi. A busca da origem se dava por via mitopoética de um naturalismo adâmico, já que a "barbarização" do português – língua civilizada do poder e da verdade "eurocêntrica" – permitia ao autor de *Iracema* reconduzir-se escrituralmente à condição edênica da língua natural, concreta, próxima das coisas em estado de nomeação inaugural, icônica:

> Ela (a "língua bárbara") nos dá não só o verdadeiro estilo, como as imagens poéticas do selvagem, os modos de seu pensamento, as tendências de seu espírito, e até as menores particularidades de sua vida. E nessa fonte (*NB*: comente-se: "fonte da Juventa" da língua adâmica, assim repristinada, a romper a clausura gramatical do português reinol, insuportavelmente logocêntrico para um escritor empenhado na emancipação cultural face à ex-metrópole) que deve beber o poeta brasileiro; é dela que há de sair o verdadeiro poema nacional, tal como eu o imagino.

12.

Elegendo o paradigma tupi como tema de subversão linguística em *Iracema*, Alencar partiu para a iconicidade assindética ("estilo de períodos destacados" em oposição ao conjuntivo-copulativo) das equações de significado. Trabalha no polo metafórico dos enunciados de similitude, que, em Peirce, correspondem a hipoícones de 3° grau, por assimilar conteúdos no plano do "símbolo" (ou da terceiridade, na acepção peirceana), o mais distante, semioticamente falando, da materialidade do significante. Esta circunstância, entenda-se, não retira ao procedimento aquela eficácia estética de percepção fulgurante de relações entre enunciados diversos, reconhecida já na *Poética* aristotélica. Extremando o paradigma, porém, ademais de incorrer, por incontinência, no suposto pecado de "excesso comparativo" (já de per si "barbarizante", segundo o cânon aristotélico), o romancista de *Iracema* deixa-se arrastar, fascinadamente, pela prosódia selvagem, tentando mimar-lhe a pauta fônica, o vocalismo aglutinante dessa língua geral, tal como a descreveram os cronistas da descoberta e da colonização da terra e os primeiros gramáticos da catequese. Passa então às metáforas fônicas, às paronomasias, à disseminação de anagramas (paragramas) no texto, jogando com as figuras do significante (hipoícones de primeiridade, imagens acústicas, registros de entonação). Wilson Martins, num momento de sensibilidade, falou em "criptografia literária" a propósito de *Iracema* ("... é exemplo magnífico de linguagem simbólica, é uma criptografia literária, infelizmente lida e comentada como se fosse um capítulo do Manual de História Pátria"). Registra que "a simples tradução etimológica do vocabulário indígena produz a *linguagem poética* e simbólica, característica das novelas indianistas". Para, porém, nesse nível do significado, ao considerar a operação codificadora alencariana, desconhecendo a sua projeção radical no plano do significante. (De um sistema simbólico, entendido na acepção do dicionário de emblemas ou "personagens-símbolos", já se havia ocupado, com a sua habitual finura, C. Proença; o que nesse tipo de abordagem decifratória mais releva é a

156

contribuição para uma eventual paradigmatização dos "mitemas", para a leitura numa dimensão transnarrativa, à Lévi-Strauss, do "mito de origem" engendrado por Alencar.) Ao contestar o "achado" de Afrânio Peixoto, que viu em *Iracema* um anagrama de *América*, argumenta Wilson Martins que isto equivaleria a passar por cima da "chave do sistema" revelada pelo romancista nas notas, onde o nome "Iracema" é verbetizado, dando-se-lhe como significado, em guarani, "lábios de mel". O lado subliminar (Jakobson) da operação tradutora escritural praticado por Alencar, que vai muito além do anagrama tradicional, létrico, do tipo *Iracema/América* (mas que o convalida como possibilidade por abrangência), está, no entanto, num estrato mais profundo (sequer suspeitado pela crítica, mesmo quando esta reconhece o caráter de criptograma desse texto): encontra-se na parafonia (ou anagramatização generalizada, à maneira saussureana), que semeia a prosa de *Iracema* de "talismãs" fônicos, criando "afinidades eletivas" entre semantemas fragmentados, solidarizados pela reiteração ou redistribuição evocativa de figuras sonoras.

13.

Pode-se verificar com facilidade a proliferação de "cornos", logo no Cap. 1 do livro ("como líquida esmeralda", "como branca alcíone", "como o condor"); isto para reparar apenas nas comparações explícitas, instituidoras de relações de semelhança no nível do significado: por exemplo, borrasca no mar = condor sobre o abismo; "a borrasca enverga, como o condor, as foscas asas" (a escuridão da borrasca, que se forma no céu, é, por um desdobramento interno do símile, comparada por sua vez ao recorte enfático das "asas foscas" do condor alçando voo; a própria virgulação, intercalando o sintagma comparado depois do verbo ("enverga") e antes do objeto metaforizado ("as foscas asas"), parece desenhar, durativamente, o tempo desse encurvar as asas borrascosas. Mas poderíamos detectar ainda, numa leitura "partitural", apurando a escuta, o que se passa em termos de "metáforas fônicas" (parafonias, paragramas, anagramas, na terminologia saussureana; paronomasias, na de Jakobson):

VERDES MARES BRAVIOS da minha TERRA...

(sem esquecer as coliterações /v/, /b/ e /d/, /t/, bem como a outra figura interna, que progride no texto de ER/A-RE/RA a TERRA). Ou:

ONDE CANTA a JANDAIA NAS frONDES...

Mais tenuamente (mas nem por isso sem interesse), a sombra sonora que perpassa em:

MARES NATAL CANTA (cf. NATAL / CANTA):   CARNAÚba

14.

Se passarmos para o Cap. 2, a surpresa ainda será maior. Esse capítulo (breve como a maioria dos capítulos do romance--poema alencariano) anagramatiza, desde a primeira linha-verseto, o nome de Iracema, que, como o revela uma análise conduzida nesse nível de atenção, não se reduz à chave conteudística de leitura da nota 2 do autor: "Em guarani, significa lábios de mel, de *ira*, mel; e *tembe*, lábios. *Tembe* na composição altera-se em *ceme*...".

ALÉM, muito ALÉM daquela SERRA... IRACEMA.

Mais adiante, a onomástica se redesenha, como que a acompanhar cineticamente, com um rastilho fônico, a grácil corrida de Iracema:

mais RÁPIDA que a EMA SELVAGEM, a MORENA VIRGEM.

Se atentarmos ainda mais para a tessitura sonora que se desenrola diante de nós, repetindo, como a jandaia da lenda, o nome de Iracema, descobriremos que um de seus segredos combinatórios é a sutil pontuação dessa fuga de figuras fônicas, à maneira de uma "bachiana brasileira", por uma nota intermitente, velarizada em /u/: a tônica de "carnaúba" na 1ª

linha do 1º Cap., que repercute no /u/ de "azula", na 1ª linha
do 2º Cap., para se resolver musicalmente em "graúna", na
2ª linha-verseto, logo a seguir, nesse mesmo capítulo. Sem
esquecer que CARNAÚBA e GRAÚNA partilham vários fonemas,
e que assim como RÁPIDA EMA pré-diz IRACEMA, AZUlA
envolve ASA + graúna... Quem tachar de arbitrária esta leitura, talvez se persuada afinal da alquimia fono-semântica
alencariana, de sua arte subliminar de encadeamentos
microtônicos, quando observar de que modo habilmente
engendrado o "pé grácil e nu" de Iracema toca na palavra
"pelúcia", como, no texto, "ali-sava apenas" o seu verde:

O PÉ grACIL e NU, MAL roçando, ALISava APEnas a verde PELÚCIA

15.

Entre os tupis era tudo música e poesia – a linguagem e a vida, o nas-
cimento e a morte – a guerra e as festas – o amor e a religião – era
tudo poesia... Na sua linguagem harmoniosa e quase toda labial,
travada e intercalada de vogais – imitavam o ciciar da brisa a correr
sobre as ondas espalhadas do oceano, a agitar levemente a igara deri-
vando à tona d'água, e a enredar-se pelas folhas dos bosques, que
aromatizam o litoral.

GONÇALVES DIAS

Essa mesma imagem prosódica parece formar Alencar do
idioma tupi. Lembra Cavalcanti Proença que Montaigne des-
cobrira na musicalidade dessa língua indígena "ecos do
grego". Ao comparar a prosódia das línguas modernas com a
dos gregos e romanos, Alencar (no "Pos-escrito" à segunda
edição de *Iracema*) escreve: "A pronúncia daqueles povos
antigos feria tão claramente e com tanta amplidão as vogais,
que percebia-se perfeitamente pela maior ou menor pausa a
quantidade da sílaba". O tupi, para Alencar, era o grego idealizado que nos faltava, a chave do acesso à *aetas áurea*, a
possibilidade de reescrever o mito de origem pela língua
adâmica em estado de infância e de natureza[1]. Basta ver como

---

1. Compare-se a afirmação de Goethe (31 jan. 1827): "...quando tivermos
necessidade de algum modelo, então deveremos necessariamente retornar

é composta a breve cena do banho de Iracema no Cap. 2. O toque ovidiano, que lembra o episódio de Diana surpreendida pelo caçador Actéon no recesso rorejante do lago de Gargáfia ("rorantia fontibus antra"), é realçado pela busca escolhida de um léxico "culto", tematizado fonicamente em / or/ e estruturado sintaticamente pela charneira do "como":

> Iracema saiu do banho; o aljôfar d'agua ainda a ROREja, como à doce mangaba que COROU em manhã de chuva...

Mas esse "tom" se deixa logo atravessar e contrapontear pelo vocalismo tupinizante, na pauta clara ou na velarizada. Assim, o tema em /a/:

> gará sabiá ará.

O tema em /u/:

> uru.

Ou a combinação hábil de ambos:

> crautá
> juçara.

A ideia dessa reduplicação sempre cambiante pode ter derivado da observação resumida na nota 7 ao Cap. 2, onde o romancista registra a tendência dos indígenas a repetir, como aumentativo; "a última sílaba da palavra e às vezes toda a palavra". Leia-se agora o trecho, com a atenção voltada para os efeitos em destaque:

> Enquanto repousa, empluma das penas do GARA as flechas de seu arco, e concerta com o SABIÁ da mata, pousado no galho próximo, o canto agreste. / A graciosa ARA, sua companheira e amiga, brinca junto dela. Às vezes sobe aos ramos da árvore e de lá (LÁ vira som "tupi" neste passo...) chama a virgem pelo nome;

aos antigos gregos, cujas obras representam sempre o homem harmonioso (der schöne Mensch)". J.P. Eckermann, Gesprciche mil Goethe, Berlim, Th. Knaur Nachf. Verlag, 1911.

160

outras, remexe o URU de palha matizada, onde traz a selvagem seus perfumes, os alvos fios do CRAUTÁ, as agulhas da JUÇARA com que tece a renda...

O modelo tupi, reinterpretado em termos de mímesis prosódica, parece, assim, inspirar a disseminação parafônica no texto de *Iracema*, rastreável mesmo em outras passagens onde não ocorre a nomeação tupinizante.

16.

Coatiabo: o corpo pintado (lê-se na nota 1 ao Cap. 24: "*Coatiá* significa pintar. A desinência *abo* significa o objeto que sofreu a ação do verbo, e sem dúvida provém de *aba* – gente, criatura"). Assim o texto de *Iracema*, com seus pigmentos tupinizantes, linguagem em estado de símile (em estado de "como"), semântico ou fônico, por desdobramento etimológico ou reduplicação prosódica, linguagem feita natureza (quando Alencar fala em "termos e frases que pareçam naturais na boca do selvagem", não está pensando em "realismo" ou "verismo", mas nesse naturalismo adâmico que torna a linguagem motivada, reduzindo-lhe o arbitrário, conaturalizando-a ao mundo da nomeação edênica, fazendo-a um *corpus* onde os signos são tatuagens das coisas). Como as raias de cor no corpo do guerreiro, a "escrever os emblemas de seus feitos" (Cap. 24), assim *Iracema*, o português hibridizado e "barbarizado" de *Iracema* ao influxo do nheengatu idealizado por Alencar, é um *texto-coatiabo*, e a cerimônia de pintura corporal de Martim é, antes de mais nada, como diria Derrida a propósito do "bloco mágico" de Freud, uma "cena da escritura". (A antropóloga Lux Vidal, estudando a arte pictural das índias Xikrin, mostra como o corpo não lhes interessa enquanto objeto de representação, mas é um mero suporte para a estampagem dos desenhos, assimilável nisso ao papel.) Esse o texto-palimpsesto, mestiço como Moacir (aliás, um cruzamento anagramático de MARtIm e IRACEMA), que é objeto da doação insinuada no retrospectivo Cap. 1 ("Que deixara ele na terra do exílio? Uma história que me contaram nas lindas várzeas onde nasci...") em forma de "canção sem metro" ("Quem não pode ilustrar a terra natal, canta as suas lendas, sem metro, na rude toada de seus antigos filhos"; Alencar, "Prólogo" à primeira edição de *Iracema*). Uma cerimônia de doação textual que, no Modernismo, seria simetricamente repetida por Mário de Andrade no "canto paralelo" das últimas linhas do Epílogo de *Macunaíma*.

17.

Em *Iracema*, o "como" ainda está ligado a uma estrutura narrativa que preserva a factividade épica. Nesse romance-poema dá-se, como ficou dito, um recuo arqueográfico a um UR-E-POS onde se alimentam o mito e a lenda, e que, tanto do ângulo do funcionalismo sintagmático de Propp, como da perspectiva de Bakhtin, quando este se refere ao substrato folclórico do "cronotopo" do romance de aventuras, poderia ser analisado por meio de um esquema composicional-tipo de ingredientes, sujeito a variações combinatórias. Conciliando "epos" e "epifania" num híbrido narratológico, o romance-lenda, Alencar conseguiu fugir ao escolho da epopeia tardia em versos, a "camontada" epigonal que, de Santa Rita Durão a Domingos José Gonçalves de Magalhães, sem esquecer *Os Timbiras* de Gonçalves Dias, hipnotizou como polo renitente de gravitação as letras nacionais. Resolveu também o problema de fazer a torção da poesia na prosa, transformando esta, como diria Walter Benjamin, na "ideia" (entenda-se, no "método" para a consecução de um "ideal") da poesia.

18.

Caberia, agora, relatar outros episódios dessa "estória" (na "História") do "como". O capítulo seguinte está, justamente, em *O Ateneu* (1888) de Raul Pompeia, não por acaso precedido, em 1881, de uma tentativa de *Canções sem Metro*, espécie de poema em prosa parnaso-simbolista. Mário de Andrade providencia-nos o elo necessário para a transição. No ensaio dedicado ao *Ateneu* (no qual, aliás, registra: "José de Alencar inaugurara no romance a linguagem poética"), deixa expresso, não sem um ressaibo de má-vontade reprobatória:

> Estamos em pleno domínio do "como" comparativo que, a gente percebe muito bem, menos que processo legítimo de pensamento e aproximação esclarecedora, é um mero cacoete de retórica, a volúpia da brilhação. Mas é incontestável que raramente o espírito metafórico alcançou tais lucidações, que chegam a convencer muitas vezes pelo apropositado e o raro da invenção.

Recentemente, Leyla Perrone-Moisés mostrou que, graças à operação desse "como" inusitado, o texto de Pompeia sustenta, no nível metafórico, um paralelo surpreendente com os *Chants de Maldoror* de Lautréamont, já que, em matéria de metáfora, como observa a analista, tudo "é apenas uma questão de grau", e o passo da "metáfora" pompeiana à "metamorfose" ducasseana – é ainda Leyla quem o evidencia – está iminente como num passe de mágica: o "dispositivo" maldororiano, que tanto entusiasmou os surrealistas da "escrita automática", "insta" (como diria Lacan), insuspeitado, o ouriçante estilismo, ainda lastreado de "naturalismo" de escola, do autor de *O Ateneu*. Mas aqui, o "como" epifânico, índice espetacular do fácies "eternamente selvagem" da arte (lembre-se a conferência-programa do Dr. Cláudio no *Ateneu*), signo de uma prosa que não quer outra coisa senão ser poesia, envolve já uma sensível dissolução da estrutura narrativa, que perde em "conexão épica" objetiva, para fiar-se no prisma deformante de um eu reminiscente, cujas pulsões, empáticas ou dispáticas, regulam o ritmo da urdidura romanesca, levando àquilo que Roberto Schwarz caracterizou como "a superação do Realismo pela presença emotiva do narrador"[2].

2. Registrei em *A Operação do Texto* ("Texto e História"), São Paulo, Perspectiva, 1976: "O *Ateneu* (1888), de Raul Pompeia, simbolismo transitando para o impressionismo, sinestesia e 'teatro íntimo da memória' (antegostos 'proustianos' no palato do crítico de hoje), a prosa icônica de um artista plástico, 'fato semiótico' (D. Pignatari via Araripe Jr.)".

19.

O próximo passo seria dado por Clarice Lispector, com seu *Perto do Coração Selvagem*, no começo da década de 40 (ponhamos entre parênteses, para economizar digressões, a "metáfora lancinante" de Oswald de Andrade, nos anos 20, que funciona, antes, dentro de uma estrutura cubista a dominante metonímica). Em Clarice predomina, literalmente, o "sistema do como", fato que a mais rápida inspeção estatística deixa logo evidente. "Símiles em liberdade", despreocupados da "função de verdade" na ordem do referente. Aqui se desenha "o anseio de escrever um livro *estrelado*, em que os momentos brilhem lado a lado sem articulação cerrada", como reparou ainda Schwarz, mostrando a prevalência do modo existencial-descritivo sobre a função propriamente narrativa em Clarice. É a "epifania" a dominar o "epos", a desgarrar-se dele (lembro o estudo percuciente desse procedimento epifânico levado a efeito por Olga de Sá). Em Pompeia, os reclamos do naturalismo detalhista e objetivista impunham à *écriture artiste* do eu sublevado na memória a berrância exteriorizada, a ostensibilidade do cartaz e do espetáculo ("modo descritivo" como "pura exterioridade", "ferocidade que não é distância", comenta Schwarz; concordo apenas em parte: Leyla Perrone-Moisés dá-nos argumentos convincentes para ponderar que essa distância pode ser encontrada no modo paródico do dialogismo implícito, "polêmica oculta" que se trava – criticamente – com a retórica liceana do tempo, em Pompeia como antes em Lautréamont). Em Clarice, à busca de uma "capacidade vermelha" que lhe permita o rebentar do ser para além dos Logos, a epifanização, ao contrário, é interioridade intensificada (se os pés de Iracema correm, ágeis, pela verde pelúcia das várzeas revestidas pelas primeiras águas, na cena do banho de Joana, ao invés, é o frio quem "corre com os pés gelados" pelas costas da moça, que se desconhece ao emergir da banheira, e, já na cama do dormitório do internato, sente-se "nua como um animal", "solta e fina" no mundo "como uma corça na planície"...). Clarice Introspector. ("Fetichismo da interioridade", reprovaria o Lukács sectário de *Existencialismo ou Marxismo?*, refutado em termos candentes por Sartre.) Antes: preenchimento da vacância do aparente ou da hiância do outro; desconfiança da linguagem, que seria uma última barreira no "atrás do pensamento". Afasia glossolálica: "ser estrela", "morder estrelas"... Negação do escrever (e desde logo do momento diegético-narrativo deste) em prol do inescritível, porém negação reiteradamente escrita e reescrita até à tautologia ou ao clichê (meça-se o arco do tempo que vai de *Perto do Coração Selvagem*, 1944, a *Água Viva*, 1973, por exemplo, que é o seu duplo simétrico e rarefeito). Tudo por obra e condão de um "como" (explícito ou elíptico) desobrigado de subserviência narrativa e, como tal, pressupostamente capaz desse registro cardiográfico de "momentos vermelhos":

...tão intensos, vermelhos, condensados neles mesmos, que não precisavam de passado nem de futuro para existir... –,

batidas do "selvagem coração da vida"...

13. MÁRIO DE ANDRADE:
A IMAGINAÇÃO ESTRUTURAL*

A Rapsódia Escrita em Seis Dias

O *Macunaíma*, em sua primeira redação, foi escrito de um jato: em seis dias. (No sétimo, dentro da boa tradição bíblica, Mário de Andrade terá com certeza descansado, depois da gênese de sua rapsódia panfolclórica, da qual emergia, telúrico e desconcertante, o Pantagruel nacional: Macunaíma, o herói sem nenhum caráter...) Para o livro, Mário redigiu dois prefácios, que nunca chegou a publicar, mas que foram divulgados, em

---

* Publicado originalmente em "Obras-Primas que Poucos Leram", revista *Manchete*, Rio de Janeiro, 10 fev. 1973; republicado em Mário de Andrade, *Macunaíma*, ed. crítica de Telê Porto Ancona Lopez, Rio de Janeiro, LTC Editora, 1978; em espanhol e francês, respectivamente, acompanhando as traduções de *Macunaíma* por Héctor Olea, Barcelona, Seix Barral, 1977 (antes, na revista *Plural*, México, nº 30, março 1974) e Jacques Thiériot, Flammarion, Paris, 1979, traduções essas, ambas, assessoradas por Haroldo de Campos.

parte, num artigo pioneiro (1928) de Tristão de Ataíde, e cujo texto hoje se encontra em poder do arquiteto Luís Saya, amigo e confidente do autor. Comenta Tristão, no seu artigo:

> O autor "arrependeu-se" dos dois prefácios que compôs para o livro. Achou o primeiro insuficiente e o segundo suficiente demais. O primeiro por ter sido escrito antes da obra pronta, e enquanto ela lhe aparecia como uma simples "brincadeira", segundo a sua própria expressão. E o segundo, escrito em março deste ano, depois de ter findo o livro, – talvez por ter dado uma importância excessiva à obra como "sintoma de cultura nacional". Decidiu então publicar o livro sem explicação nenhuma. O público que a entendesse como quisesse.

De fato, no primeiro prefácio (1926), lê-se:

> Este livro carece dumas explicações para não iludir nem desiludir os outros. Macunaíma não é símbolo nem se tome os casos dele por enigmas ou fábulas. É um livro de férias escrito no meio de mangas, abacaxis e cigarras de Araraquara; um brinquedo. Entre alusões sem malvadeza ou sequência desfatiguei o espírito nesse capoeirão da fantasia onde a gente não escuta as proibições, os temores, os sustos da ciência ou da realidade – apitos dos policiais, breques por engraxar. Porém imagino que como todos os outros meu brinquedo foi útil. Me diverti mostrando talvez tesouros em que ninguém não pensa mais.

No segundo prefácio (1928), a ressalva da "brincadeira" perdura, mas o autor já se confessa perplexo diante da própria criação:

> Este livro de pura brincadeira, escrito na primeira redação em seis dias ininterruptos de rede, cigarros e cigarras na chacra de Pio Lourenço perto do ninho da luz que é Araraquara, afinal resolvi dar sem mais preocupação. Já estava me enquizilando... Jamais não tive tanto como diante dele a impossibilidade de ajuizar dos valores possíveis duma obra minha.

E mais adiante acrescenta:

> Ora este livro não passou dum jeito pensativo e gozado de descansar umas férias, relumeante de pesquisas e intenções, muitas das quais só se tornaram conscientes no nascer da escrita, me parece que vale um bocado como sintoma de cultura nacional.

E o livro, na realidade, deixou leitores e críticos aturdidos e intrigados. João Ribeiro – um filólogo diferente, aberto às coisas novas, que tão bem soubera compreender as inovações poéticas de Oswald de Andrade e tem páginas sensíveis ao gênio de Sousândrade e às bizarrias estilísticas de Odorico Mendes, o "pai rococó", tradutor macarrônico de Homero – João Ribeiro teve uma reação desencorajadora:

> *Macunaíma* é um conglomerado de coisas incongruentes, em que se descreve o tipo de um Malazartes indiano, aborígene, incompreensível, absurdo, misto de toda a ciência folclórica e tríplice, do caboclo, do negro e do branco. [...] Parece mesmo que [o autor] cultivou essa incongruência fundamental, de ajuntar coisas que repugnam entre si como disparates. [...] Nessa infindável mistura de ideias e de falta de ideias, de verdade e de falta de verdade, de vida solar e de pesadelos noturnos, é difícil, e para nós impossível, descobrir o fio da meada...

O livro só não é um "desastre", segundo João Ribeiro, porque "Mário de Andrade é capaz de uma asneira, mas sempre uma asneira respeitável. E nesse caso, uma asneira de talento". Mário ficou abaladíssimo com a "incompreensão do velhinho", e ainda em 1935, numa carta ao amigo poeta Manuel Bandeira, recordava com mágoa que João Ribeiro chamara o *Macunaíma* de "tolice". O próprio Tristão de Ataíde, cujo artigo sobre o livro está cheio de lances penetrantes e de observações compreensivas, e que tivera acesso aos prefácios inéditos do autor, acaba hesitante em seu julgamento da rapsódia andradina. O livro lhe parece "longo demais". Acha-o "cacete muitas vezes, como na imensa carta, em estilo médico-purista, que o nosso herói escreve às suas súditas" (a famosa "Carta pras Icamiabas", na qual se pode ver, ao contrário, um dos maiores momentos do livro, um momento de humor estilístico e paródia)[1]. Embora

---

1. A importância por mim conferida à "Carta para Icamiambas" no *Macunaíma* fica evidente por esta referência, em que contesto as restrições descabidas de Tristão de Ataíde, e afirmo, quanto à "Carta": trata-se de "um dos maiores momentos do livro, um momento de humor estilístico e paródia". Aliás, no mesmo sentido eu já me pronunciara na *Morfologia do Macunaíma* (1973), p. 187-188 e 222 (e, antes disso, com mais delonga de análise no referente ao aspecto paródico, ao discutir com Wilson Martins a questão da influência do *Miramar* oswaldiano sobre a sátira macunaímica em "Miramar Revém", Suplemento Literário de *O Estado de S. Paulo*, 7 a 14 ago. 1965). Fica, assim, desconstituída por gratuita a objeção levantada por Gilda de Mello e Souza em *O Tupi e o Alaúde*, São Paulo, Duas Cidades, 1979. Essa objeção, aliás, foi

conclua que o *Macunaíma* "tem um significado considerável", Tristão não deixa de opor uma ressalva que nos parece hoje completamente infundada: "Toda a obra literária do Sr. Mário de Andrade é mais, talvez, obra de crítico social do que propriamente de artista".

A arguição do "malogro", do "fracasso" da obra máxima de Mário atravessou o nosso espaço literário e, apesar das numerosas vozes que se levantaram em favor do livro (sobretudo a de Cavalcanti Proença, com seu notável *Roteiro de Macunaíma*, 1955), encontra ecos ainda hoje. Wilson Martins, crítico cujo conservantismo estético-literário é bem conhecido, e para quem "em conjunto, o Modernismo (como o Expressionismo) é *uma escola de obras falhadas*", repisa a tese apocalíptica ao longo de todo o seu volume de história e crítica do movimento (*O Modernismo*, 1965), para concluir, quanto ao "livro desnorteante" de Mário: "Sua incalculável importância histórica, seu imenso valor de exemplo, não nos devem impedir de reconhecer que, *em si mesmo, Macunaíma* foi um malogro". (Para esse exegeta do desastre, é bem de ver, são malogros também o *Gargantua* de Rabelais e o *Ulysses* de Joyce...)[2]

---

devidamente rebatida no criterioso e detalhado trabalho de Leyla Perrone-Moisés, "Tupi or not Tupi", Suplemento Cultural de *O Estado de S. Paulo*, ano IV, nº 19, p. 3-4. Estranhamente, nem esse trabalho de Leyla, nem a resenha da *Morfologia do Macunaíma* estampada pela mesma estudiosa em *Colóquio/Letras* nº 20, Lisboa, julho de 1975, nem tampouco a de Nogueira Moutinho, publicada em 11 set. 1973 na *Folha de S. Paulo*, foram incluídos na "Bibliografia Geral", compilada por Darcilene de Sena Rezende, constante da edição crítica do livro de Mário, coordenada por Telê Porto Ancona Lopez para a coleção *Archives*, auspiciada pela UNESCO, Paris, e apoiada pelo CNPq, Brasília, 1988. Nessa bibliografia – que, por suposto, deveria ser objetiva e imparcial – figura todavia o artigo de José Guilherme Merquior, "Macunaíma sem Ufanismo", publicado posteriormente no mesmo Suplemento Cultural de *O Estado de S. Paulo, a*" 44, p. 8-9, *review* simpático ao opúsculo gildiano. Não fossem os subsídios que pude ministrar pessoalmente à pesquisadora Diléa Zanotto Manfio, responsável pela seção "Bibliografia Comentada" do volume, o importante artigo contestador de Leyla Perrone-Moisés, como também o *review* de Nogueira Moutinho, arriscavam não ter referência nessa edição *Archives*, embora, do mesmo Moutinho, a "Bibliografia Geral" registre um outro artigo, de 4 dez 1969, também estampado na *Folha de S. Paulo*...

2. Além dos artigos mencionados na nota anterior, dediquei-me a rebater a tese "apocalíptica" de Wilson Martins sobre o "malogro" do *Macunaíma* na cit. *Morfologia*, p. 66 e 290.

De sua *Revista de Antropofagia*, porém, Oswald de Andrade não se fez de rogado e empunhou o tacape iconoclasta em defesa do companheiro de lutas modernistas (do qual, a partir daquele ano mais ou menos, se separaria no terreno pessoal, definitivamente, para uma reconciliação que nunca mais sobreveio e só pode ser vislumbrada agora, *post-mortem*, no nível das obras mais radicais de ambos). Pois Oswald de Andrade, o criador de *João Miramar* e – posteriormente – desse "*Macunaíma* urbano" (Antonio Candido é quem o define assim) que é *Serafim Ponte Grande*, Oswald repicou em cima dos críticos perplexos: "Mário escreveu a nossa *Odisseia* e criou duma tacapada o herói cíclico e por cinquenta anos o idioma poético nacional".

O Herói sem Nenhum Caráter

Mas, afinal, que fez Mário no seu *Macunaíma*? Como forjou "esse herói de nossa gente", nascido no "fundo do mato-virgem" e "filho do medo da noite", cujo refrão distintivo, desde a meninice, é a frase – "Ai que preguiça!..."? O próprio autor explica o projeto da obra, no prefácio inédito de 1926:

O que me interessou por Macunaíma foi incontestavelmente a preocupação em que vivo de trabalhar e descobrir o mais que possa a entidade nacional dos brasileiros. Ora depois de pelejar muito verifiquei uma coisa me parece que certa: o brasileiro não tem caráter. Pode ser que alguém já tenha falado isso antes de mim porém a minha conclusão é uma novidade pra mim porque tirada da minha experiência pessoal. E com a palavra caráter não determino apenas uma realidade moral não, em vez entendo a entidade psíquica permanente, se manifestando por tudo, nos costumes na ação exterior no sentimento na língua na História na andadura, tanto no bem como no mal. O brasileiro não tem caráter porque não possui nem civilização própria nem consciência tradicional. Os franceses têm caráter e assim os jorubas e os mexicanos. Seja porque civilização própria, perigo iminente, ou consciência de séculos tenham auxiliado, o certo é que esses uns têm caráter. Brasileiro não. Está que nem o rapaz de vinte anos: a gente mais ou menos pode perceber tendências gerais, mas ainda não é tempo de afirmar coisa nenhuma. [...] Pois quando matutava nessas coisas topei com Macunaíma no alemão de Koch-Grünberg. E Macunaíma é um herói surpreendentemente sem caráter. (Gozei) Vivi de perto o ciclo das façanhas dele [...]. Então veio vindo a ideia de aproveitar pra um romancinho mais outras lendas casos brinquedos costumes brasileiros ou afeiçoados no Brasil. Gastei muito pouca invenção neste poema fácil de escrever [...]. Este livro afinal não passa duma antologia do folclore brasileiro. Um dos meus interesses foi desrespeitar lendariamente a geografia e a fauna e flora geográficas. Assim desregionalizava o mais possível a criação ao mesmo tempo que conseguia o mérito de conceber literariamente o Brasil como entidade homogênea – um conceito étnico nacional e geográfico.

O livro-guia de *Macunaíma* – livro que lhe fornece "o tema central a que se agregam, como temas secundários, elementos colhidos em outras fontes" (Cavalcanti Proença) – é a obra de Theodor Koch-Grünberg, *Vom Roroima zum Orinoco* (*Do Roraima ao Orenoco*), sobretudo o segundo volume que enfeixa os "Mitos e Legendas dos índios Taulipang e Arecuná". Nascido em 1872, numa cidadezinha da Alta Héssia (Alemanha), Koch-Grünberg, de 1903 a 1905, percorreu, por incumbência do Museu Etnológico de Berlim, zonas fronteiriças do Noroeste brasileiro (alto Rio Negro e Japurá) e, de 1911 a 1913, realizou uma expedição por terras brasileiras e venezuelanas, entre o Roraima e o médio Orenoco. Desta última viagem exploratória resultou uma obra monumental, em cinco tomos, publicados entre 1916 e 1924. O segundo volume (consultado por Mário de Andrade na segunda edição, Stuttgart, 1924) abrange mitos cosmogônicos e lendas de heróis, contos, fábulas de animais e narrações humorísticas. A lenda 1 – "A Árvore do Mundo e a Grande Enchente" (uma concepção indígena do dilúvio universal) tem duas versões, narradas por dois informantes diferentes. Na versão taulipang, é introduzido desde logo o herói Macunaíma, com seus irmãos: "Em tempos idos viviam ao pé do Roraima cinco irmãos: Macunaíma, Maanape, Anzikilan, Wakalambe e Anike". No raconta arecuná, o caráter (ou "descaráter") do herói vem logo humoristicamente acentuado: "Macunaíma, o mais novo dos irmãos, ainda era um menino, porém mais safado que todos os outros".

"Os outros irmãos dependiam dele, pois ele lhes arranjava sustento." O próprio Koch-Grünberg, em sua "Introdução" ao volume, ressalta a ambiguidade do herói, dotado de poderes de criação e transformação, nutridor por excelência, ao mesmo tempo, todavia, malicioso e pérfido. Segundo o etnógrafo alemão, o nome do supremo herói tribal parece conter como parte essencial a palavra MAKU, que significa "mau", e o sufixo IMA, "grande". Assim, Macunaíma significaria "O Grande Mau", nome – observa Grünberg – "que calha perfeitamente com o caráter intrigante e funesto do herói". Por outro lado, os poderes criativos de Macunaíma levaram os missionários ingleses em suas traduções da Bíblia para a língua indígena a denominar o Deus cristão pelo nome do contraditório herói tribal, decisão que Koch-Grünberg comenta criticamente.

Tomando o ciclo das legendas de Macunaíma como núcleo do seu livro, Mário serviu-se ainda de outras lendas (principalmente as recolhidas por Capistrano de Abreu e Couto de Magalhães) para forjar uma espécie de arquilegenda panfolclórica, uma "canção de gesta", próxima da "epopeia medieval" (Cavalcanti Proença), ou, como o próprio autor gostava de dizer, uma "rapsódia" nacional.

A Fantasia Estrutural

Quando Mário diz ter gasto "muito pouca invenção" no seu "poema fácil de escrever", sua observação é despistadora e deve ser entendida dentro do especial mecanismo gerativo do livro. De fato, como adverte o linguista Noam Chomsky, "a condição preliminar para uma *verdadeira criatividade* é a existência de um sistema de regras, de princípios, de restrições".

Esta condição, válida para o exercício das capacidades do usuário da língua, o é também no plano da invenção literária (que implica sempre um diálogo entre a norma e o desvio da norma), sobretudo no caso de uma obra como o *Macunaíma*, extremamente próxima da matriz folclórica, que responde a leis estruturais.

No folclore do mundo inteiro ocorrem fenômenos de esquematismo e recorrência, fenômenos esses que têm intrigado os especialistas, já que a explicação dos mesmos através da simples difusão (temas migratórios) parece insuficiente para justificar as coincidências de estrutura. Exatamente no ano de 1928 – ano do lançamento de *Macunaíma* – um professor de literatura e folclorista russo, Vladimir Propp, publicava em Leningrado uma obra fundamental sobre o assunto, a *Morfologia do Conto Maravilhoso*. Essa obra, produzida na fase final do chamado formalismo russo – escola renovadora dos métodos de análise literária que se desenvolveu na Rússia a partir de 1915 e que foi proscrita com o advento do estalinismo –, só iria ser divulgada no Ocidente com a devida ressonância nos anos 50. Em 1958, o livro de Propp é traduzido para o inglês e chama a atenção de Claude Lévi-Strauss, o criador da antropologia estrutural. Lévi-Strauss viu em Propp um precursor da análise estrutural da literatura oral, tal como ele próprio a começara a empreender por volta de 1950, sem conhecimento direto da obra de seu antecipador russo. E Propp, subitamente reposto em circulação, passou a figurar na ponta da meada dos estudos estruturalistas de análise da narrativa, traduzido para o italiano, para o francês e para o alemão, e reeditado na própria Rússia, em 1969.

Qual a tese de Propp? Para o estudioso russo, "os contos maravilhosos possuem uma característica: as partes componentes de um podem ser transferidas para outro, sem modificação alguma". É a "lei da transferibilidade". Para Propp, o que importava não eram os nomes e atributos dos personagens ("grandezas variáveis"), mas as suas "funções" ("grandezas constantes"). Por "função" entendia a ação de um personagem vista do ângulo de seu interesse para o desenvolvimento da narração. Os executores podem mudar – por exemplo, o "dano" ou a "má ação" podem ser feitos por uma bruxa, pelo demônio, por um dragão, pela madrasta – mas as "funções" permanecem as mesmas. Seu alto teor de repetibilidade leva a concluir que, embora as personagens possam ser extraordinariamente numerosas no repertório dos contos, suas funções são redutíveis a um número notavelmente pequeno. Propp individuou 31 funções e estudou as modalidades de sua combinação num eixo de sucessividade que organiza o relato popular. Chegou assim ao esquema de base, ao modelo de engendramento de todos os contos maravilhosos que estudou (os chamados contos russos "de magia"). Isolou como que uma "protofábula", que atravessa virtualmente todos os contos do seu repertório, realizando-se por variantes as mais diversas, como a ossatura dissimulada, comum a entrechos cujos atributos proliferam de maneira distinta.

Dando provas de semelhante "imaginação estrutural", o *Macunaíma* de Mário, publicado no mesmo ano de 1928, faz como que o percurso inverso.

Encaminha-se não para a análise do *corpus* fabular até a individuação de uma infraestrutura ou protofábula. Dirige-se – pois se trata de uma obra de arte, não de uma investigação científica do folclore – à constituição de uma arquifábula, uma fábula *omnibus*, como a denominei num estudo de 1967 (hoje desenvolvido em livro, *Morfologia do Macunaíma*, São Paulo, Editora Perspectiva, 1973). Mário conseguiu divisar o que havia de *invariante* na estrutura do conto folclórico para, justamente, com intuitos artísticos, poder jogar criativamente com os elementos *variáveis* sobre o esquema de base. Produziu uma síntese, um amálgama, um conto-mosaico, fazendo do herói dessa supersaga aquilo que Cavalcanti Proença, com apoio na zoologia, denominou um *hipodigma*: tipo imaginário no qual estão contidos todos os caracteres encontrados nos indivíduos da espécie até então conhecidos. Mário soube tirar o melhor partido romanesco daquela "lei da transferibilidade" que Propp, no mesmo ano de 1928, havia conseguido postular (sem que o folclorista de Leningrado e o poeta-rapsodo da *Pauliceia Desvairada* jamais tivessem tido qualquer contato ou mesmo a menor notícia um do outro).

Uma Grande Fábula de Busca

Aplicando ao *Macunaíma* as técnicas de análise estrutural preconizadas por Propp, ficamos aptos a reconhecer o "fio da meada" entre as partes "disparatadas" que João Ribeiro se confessa incapaz de discernir, a congruência que o velho filólogo não conseguia lobrigar e cuja presumida ausência levou-o a ver no livro um conglomerado de "fragmentos desconexos", reunidos ao acaso por um comentador "reduzido à inépcia de qualquer coordenação". O livro, uma grande fábula de busca, se constitui de dois "movimentos"[3]. O primeiro, como na protofábula de Propp, começa por uma "situação inicial" (momento de equilíbrio paradisíaco: o silêncio à beira do Uraricoera). Na "situação inicial" são apresentados os membros da família: a mãe tapanhumas, o herói, os manos Maanape e Jiguê (além de Macunaíma, Mário aproveita apenas dois dos irmãos da lenda taulipang).

Em seguida, há uma "parte preparatória", constituída por um conjunto de "proibições"/"infrações": 1. Macunaíma flecha uma veada parida e, metaforicamente, mata a velha mãe; como consequência, afasta-se da "querência" natal, com os manos. 2. Em suas andanças o herói topa com Ci, rainha das Icamiabas; viola-a, infringindo o "tabu" do celibato das Amazonas, tribo de índias guerreiras. Ci funciona também como "doadora hostil" de objeto "mágico". Dominada pelo herói (que se socorre dos manos para vencer a luta amorosa), Ci faz de Macunaíma o Imperador do Mato-Virgem e dá-lhe um filho, um menino encarnado (na tribo das mulheres solteiras, só as meninas podem sobreviver). Como resultado dessa dupla violação de "tabu", o menino e Ci acabam morrendo. A amazona, antes de "subir pro céu", dá ao companheiro um *objeto de virtudes mágicas*, a "*muiraquitã*" (pedra verde em forma de sáurio), talismã portador de felicidade terrestre. A "muiraquitã" é posteriormente roubada por um regatão peruano, Venceslau Pietro

---

3. O fato de eu ter proclamado, já em 1973, que o *Macunaíma* consistia numa "grande fábula de busca" de um "objeto de virtudes mágicas, a *muiraquitã*" (ver, também, no mesmo sentido, a *Morfologia*, p. 297, nº 18 e p. 124, onde há remissão aos "romances de cavalaria" que, segundo Propp, remontariam, na origem, ao esquema fabular de base); esse fato mostra que sequer era original, no seu embrião, a conjetura gildiana, exposta em 1979, de que o *Macunaíma* corresponderia "a um dos arquétipos mais difundidos da literatura popular universal: a busca do objeto miraculoso" e, mais especificamente, "em larga medida à paródia desse esquema". Vejam-se, quanto a este ponto, na *Morfologia*, as minhas considerações sobre a paródia rabelaisiana do cânon fabular, prototípico dos racontos de busca (p. 9-11, nº 1; 61-62; 90-91, notas 15 e 16; 131, 171, 218, nº 1). Leyla Perrone-Moisés, aliás, assinalou a incompreensão gildiana quanto ao sentido técnico-operacional do termo *estrutura* na *Morfologia*; de fato, parece-me, a autora de *O Tupi e O Alaúde* não demonstra grande familiaridade com a bibliografia sobre "narratologia" ("semiologia da narrativa") e, por isso, não atina exatamente com o que seja "estrutura sintagmática", ou com a distinção entre "aspecto verbal" e "aspecto funcional" da análise. Meu propósito, quando me ative preferencialmente a este último, estava em apresentar uma refutação cabal e

Pietra, que, de posse da pedra mágica, se estabelece, enriquecido, em São Paulo, "a cidade macota lambida pelo igarapé Tietê". É a "função de dano", nó do entrecho tabular, segundo o esquema de Prop. A polifábula se desenvolve então com o deslocamento dos manos, liderados pelo herói, ao longo do Araguaia, até São Paulo, em busca do talismã roubado. Segue-se toda uma série de confrontos, atuais ou virtuais (a cena da macumba, por exemplo), entre Macunaíma e seu antagonista, Venceslau Pietro Pietra, que não é outro senão o gigante Piaimã, o "grande feiticeiro", bruxo comedor de gente das lendas indígenas do Roraima, que Mário transforma em abastado especulador ítalo-paulista. Finalmente, Macunaíma tem um embate definitivo com o gigante, e consegue vencê-lo mediante astúcia (recurso codificado no repertório das fábulas humorísticas, segundo Propp). Precipita-o do alto de um cipó, que balançava sobre uma tachada de macarrão fervendo. O gigante Piaimã cai na macarronada fumegante e é devorado pela própria esposa canibal, a velha Ceiuci. As últimas palavras do ogre em sua encarnação italianizada são, como num repasto dominical em casa de novo-rico paulista: "Falta queijo!" Recuperada a muiraquitã, Macunaíma e os manos retornam à "querência" amazônica (a função proppiana do "retorno"). Termina assim o primeiro "movimento" do livro. Para que a narrativa tenha prosseguimento, sempre segundo Propp, é mister que se repita o dano, com a exploração dos antagonismos deixados em suspenso na primeira parte. Dentro da lógica do desenvolvimento fabular, Mário recorre a Jiguê, o irmão valente mas "muito bobo", que disputa com Macunaíma o primado fraterno mas é superado em todas as ocasiões pelas manhas do herói caçula. Cansado de se ver preterido por Macunaíma, que lhe rouba as cunhas e se recusa a providenciar comida, Jiguê tenta vingar-se, mas termina, uma vez mais, batido pela astúcia do mano mais moço. Jiguê vira uma sombra leprosa e se transforma afinal na segunda cabeça, eternamente faminta, do Pai do Urubu. Resta ainda a explorar um outro antagonismo não resolvido no

documentada à tese do "malogro" da polifábula andradina, por falta de conexão lógica, de congruência (João Ribeiro e Wilson Martins, por exemplo). Essa minha refutação pareceu tão cabal a Nogueira Moutinho, que o levou a escrever: "Se a crítica indígena desconhecer ou enganar-se a respeito da importância desse estudo, estará implicitamente declarando a sua própria falência".

primeiro "movimento". Trata-se de Vei, a deusa sol, que dá sua proteção a Macunaíma, a certa altura do relato, mas recebe em troca a ingratidão do herói. Este, em lugar de aceitar uma das três filhas de Vei por esposa, prefere namorar uma portuguesa, uma varina, recusando assim uma aliança solar (tropical) para entregar-se a amores europeus. Vei, no último lance da saga andradina, vinga-se do herói, espicaçando-lhe a sensualidade com lambadas de calor e jogando-o nos braços traiçoeiros de uma Uiara, no fundo de um lagoão[4]. Macunaíma atira-se nas águas em busca da moça tentadora (que tem traços de Ci) e é atacado e mutilado pelas piranhas. O herói perde uma perna e a "muiraquitã" esta engolida pelo monstro-jacaré Ururau, "que não morre com timbó nem pau". Com a segunda perda da "muiraquitã", desta feita sem reparação possível, fecha-se o ciclo da narrativa. Da ação fabular, o livro se transfere agora para um outro nível: o da sublimação alegórica. Privado do seu talismã existencial, o herói desconsolado resolve "subir pro céu" e se transformar em estrela. Vira a constelação da Ursa Maior. "E banza solitário no vasto campo do céu." O herói perneta, à busca do seu perfil étnico e do seu caráter

---

4. Esta passagem é suficiente para evidenciar o relevo que dou ao episódio de Vei, a Sol, na construção do *Macunaíma*. Reconheço-lhe o papel de agenciar o desenvolvimento da narrativa de busca, no final do seu segundo movimento até o desenlace, ou seja, a segunda perda da *muiraquitã*, que, sem reparação possível, desemboca em sublimação alegórica, fazendo com que o *herói desconsolado* ascenda ao céu, transformado em "estrela" (ver *Morfologia*, p. 234-251 e 263-266). Totalmente descabida, portanto, a alegação de que negligenciei o episódio, por mim valorizado e interpretado, como redargue Leyla, com base "em numerosas citações de Mário de Andrade" e de conformidade com um paradigma "relativizado", "ambiguizado", e não de acordo com a simplória ideia de uma "tese central" (opinião surpreendente de Gilda, que faz assim, sem mesmo se dar conta, a leitura "unívoca", empobrecida, de um livro reconhecidamente plúrimo, cambiante, semanticamente aberto). Também ao salientar o aspecto *desconsolado* do herói (e o final irresolvido e interrogante do livro, *Morfologia*, p. 266) desautorizo a interpretação segundo a qual minha exegese do livro seria "triunfalista" (ou no sentido do "herói positivo" como escreve o fiel Merquior, endossando com prontidão, gostosamente, a restrição de Gilda). Todo o meu argumento aponta em direção diversa e mais complexa, que não pode ser arbitrariamente treslida, por simples voluntarismo animadverso. Conferir o "Post-Scriptum à *Morfologia*" (p. 263 a 266) e, à p. 292, a referência ao caráter "deceptivo" da gesta andradina; veja-se ainda o teor expresso da nota 4 da p. 252 e da nota 4 da p. 294.

nacional (simbolizado na "muiraquitã"), é agora uma interrogação estelar. E como a confirmar o vaticínio radical de Mallarmé: "Tudo existe no mundo para terminar num livro", a busca de Macunaíma, não consumada no plano fabular, redunda num texto, o próprio livro, "as frases e feitos do herói", que um papagaio remanescente conserva e transmite ao narrador, Mário de Andrade. E que este nos reconta, numa "fala impura", "fala mansa, muito nova, muito! que era canto e que era cachiri com mel de pau, que era boa e possuía a traição das frutas desconhecidas do mato". Uma das riquezas de *Macunaíma* é justamente essa "fala nova" ("impura" segundo os padrões castiços de Portugal), feita de um amálgama de todos os regionalismos, mescla dos modos de dizer dos mais diferentes rincões do país, com incrustações de indigenismos e africanismos, atravessada por ritmos repetitivos de poesia popular e desdobrada em efeitos de sátira pela paródia estilística[5]. Uma "língua desgeograficada", que corresponde

---

5. Enfatizei aqui, mais uma vez (como tantas outras na *Morfologia*), a riqueza da linguagem híbrida do *Macunaíma*, modulada "por ritmos repetitivos da poesia popular" e "desdobrada em efeitos de sátira pela paródia estilística". O aspecto da "paródia" (que eu já definira etimologicamente em 1967 como "canto paralelo", antecipando-me às leituras bakhtinianas-kristevianas em nosso meio, segundo refere Leyla Perrone-Moisés fazendo remissão a Emir Rodriguez Monegal, "Carnaval/Antropofagia/Paródia", *Revista Iberoamericana* nºs 108-109, University of Pittsburgh, jul.-dez. 1979) é um daqueles que permite aproximar Bakhtin de Propp, que só aparecem como opostos antagônicos na leitura superficial de observadores mal informados quanto ao chamado "formalismo" russo e tendências que lhe são coevas e com ele dialogam, como as representadas pelo "Círculo de Bakhtin". Nada obsta que o "cronotopo" da fábula de magia (conto maravilhoso) e o dos desenvolvimentos nele fundados (narrativas de "busca" e "demanda" em forma de "romance de cavalaria", como as do ciclo arturiano) respondam, no aspecto morfológico, ao esquema estrutural proppiano (isto não contradiz, mas confirma Bakhtin); nada obsta, por outro lado, que esse "cronotopo" seja transpassado e "deformado" humoristicamente pela sátira e pela paródia (ver *Morfologia*, p. 61-62). Essa possível conciliação entre os métodos (sem embargo dos diferentes propósitos de análise) de Propp (enfoque a dominante sintagmática) e de Bakhtin (enfoque a dominante paradigmática) foi por mim apontada em *Deus e o Diabo no Fausto de Goethe*, São Paulo, Perspectiva, 1981, p. 164-165, nº 73, e p. 106, nº 27; nesta última nota ressalto que Propp foi também um estudioso do "riso" no folclore. Outros subsídios podem ser trazidos à colação: Augusto Ponzi, *Michail Bakhtin (Alle Origini Della Semiotica Sovietica)*, Bari, Dadalo, 1980 ("Festa, carnevalesco e letteratura: Bachtin e Propp"); Irene A. Machado, *Analogia do Dissimilar*, São Paulo, Perspectiva, 1989; o prefácio de Boris

isomorficamente, no plano da invenção verbal, ao sincretismo, à aglutinação de fábulas diversas, no plano estrutural, antes examinado. O melhor estudioso dessa língua andradina é Cavalcanti Proença, no seu livro-chave, *Roteiro de Macunaíma*, já mencionado.

Um Herói Latino-americano

Um dos traços de atualidade de *Macunaíma* é a amplitude latino-americana que Mário dá a seu herói. Já em Koch-Grünberg, o herói tribal é tanto brasileiro como venezuelano, e seu antagonista (um antagonista ambíguo, que partilha muitos gostos

Schnaiderman à edição brasileira de *Morfologia do Conto Maravilhoso* de Vladimir I. Propp, Rio de Janeiro, Forense-Universitária, 1984, prefácio que se refere exemplificativamente ao caso do *Macunaíma* e às restrições gildianas, para concordar com a maneira livre como eu apliquei Propp à rapsódia andradina, tratando-a como, simultaneamente, fato de *langue* e fato de *parole*, o que, segundo Boris, estava em consonância com outros estudos do mesmo Propp, inéditos em livro, nos quais eram sublinhadas a "ligação íntima" entre folclore e literatura, bem como a face de "criação poética" do fenômeno folclórico. Além disso, na própria *Morfologia* (p. 90-91, nº 15), eu já havia sugerido a aplicabilidade de uma análise de tipo bakhtiniano à literatura carnavalizada, em especial ao "romance malandro", linha discernida por Antonio Candido, a partir das *Memórias de um Sargento de Milícias*, com raízes na tradição folclórica e atmosfera cômico-popularesca, e a culminar no *Serafim* de Oswald e no *Macunaíma* de Mário. No prefácio de Krystina Pomorska à tradução para o inglês do livro de Bakhtin (*Rabelais and His World*, Cambridge, The M.I.T. Press, 1968, edição que recebi da prefaciadora, e que antecipa de dois anos a francesa, de 1970, utilizada no opúsculo gildiano), fica expressamente acentuado o aproveitamento, por Bakhtin, das "categorias elaboradas pela escola Formalista". Finalmente, em *A Poética do Mito* (1976), livro publicado em 1987 em tradução brasileira (Rio de Janeiro, Forense-Universitária), E.M. Mielietinski, um dos principais semioticistas russos de linha proppiana, além de patentear as conexões entre o método "sincrônico-diacrônico" de Propp, por um lado, e o "sincrônico, sem perda da perspectiva histórica" de Bakhtin, por outro, reafirma a importância da análise proppiana no caso das narrativas de "busca", acentuando: "a base mitológico-fabular do romance sobre os cavaleiros da Távola Redonda é indiscutível". Mielietinski, que, infelizmente, desconhece o *Macunaíma* (1928), afirma algo de nosso particular interesse: "Nos anos 1950-1960, a poética da mitologização penetra nas literaturas do 'terceiro mundo': nas latino-americanas e em algumas afro-asiáticas". E assinala: "Nos romances latino-americanos e afro-asiáticos as tradições folclóricas arcaicas e a consciência folclórico-mitológica podem coexistir, ao menos em forma de resquício, com o intelectualismo modernista de tipo puramente europeu" (ver, a propósito, meu *Morfologia*, p. 66, 74,295, nº 6, e 297, nº 18).

e defeitos com o próprio herói) é apresentado pelo escritor como um "regatão peruano", travestido em ricaço ítalo-paulista.

"Essa circunstância do herói do livro não ser absolutamente brasileiro me agrada como o que", – confessa Mário no segundo prefácio inédito. A certa altura, quase no fim do livro, o herói dá uma chegadinha até a ilha de Marapatá, na boca do rio Negro, para apanhar a consciência que deixara escondida antes de empreender a luta com o gigante Piaimã. Não a encontra. "Então o herói pegou na consciência dum hispano-americano, botou na cabeça e se deu bem da mesma forma." A busca macunaímica por um caráter nacional e uma definição espiritual e civilizatória confunde-se, assim, com a dos próprios países da Latino-América. Lembremo-nos aqui do *Guesa*, de Sousândrade (o profético poeta maranhense do século passado), símbolo continental do índio, extraído de uma legenda colombiana, e oposto ao colonizador branco. Mas poderíamos pensar também no mexicano, "ser de ruptura", dilacerado entre afirmações e negações, paradoxal, admiravelmente estudado por Octavio Paz em *Os Filhos de Malinche*[6].

O "Romance Malandro"

Analisando nosso passado literário, o crítico Antonio Candido, num ensaio de 1970, "Dialética da Malandragem", conseguiu identificar uma tradição novelística de base popularesca e dessacralizadora, que denominou "o romance malandro". Sua primeira grande manifestação estaria nas *Memórias de um Sargento de Milícias*, de Manoel Antônio de Almeida. Esse "malandro" – prossegue o crítico – "seria levado à categoria de símbolo por Mário de Andrade em *Macunaíma*". A mesma tradição opera em outra das expressões máximas do nosso Modernismo, o *Serafim Ponte Grande*, de Oswald de Andrade. Relativizando as oposições "ordem"

6. Minha referência aos estudos sobre a "mexicanidade" do grande poeta e ensaísta Octavio Paz (ver também *Morfologia*, p. 255, nº 14) mostra que Mário "idealizava" o tema, quando imagina o México como uma civilização "plenamente caracterizada na aceitação de suas origens" (cf. *Morfologia*, p. 75-78 e 238).

181

e "desordem", através da função desmistificadora e desabusada da sátira, o herói-malandro "foge às esferas sancionadas da norma burguesa", desaguando na irreverência, por vezes brutal, mas sempre liberadora, da comicidade popularesca. É um herói anti-herói, questionante e contraditório. Macunaíma o emblematiza à maravilha, metamorfoseado no ponto de interrogação errante de sua constelação perneta. Um herói antinormativo que aponta para um mundo futuro, eventualmente mais aberto, se me é lícito concluir – parafraseando o crítico – com esse apelo ao *Princípio-Esperança*.

14. INTRODUÇÃO A ESCRITURA DE CLARICE LISPECTOR*

A Escritura de Clarice Lispector, de Olga de Sá, é um livro que nos oferece, antes de mais nada, a experiência de um denso e entranhado convívio com o mundo da autora de *Perto do Coração Selvagem*, um convívio que se singulariza pela perseverança metódica e pela intensidade reflexiva.

Exemplo dessa perseverança metódica (uma forma de serenidade), que se inspira no amor aos fatos sem temor às fadigas e decepções do laborioso rastreio diacrônico, é o acurado capítulo inicial, em que a Autora reconstitui os trâmites da fortuna crítica que acompanhou a eclosão e o desenvolvimento da obra clariceana. Não para o mero registro passivo das pegadas documentárias, sob a reserva apaziguada da neutralidade; mas para um trabalho efetivamente dialógico em

---

* Texto datado de setembro de 1978, publicado originalmente como prefácio ao livro *A Escritura de Clarice Lispector* de Olga de Sá. Petrópolis, Vozes, 1979.

183

relação a estas etapas de recepção, algumas delas fundantes (como, desde logo, o ensaio de 1944 de Antonio Candido, à altura – "no raiar de Clarice Lispector" – verdadeiro manifesto por uma literatura de "exploração vocabular", de "aventura da expressão", capaz de "estender o domínio da palavra sobre regiões mais complexas e mais inexprimíveis", uma literatura que preferisse "o risco da aposta à comodidade do ramerrão"); para o situar-se dialético, portanto, ativo e reperguntante, com respeito a essas leituras prévias, marcadas da inflexão viva do momento em que foram feitas, e agora, de certo modo, historicizadas, sedimentadas, convertidas em espessura diacrônica, não homogênea, mas constituída de distâncias de compreensão diversas, como o céu estrelado na metáfora da teoria da recepção estética de Jauss, estudioso a cujo influxo, aliás, a Autora deve algo dessa sua tentativa de reavaliar, no lido, o latejar do temporicamente vivido e experienciado. O resultado, tanto quanto posso dizer, é o quadro mais completo, já entre nós levantado, dos estádios por que passou, desde os inícios da década de 40, o percurso de Clarice Lispector, tal qual ficou registrado, como num oscilograma de perplexidade e reconhecimento, junto a seus leitores potencialmente mais privilegiados – os críticos, cujos horizontes de expectativa e captação sensível, à medida que a obra clariceana perante eles se perfila e se desdobra como proposta questionante, mostram-se também, *pari passu*, mensurados e/ou redimensionados por ela. Trata-se, por conseguinte, de uma "crítica da fortuna crítica" (para traduzir numa fórmula expressiva o procedimento da Autora), que caminha por inventário e desconstrução do lido, no propósito de melhor identificar – reconstruir – as questões nodais que serão, mais adiante, objeto de abordagem detida, de reponderação meticulosa.

Dessas questões (que envolvem problemas como o tratamento do tempo, a rarefação do *epos* e a espectralização das personagens), uma das que mais insistentemente se têm imposto como traço definidor para a compreensão do modo escritural clariceano é a da *epifania*. Olga de Sá procura reconstituir o surdimento desse conceito-chave na crítica da obra de Clarice, desde a sua evocação ainda rudimentar e tentativa em Sérgio Milliet, em meados dos anos 50 ("a revelação

184

informe de uma coisa essencial que de repente se fixa"), passando pelo vislumbre do livro "estrelado" (feito de "momentos que brilham lado a lado sem articulação cerrada") no importante artigo de 1959 de Roberto Schwarz – metáfora metalinguística que recorre, significativamente, porém em nível menos rigoroso, de registro impressionista por assim dizer, em João Gaspar Simões (1961), quando este fala, a propósito do mesmo *Perto do Coração Selvagem*, em "livro fosforescente, espécie de fogo-fátuo" –, até as elaborações e formulações da crítica dos anos 70, em que o termo *epifania* já aparece nomeado e explícito, com a correlata remissão à estética joyceana, na qual o conceito encontra, como se sabe, o seu rebatismo e prestígio modernos.

Mas a Autora não se contenta com o desencasular e configurar, mais e mais nítido e pertinente, dessa questão cardeal ao longo do gradativo trabalho crítico dos exegetas do escrever clariceano, nem tampouco se limita à comparação, a traços largos e fugidios, com a obra do jovem Joyce, a impor-se, por sinal, a partir da epígrafe e do título do próprio livro inaugural de Clarice. Servida por sua formação teológica e por seus conhecimentos da filosofia tomista, bem como apoiada em estudiosos contemporâneos tanto da estética do Aquinate como de suas projeções no pensamento joyceano (refiro-me a Umberto Eco e Jacques Aubert), pôde Olga de Sá oferecer-nos uma consistente e elucidadora investigação do procedimento da *epifania* em Clarice Lispector. Traçou-lhe os contornos e definiu-lhe a eficácia poética, sem perder de vista a matriz joyceana do processo, por um lado, porém mostrando-se capaz, por outro, de resistir à tentação generalizante e obnubiladora do paralelo, para fisgar o que há de propriamente específico e revelador nas modalidades epifânicas privilegiadas pela escrita clariceana: a "epifania-visão" e o seu anticorpo, aquelas "epifanias críticas e corrosivas", "anti-epifanias", como as caracteriza a Autora num contraste de opostos não excludentes, mas antes dialetizados pela irrupção do negativo no bojo mesmo, ou nos limites sensórios, da transfiguração epifânica.

Dessa incursão exploratória no "coração selvagem" da obra clariceana, guiada por bússola que se imanta no faiscar norteador da epifania, a ensaísta sai habilitada a outro lance essencial de seu projeto (já que não posso, nesta introdução, considerá-lo senão em alguns aspectos exemplificativos): o enfoque dos eixos do universo clariceano, como polos (plexos, "pulsões") de um escrever "metafórico-metafísico" que procura – são expressões de Olga de Sá – "no *fazer* da própria escritura recuperar o sensível do *qualissigno*, sempre em luta com a discursividade racional da linguagem..."

Remete-se, neste passo, a Autora a Charles Sanders Peirce, à sua teoria da *iconicidade* (entre nós pioneira e criativamente exposta e debatida por Décio Pignatari), para definir, em seus termos, a vocação analógica da escritura clariceana, uma escritura "que deve ser entendida com o corpo, pois com ele escreve", uma escritura que se encaminha "para o polo da sensibilidade e se coagula em super-ícones, reforçados por paronomasias, sinestesias, anagramas, aliterações".

Aqui me ocorreriam algumas considerações à margem, do ângulo do que se poderia chamar uma estilística semiótica. A literatura praticada por Clarice Lispector não é, propriamente, da índole do que caberia designar, *prima facie*, como uma "literatura do significante" (assim entendido o trabalho verbal em nível de primeiridade sígnica, de hipo-ícones primeiros, formas significantes suscitadas diretamente pela materialidade do *signans*, engendradas como que por facetas entre reverberantes de som e sentido, seja na concentração fônica do monema, seja na expansão prosódica do sintagma, tal como em Joyce ou em Guimarães Rosa). É antes uma "literatura do significado", mas levada à sua fronteira extrema, à tensão conflitual com um referente volátil, a figuras de indizibilidade, e mobilizando para tanto todo um sistema de equações metafóricas (*terceiridade*, hipo-ícones terceiros), instaurado a contrapelo do discurso lógico, mediante o qual são aproximadas ou contrastadas as regiões mais surpreendentes e imponderáveis do plano do conteúdo. Com seus traços simbolóides, a metáfora, peirceanamente falando, está próxima do vértice semiótico da arbitrariedade, da livre convenção, vale dizer, do *símbolo*: pode aproximar tudo de tudo; com seus resíduos miméticos, de primeiridade (cujo operador gramatical mínimo é a partícula comparativa *como*), ela pode impor ao arbitrário a aparência de necessidade, de similaridade, de solidariedade *icônica*. Clarice, congenialmente, no seu "escrever com o corpo", na sua resistência ao dizer e ao dito (aos ditames do *Logos* instituído), tira partido dessa natureza ambígua do metafórico, através de um uso particular e aliciante de símiles de impacto imediato, unidades semânticas devolvidas ao estado abrupto, "ressensibilizadas", apanhadas em conjunção estranhante, "desautomatizadora". É onde se põe, com toda a força, o seu trabalho epifânico. Veja-se, nesse sentido, página após página, *Perto do Coração Selvagem*, o primeiro e, para mim, persistentemente, o mais significativo e paradigmal de seus livros, dotado por outro lado de uma sucintez que o resguarda de todo risco de "verbiagem". Se a escritora não elabora essas densas cadeias semânticas no torno microestético (não lhe é peculiar a epifania de palavra, de tipo joyceano ou rosiano), nem por isso deixa de submetê-las por assim dizer blocalmente, topologicamente, a um empenho de ressonância no plano do *signans* (daí os efeitos fônicos, tácteis, sinestésicos, reparados por Olga de Sá e por outros críticos, efeitos que sublinham, como um jogo de revérberos ou uma expansão luminosa em parasselene, o trajeto da metáfora clariceana). Diante dessa continuada irrupção de símiles (estruturas elementares do processo metafórico, que giram na charneira adverbial do *como* e que permitem o rodízio vertiginoso das esferas mais evasivas do sensível, subitamente tornadas "pregnantes"), o discurso habitual recua com seu aparato lógico e o significado se excede como produção simbólica autonomizada, ele, agora, em si mesmo, feito um *signans* de 2º grau: significante material, global, super-signo desse movimento tropológico de dizer o indizível ensombrado no dizível (ou, como quer melhor e paradoxalmente Roland Barthes, numa frase muito bem lembrada por Olga de Sá, de "inexprimir o exprimível")[1].

---

1. Numa rara exposição teórica, "Literatura de Vanguarda no Brasil", *Movimientos Literarios de Vanguardia en Iberoamérica* (Memorial del Undécimo Congreso del Instituto Internacional de Literatura Iberoamericana, Universidad de Texas, Austin y San Antonio, 1963), México, 1965, Clarice Lispector nega-se a aceitar, senão para efeitos didáticos, a divisão

Detenho-me nesta elucubração em fioritura, pois a uma introdução compete, apenas, a comedida tarefa de umbral. Que esse traço liminar se rasure agora, pois preencheu sua função nada mais que indicadora: propor à leitura a rica e sugestiva meditação crítica de Olga de Sá sobre Clarice Lispector, travada por uma empatia que se colore – em pessoas talvez tão aparentemente antagônicas quanto à visão confessional do *telos* do ser no mundo – de uma surpreendente "afinidade eletiva". Afinidade que permite a Olga de Sá vislumbrar no ovo-enigma de "O Ovo da Galinha" (talvez o texto mais intrigante de toda a produção clariceana) um "ícone ímpar", "ironia e maiêutica" dessa "indecifrada escritura": emblema por excelência, – acrescento –, no seu tautológico resplendor de escultura brancusiana, de uma escritora que interiorizou o escrever como destino absoluto.

---

forma e fundo: "Sem nunca estudar o assunto eu repelia quase de instinto esse modo de, por se ter cortado verticalmente um fio de cabelo, passar por isso a julgar que o fio de cabelo compõe-se de duas metades. Ora, um fio de cabelo não tem metades". E, em outro trecho, a romancista como que sintetiza, num virtual aforismo, seu modo icônico de escrever: "Numa linguagem real, numa linguagem que é fundo-forma, a palavra é na verdade um ideograma".

15. MÁRIO FAUSTINO OU
A IMPACIÊNCIA ÓRFICA*
(Depoimento de um Companheiro de Geração)

Cerca de dez anos após a "aeromorte" de Mário Faustino, prestei um depoimento a Mônica Rector e Roberto Pontual sobre o nosso encontro – encontro de poetas: Mário e o grupo "Noigandres" de São Paulo – no momento marcante do lançamento nacional da "poesia concreta" e da militância de Mário (e através dele, nossa) no Suplemento Cultural do *Jornal do Brasil*, em meados dos anos 1950. Disse então:

Mário Faustino, em todo o período em que participamos do Suplemento, teve uma atuação ímpar. Crítico de formação poundiana, seus trabalhos caracterizavam-se pelo agudo discernimento criativo e pela dinâmica instigação de ideias. Faustino fez o mais ágil e

* Publicado originalmente nos *Cadernos de Teresina*, ano 1, nº 1, abril de 1987. Trata-se do texto de conferência pronunciada na "Semana Mário Faustino", patrocinada pela Fundação Monsenhor Chaves, Teresina, Piauí, novembro de 1986.

inteligente jornalismo literário que jamais vi entre nós. Como poeta, aberto ao novo, dotado de um manuseio dúctil e sutil das técnicas do poema em verso, capaz do fragmento e da ruptura, mostrou-se sempre generosamente sensível aos experimentos mais radicais da poesia concreta, embora, na sua produção pessoal, conservasse ainda certos elos com a tradição discursiva. É uma grande e inesquecível figura de intelectual e de homem, que não se pode deixar de evocar quando se fala nos anos de atividade do Suplemento do *Jornal do Brasil* de quem ele foi um dos principais animadores e o mais constante traço de união entre a equipe do Suplemento e nós outros, de "Noigandres"[1].

Hoje, passados mais de dez anos desse depoimento (1973) e mais de vinte desde a morte de Mário, repetiria, nuclearmente, o mesmo testemunho quanto à grandeza do escritor e à generosidade do amigo, mas já posso distanciar-me o suficiente para emitir sobre Mário uma opinião mais circunstanciada.

Diferentemente de meu irmão, Augusto de Campos (que foi, aliás, entre nós, o primeiro a estabelecer contato pessoal com Mário, no Rio de Janeiro, numa reunião na casa de Mário Pedrosa, da qual nasceu o reconhecimento recíproco de "afinidades eletivas" e o convite para a colaboração no Suplemento em organização do *Jornal do Brasil*), diferentemente do Augusto, jamais escrevi um artigo sobre Mário. Ao inesquecível amigo e poeta dediquei, sim, um poema "IN MEMORIAM", escrito ainda sob o impacto do desastre aéreo que o tirou brusca e inexplicavelmente de nosso convívio, poema hoje recolhido em meu livro A *Educação dos Cinco Sentidos* (Brasiliense, 1985). Esse poema, datado de 28 de novembro de 1962, foi estampado pela primeira vez, se bem me recordo, na mesma edição do *Correio da Manhã* do Rio de Janeiro, de 15.1.1967, que publicou a versão inicial (ainda com o título "Mário Faustino e o Nó Mallarmaico") do estudo de Augusto, "Mário Faustino, o Ultimo *Verse Maker*", posteriormente incluído em seu livro *Poesia. Antipoesia. Antropofagia* (Cortez & Moraes, 1978).

---

1. A expressão "aeromorte" recorda o poema "A Mário Faustino, Aeromorto", de Augusto de Campos, publicado no nº 3, junho de 1963, de *Invenção*; meu depoimento de 1973 está reproduzido em Ivo Barbieri, *Oficina da Palavra*, Rio de Janeiro, Achiamé, 1979.

Mário Faustino e o Grupo "Noigandres"

As relações de Mário Faustino (e de sua poesia) com o movimento de poesia concreta (e em especial com o grupo "Noigandres") têm sido enfocadas, quase necessariamente, do ponto de vista da coincidência e copresença no tempo da atividade poética faustiniana (*O Homem e sua Hora*, único livro editado em vida do poeta, é de 1955) e do momento de eclosão pública (1956) da poesia concreta (aliás, já anunciada desde 1953 com a série cromo-ideogramática do weberniano "poetamenos" de Augusto de Campos, estampada em *Noigandres* 2, fevereiro de 1955). Ora, esse movimento poético, perseguindo o seu programa de ultimação do projeto mallarmeano de "sintaxe espacial" (*Un Coup de Dés*) e poundiano (linguagem ideogrâmica como corretivo da linguagem lógico-discursiva), tendeu a chegar ao "mínimo múltiplo comum" da linguagem (ao que, na terminologia da vanguarda plástica e musical, ficaria posteriormente conhecido como *minimal art*). Evoluiu rapidamente de uma "fase orgânica" (mais complexa e mesmo labiríntica, em termos de "desconstrução" do verso e de multiplicidade de percursos de leitura, fase que vai de 1953 a 1956) para uma outra mais despojada, concentrada, construtivista, altamente sintética, a "fase geométrica" ou da "matemática da composição" (a fase representada no nº 4, de 1958, de *Noigandres*, que compreende poemas escritos entre 1956 e 1957). Pois bem: os poemas monadológicos (para usar a expressão benjaminiana, com as implicações que suscita), poemas-limite, escritos nessa "fase geométrica", poemas onde o Oriente sintético-ideogrâmico se encontrava, nos extremos do possível, com uma linguagem ocidental, fonética, digital, analítico-discursiva, forçando-a a converter-se no seu oposto (e assim a reconciliar-se com o *eidos* não-discursivo da poesia, mesmo daquela produzida na tradição do Ocidente)[2],

---

2. Veja-se, por exemplo, na *Teoria da Poesia Concreta* (São Paulo, Brasiliense, 1987, 3ª ed.) o estudo de A. de Campos, "A Moeda Concreta da Fala" (1957), focalizando, com apoio em Susanne Langer, a contradição entre a natureza não-discursiva da poesia e o caráter discursivo da linguagem de uso literal. O problema foi desenvolvido e elaborado por mim em "Ideograma, Anagrama, Diagrama/Uma Leitura de Fenollosa", introdução a

foram esses poemas que ficaram como *paradigmas* da atividade poética dos poetas concretos no período (e mesmo, persistentemente, nos debates da crítica, nas escolhas de antologia, na representação para efeitos de recepção do que se entendia e se entende pelo designativo "poesia concreta"). E não era para menos. Poemas que representavam uma experiência de limites, que levaram rente ao ponto "zerológico" do silêncio ("zero ao zênit" como me expressei fenomenologicamente à época) a possibilidade mesma de fazer poesia (como em pintura o quadrado branco inscrito no marco branco do quadro, de Maliévitch) e que, por outro lado, tendiam ao anonimato, ao livro coletivo (o *Noigandres* 4 é a *maquette* desse livro) e à comunicação instantâneo-simultânea, foram esses poemas que mais violentaram a expectativa do leitor brasileiro de poesia (condicionado pela retórica floral e restauradora da Geração de 45) e do usuário da língua (incapaz de desapegar-se da clausura normativa, lógico-discursiva – "logocêntrica" diria posteriormente Derrida – de seu idioma fonético, em nosso caso o português)[3]. Os poemas pré-concretos (os poemas da "fase em verso", escritos nos últimos anos da década de 40 e publicados em meu *Auto do Possesso*, 1950; em *O Carrossel*, de D. Pignatari, 1950, e em *O Rei menos o Reino*, 1951, de A. de Campos, bem como aqueles constantes do n⁰ 1, 1952, de *Noigandres*)[4]; os para-concretos ou já concretos da fase "orgânica" (incluídos nos n⁰s 2, de 1955, e 3, de 1956, também de *Noigandres*) foram como que obliterados, "postos entre parênteses". Sequer se imaginou que os poetas concretos poderiam ter

Ideograma (*Lógica. Poesia. Linguagem*), São Paulo, Cultrix, 1977 (2ª ed., 1986).

3. J. Derrida, em *De la Grammatologie*, 1967, reconhece a contribuição pioneira do ensaio de Fenollosa sobre o ideograma para o "arrombamento" da "clausura da *episteme*" ocidental (referindo-se, ainda, no mesmo contexto, à "poética irredutivelmente gráfica" de Ezra Pound, que, juntamente com a de Mallarmé, constituía "a primeira grande ruptura da mais profunda tradição ocidental"). Cf. *Gramatologia*, trad. de Miriam Schnaiderman e Renato Janini Ribeiro, Perspectiva, 1973.

4. Sobre o dissídio que essa poesia de estreia representava em relação à "Geração de 45", ver a série de três artigos ("A Difícil Alvorada", "Rito de Outono" e "Ritmo e Compasso") publicada por Sérgio Buarque de Holanda entre 27.5 a 12.6.1951 no *Diário Carioca* e na *Folha da Manhã* de São Paulo.

(como o próprio Mário Faustino), poemas inéditos, não recolhidos em livros, anteriores àquele momento "geométrico" privilegiado para termo de comparação (e esses poemas existiam: alguns vieram à luz na *Antologia Noigandres* nº 5, 1962, subtitulada "do verso à poesia concreta"; outros só foram veiculados muito posteriormente nas antologias pessoais da tríade concreta: no meu *Xadrez de Estrelas*, percurso textual 1949-1974, publicado em 1976; no *Poesia pois é Poesia*, 1950-1975, de Décio Pignatari, que é de 1977; e no *Poesia 1949-1979* (*VIVA VAIA*), de A. de Campos, 1979; outros ainda – no meu caso pelo menos – ficaram no limbo dos rascunhos e dos textos inconclusos...). Também não houve preocupação de se levar em conta, já que isto complicava os termos da comparação, os desdobramentos do movimento a partir de 1958, que se caracterizaram por um progressivo descompromisso com aquela "fase geométrica" axial (a "fase áurea" ou "heroica" da poesia concreta, como entre nós costumávamos dizer) e com algumas estriuras mais programáticas do que operacionais do *Plano Piloto* (síntese das teses do movimento, divulgada com o *Noigandres* 4, de 1958). Ainda em vida de Mário Faustino, no II Congresso Brasileiro de Crítica e História Literária, que teve lugar em Assis, Estado de São Paulo, D. Pignatari relatou o tema "Situação Atual da Poesia no Brasil", anunciando o "pulo da onça": o "pulo conteudístico-semântico-participante" da "poesia concreta". Do primeiro trimestre de 1962 é o nº 1 da revista *Invenção*, com a tese-relatório de Pignatari, e do mesmo ano sua "Esteia Cubana", publicada com estardalhaço em página inteira do conspícuo, mas liberal, Suplemento Literário de *O Estado de S. Paulo* (07.07.1962). Em 1962 publiquei também o meu "poema livro" *Servidão de Passagem* (escrito entre junho-julho 1961). É do segundo trimestre de 1962 o número "vermelho", participante, de *Invenção*, com a "Esteia Cubana" de Décio, fragmentos do *Servidão* e o agressivo "Cubagrama", espécie de poema-de-agitação, *agit-prop* concreto-maiakovskiano do Augusto (por sinal, minha primeira tradução de Maiakovski, diretamente do russo, a do poema dedicado ao suicídio de Iessiênin, foi estampada no número duplo, 23-24, julho-dezembro de 1961, da *Revista do Livro*...). A revisão do "poema longo" sousandradino, "Montagem: Sousândrade" (estudo crítico e seleção de textos) também remonta a esse período: desenvolveu-se por seis edições da página "Invenção" do *Correio Paulistano*, de 18.12.1960 a 26.02.1961.

Não creio que a "poesia concreta", enquanto atividade poética em progresso, tenha sido recebida nesses mesmos termos e dentro desse mesmo esquema redutor pela inteligência aguda e alerta de Mário Faustino, um poeta profundamente atento ao *antes* e ao *depois* da poesia de seu momento. Muito pelo contrário. Quando se lê o ensaio "Concretismo e Poesia Brasileira" (aliás, "A Poesia 'Concreta' e o Momento Poético Brasileiro"), incluído em *Cinco Ensaios sobre Poesia* (Edições GRD, 1964), reproduzido em *Poesia-Experiência* (Perspectiva, 1977), fica evidente o motivo pelo qual o exigente poeta-crítico Mário Faustino considerava os promotores do movimento (o grupo "Noigandres" de São Paulo por um lado e Ferreira Gullar por outro) como "antes do concretismo, os melhores poetas brasileiros aparecidos depois do sr. João Cabral de Melo Neto" (sou obrigado a referir esse fato, à parte o que me toca, para poder expor o meu argumento e ficar fiel ao de Mário). O motivo fora explicitado parágrafos antes, a propósito do grupo paulista, mas o raciocínio aplicava-se, *mutatis mutandis*, a Ferreira Gullar: "Nos domínios do verso chegam todos três, rapidamente, ao nível do melhor que já se fizera antes deles no Brasil, frequentemente, no detalhe, ultrapassando esse nível. Saem dos domínios do verso e tentam novos caminhos poéticos". Quem se dispuser a ir mais adiante e pesquisar o texto de Mário na sua fonte, a 5ª página do 2º Caderno do Suplemento Dominical do *Jornal do Brasil* de 10.02.1957, que coincidia com a apresentação da "Exposição Nacional de Arte Concreta" no saguão do MEC-RJ, terá mais uma confirmação dessa acurada atenção de Mário Faustino para com a "fase verso" dos poetas concretos (que coexiste com o seu também proclamado desinteresse pessoal por uma integração no movimento concretista, apesar da defesa que faz do direito que reconhecia aos participantes da mostra – "e quiçá mesmo o dever, de serem extremistas, combativos, proselitistas, exclusivistas etc.") – É que, acompanhando essa página, a contígua, de nº 4, com o título "Os Poetas 'Concretos' antes da 'Poesia

Concreta'", trazia uma "Pequena Antologia de Poemas Pré-
-concretos de D. Pignatari, H. de Campos, A. de Campos e F.
Gullar, Selecionada por Mário Faustino". Adepto do método
de "amostragem ideogrâmica" preconizado por Ezra Pound,
é fora de dúvida que Faustino considerasse parte integrante
do seu polêmico estudo sobre o "momento poético brasileiro"
esse exemplário, no qual se ancoravam as premissas de sua
desassombrada defesa do movimento que então se lançava
(por isso mesmo, será desejável que, numa próxima reedição
desse ensaio, o complemento antológico-demonstrativo seja
reproduzido em anexo ao texto crítico). Da seleção constam,
com as respectivas datas: "Bateau pas ivre" (março de 1951) e
"Move-se a Brisa ao Sol Final" (fevereiro de 1952) de Pignatari;
trecho de "O Sol por Natural" (agosto de 1951) e trecho de "Ad
Augustum per Angusta" (junho de 1952), de Augusto; os meus
"Soneto de Bodas" (1949) e extrato de "Thálassa Thálassa"
(agosto de 1957); "A Sentinela" (trecho, dezembro de 1952) e o
soneto "Neste Leito de Ausência" (1950), de Gullar[5].

Quando Faustino escreve, no "Relatório e Tomada de
Posição" que abre o balanço de um ano da página "Poesia-
-Experiência" (sl/B, 06.10.1957):

...acho e declaro que a experiência concretista, em sua própria direção, vai bem mais longe, e mais segura, que a minha. [...] Repito: o
principal que nos separa somos nós mesmos, nossos seres, nossas
condições. Repito: nossa formação muito nos aproxima. Hoje toma-
mos direções diferentes, a deles bem mais definida, a minha bem
menos precisa, amanhã essas direções poderão encontrar-se,

revela um senso agudo da situação, das convergências e divergências que nos uniam e separavam, não num movimento
brusco e definitivo, mas num plexo sutil de atrações e repul-
sões, de gradações táticas nas preferências e nas ênfases.

---

5. Benedito Nunes, na "Introdução" à edição Perspectiva de *Poesia-Experiência*, por ele organizada, justifica a não reprodução das características
da página de jornal no livro pela impossibilidade de uma edição fac-simi-
lada. No caso por mim indicado, parece-me que a transcrição do
complemento antológico não acarretaria problemas de ordem tipográfica.
É uma sugestão.

A formação comum... Não apenas Pound e a moderna poesia de língua inglesa, não apenas Mallarmé (cuja influência já se fazia sentir, por exemplo, na temática, no léxico e na espacialização do meu "Orfeu e o Discípulo", de 1952, e cujo *Coup de Dés* eu já traduzira, numa primeira versão, em 1958)[6], mas tantos outros liâmes de ostensividade não tão manifesta... Do elenco de poetas que Benedito Nunes refere em sua recente conferência "A Obra Poética e a Crítica de Mário Faustino"[7], estavam também presentes, no currículo de leitura formativa dos três poetas que em 1952 lançaram a revista-livro *Noigandres*, Baudelaire, Rimbaud (lembre-se o "Bateau pas îvre", 1951, de Pignatari); Rilke (estudei alemão, ainda aluno de Direito, para lê-lo e a George Trakl; encimei com uma epígrafe rilkeana sobre o poeta e o "dom de celebrar" meu "Auto do Possesso", de 1949); Lorca (quanto o lemos, dos "romanceros" gitano-andaluzes ao *Poeta en Nueva York!*); Fernando Pessoa (vejam-se, de Pignatari, o "Tosco Dizer de Coisas Fluidas", de 1949, ou o "Eu sou Contemporâneo de Alguém", de 1951); Saint-John Perse (de que Décio traduziu um excerto de *Exil* no Suplemento do extinto *Jornal de S. Paulo*, no começo dos anos 1950, e que foi o instigador de algumas das minhas primeiras tentativas de poema de mais fôlego, "A Cidade" e "Thálassa Thálassa", em 1951 e 1952 respectivamente). Isto para não falar nos clássicos greco-latinos ("Rumo a Nausicaa" é o título do conjunto de poemas decianos, datados de 1949 a 1952, que figuram em *Noigandres 1*; meu "Vinha Estéril", de 1949, traz uma epígrafe de Virgílio); em Dante (com Hoelderlin e Lautréamont, presenças explícitas em *O Rei menos o Reino*, poemas datados de 1949 a 1950, de Augusto); na tradição ibérica, em especial Camões e Sá de Miranda (para este último, bastaria mencionar o "O Sol por Natural", 50-51, *Noigandres 1*, também do Augusto); na fonte bíblica e na mitológica (elementos constantes na minha primeira poesia, por exemplo). A enumeração, claro, não esgota

---

6. Cf. "Lance de Olhos sobre *Um Lance de Dados*" (com a tradução de dois fragmentos do poema), *Jornal de Letras*, Rio de Janeiro, agosto 1958. "Orfeu e o Discípulo" foi estampado em *Habitat*, nº 21, mar.-abr. 1955, São Paulo.

7. Conferência pronunciada em 28 maio 1985 e publicada pelo Conselho Estadual "de Cultura, Belém-Pará, 1986.

o que Faustino, por um lado, e nós outros, por outro, lemos em nosso período de formação e nos anos que precederam ao lançamento público da "poesia concreta": mas é suficiente para tornar visível a rosácea das convergências...

As nossas divergências... Havia sobretudo uma, fundamental. Faustino recusava-se, por motivos respeitabilíssimos de temperamento e vocação (mas nem por isso eximíveis de avaliação crítica, ele melhor do que ninguém o sabia), a submeter-se ao violento processo de "coletivização" e "a-nonimização" poética, a que nós, de *Noigandres*, nos sujeitamos voluntariamente. Estávamos persuadidos de que esse verdadeiro "tratamento de choque", que implicava "dar por encerrado o ciclo histórico do verso", era necessário para comensurar a poesia ao estágio evolutivo das outras artes (a música e as artes plásticas) e às instâncias da ciência (o espaço-tempo da física einsteiniana; os subsídios da "psicologia da Gestalt", da cibernética e da teoria da informação, bem como da linguística). Entendíamos que chegara o momento de reduzir as nossas (muitas) diferenças individuais em prol da fundação de uma nova *koiné*, uma nova linguagem comum sintético-ideogrâmica, de validade nacional e universal, capaz de ultimar (no sentido evolutivo-processual, bem entendido, não no axiológico) o projeto mallarmaico delineado no *Coup de Dés* (onde a sintaxe é fraturada e o verso disseminado, mas onde o discurso ainda persiste espacejadamente...), projeto que remonta ao "poema universal progressivo" dos Românticos de Iena e, assim, à própria "tradição da modernidade"...[8] Éramos, num certo sentido, Faustino e nós, além de experimentais, "tradicionalistas". Púnhamos, porém, ênfases diferentes em cada um desses termos, só aparentemente antitéticos.

Quando se fala da absorção de recursos concretistas pela poesia de Mário Faustino, sobretudo na fase "experimental" dos anos 1956-1959 e nos últimos "fragmentos" (técnicas visuais, caligrâmicas ou ideogrâmicas; jogos permutatórios de combinação lexical ou frasal; vertebrações em eixo como em "o

---

8. Enfoquei o problema e desenhei esse traçado em ensaio recente, publicado em duas partes: "Poesia e Modernidade: Da Morte da Arte à Constelação" e "O Poema Pós-utópico", Folhetim, *Folha de S. Paulo*, nºs 403 e 404, 7 e 14 out. 84.

movimento", 1956, de Pignatari), está-se falando de um diálogo intertextual, de "oficina para oficina", que os poemas faustinianos travavam sobretudo com poemas já decididamente experimentais da fase "pré-e-para" concreta e com aqueles da "fase orgânica" do concretismo paulista (não é meu propósito aqui examinar o caso de F. Gullar), poemas onde o discurso era fragmentado, pluridividido, capilarizado, porém não abolido nem controlado com rigor absoluto ("cronomicrometragem do acaso"); onde a metáfora era explodida, mas vigia ainda (veja-se o mallarmeano "O Jogral e a Prostituta Negra" de Pignatari, que é de 1949); onde a paronomasia, o trocadilho, a tmese, o recorte parentético minavam incessantemente o corpo, ainda não diamantizado em geometria monadológica, do discurso poético em verso. Onde a temática poderia ser lírica, existencial e até ontofenomenológica, metafísica (considerem-se os meus poemas de "o à mago do ô mega ou a fenomenologia da composição", de 1955-1956); essa "temática-do-ser", aliás, permaneceu ainda, ao lado da lírico-erótica e da participante, mesmo no auge do momento geométrico de aparente dominância metalinguística: refiram-se, por exemplo, as verdadeiras "cosmogonias portáteis" que são o "terremoto", 1956, de Augusto, ou o meu "nascemorre", de 1958; o erotismo antropofágico do "nombre hambre hembra" deciano, de 1957; a sátira engajada do "coca cola", do mesmo ano, também do Décio, ou, em tom mais grave, a denúncia existencial-política do "greve", de Augusto, que é de 1961 e saiu em *Invenção* 2[9]. Trata-se de um diálogo pelágico que a poesia de Faustino entretinha com as partes provisoriamente recessivas, submersas, de um *corpus* de escritura geracional e grupal, cujas cristas emersas (os *minimal poems* da etapa "geométrica" do

9. Em 1961, acrescentamos um *Post-Scriptum* ao "Plano Piloto" de 1958: "Sem forma revolucionária não há arte revolucionária" (Maiakovski); Faustino, em 14 jul. 1957, criticando o recém-aparecido *Canto Claro e Poemas Anteriores*, de Geir Campos, posicionara-se com respeito à poesia dita "engajada": "O poeta *engagé* tem de ser um poeta – e um profissional realizado. Só assim poderá cumprir suas obrigações: atacar, desmoralizar as classes dominantes, fornecer da sociedade em que vivemos um diagnóstico convincente e eloquente, apresentar, reificar, poeticamente, os problemas populares e as ideias evolucionárias e revolucionárias, promover o inconformismo e, se possível ou necessário, a revolta dos leitores ou ouvintes contra o *status quo*" ("Da Ingenuidade Engajada e do Engajamento Ingênuo").

concretismo) ele respeitava, mas considerava radicalizações extremistas; dessa ostensiva radicalização ele, mais moderado, mais apegado à grande tradição clássica do que à "tradição de ruptura" incessantemente vetoriada para o futuro (embora esta o fascinasse e lhe parecesse irrecusável a existência de uma "crise do verso", exponenciada pelo *Coup de Dés*), ele – Faustino – discrepava[10]. Aí o "nó mallarmaico" em que, observávamos fraternalmente, ele se enredava (imagem dialética que, se bem me recordo, não o desgostava de todo...). Pois bem: é esse colóquio "submarino", esse intertexto nem sempre manifesto aos olhos do analista, compreensivelmente desviados para seguir o percurso aguerrido da intervenção concretista em sua face mais disruptora e polêmica, esse subtexto é que urge reconstituir e repensar de modo mais amplo, sobretudo a esta altura, em que está por se completar um trintênio do lançamento da poesia concreta; em que a restituição da trama complexa das inter-relações já pode ocorrer, sem que a inteligibilidade do problema e a equação dos termos da comparação sejam anuviadas pela constatação da sua labilidade e riqueza.

O Poema Longo e o Ideograma

Faustino deixou consignado também, no já referido balanço de um ano de sua página no SD JB: "...a experiência ideogrâmica de Pound me interessa, me serve, mais que a experiência ideogrâmica dos concretistas". E, do seu ângulo, tinha razão nessa preferência: não lhe interessava, como opção pessoal, o gesto radical de uma vanguarda empenhada na "abolição elocutória" do individualismo do *eu* em prol da ultimação do projeto anunciado no poema constelar mallarmeano, projeto que envolvia a esperança utópica da fundação de uma nova linguagem comum e da restituição da função comunicativo-

10. Não deixava, porém, de reconhecer o trabalho realizado, onde quer que o encontrasse. Assim, na súmula evolutiva da poesia brasileira com que remata sua série de estudos sobre Jorge de Lima (SD JB, 08 set. 1957), credita, ao grupo "Noigandres" e a F. Gullar, "produtos acabados e de alta categoria", tanto na fase "pré-concretista" como em "diversos poemas concretos das diferentes fases da experiência".

-social do poeta na sociedade mais justa do futuro (essa preocupação ético-social Faustino também a possuía, porém a equacionava em outros termos). Tinha razão porque, mais comprometido com o passado do que com o futuro (com o presente todos nós o éramos), almejava conciliar a estrutura discursiva tradicional do verso com a sintaxe de montagem propiciada pelo "método ideogrâmico" de Pound e por este praticada na construção do edifício dos *Cantares* (que, em 1955, com a publicação da *Section: Rock-Drill*/Seção: Perfuratriz de Rochas, já haviam chegado ao nº 95). Reação semelhante teve Octavio Paz, inspirada por análogos desígnios, quando recebeu o impacto da "poesia concreta", na segunda metade dos anos 1960. Basta ler a carta extremamente significativa que me escreveu em 14.03.1968, carta que constitui um roteiro da evolução de sua própria poesia até o seu encontro com a dos "concretos" brasileiros na antologia internacional (*An Anthology of Concrete Poetry*), publicada em Nova Iorque, em 1967, pela Something Else Press; ou melhor, já antes mesmo, à época da redação do ensaio "Los Signos en Rotación", de 1964, onde é central a presença do Mallarmé do *Coup de Dés* e do "espaço que a sua palavra abre"[11]. Nessa carta, pondera Octavio Paz:

> Compreendo que os senhores vejam em Pound um precursor. De toda maneira, assinalo que a poesia de Pound – fundamentalmente discursiva – não utiliza realmente ideogramas, porém *descrições de ideogramas*. Esta observação se estende ao emprego, em certas passagens dos *Cantos*, de ideogramas chineses verdadeiros: são citações numa língua estrangeira que, para serem compreendidas, requerem tradução para a nossa linguagem discursiva. Nossos idiomas estão no extremo oposto do chinês, e o máximo que podemos fazer é o que os senhores (não Pound) fazem: inventar procedimentos plásticos e sintáticos que, mais do que imitação dos ideogramas, sejam suas metáforas, seus duplos analógicos. [...] A poesia moderna é a dispersão do curso: um novo discurso. A poesia concreta é o fim desse curso e o grande recurso contra esse fim[12].

11. Cf. Octavio Paz e Haroldo de Campos, *Transblanco*, Rio de Janeiro, Guanabara, 1985. Ver, ainda, de O. Paz, *Signos em Rotação*, São Paulo, Perspectiva, 1972.

12. As questões levantadas por O. Paz já haviam sido, de certo modo, consideradas no âmbito da poesia concreta, conforme referi na nota 5, p. 130, do *Transblanco*, cit., reportando-me a textos de 1955, recolhidos na *Teoria da Poesia Concreta*.

Por outro lado havia a questão da quantidade, do "poema longo" ("Pessoalmente, sempre emprestei grande importância à quantidade em arte"; "...a mim só interessa o poema longo", escreve Faustino em outras passagens do seu "Relatório e Tomada de Posição").

Ora, há poema longo e poema longo... Perante um "haicai" de Bashô ou um epigrama da *Antologia Grega*, ou mesmo diante do "*Mattina/M'illumino* d'immenso" do Ungaretti de *L'Allegria*, "The Raven" de Edgar Allan Poe (o advogado da forma breve, do *minor poem*), com suas dezoito estrofes de cinco versos de medida larga mais um refrão cada, não deixa de ser um poema longo... Comparados à *Commedia* de Dante, *The Waste Land* de Eliot e o *Lance de Dados* de Mallarmé (aquele poeta a quem costumamos chamar "o Dante da Idade Industrial"), *epos* sintético em onze páginas duplas, ambas essas composições, quantitativamente falando, poderiam ser designadas por "minor poems" ou poemas breves...

Por outro lado, também nós estávamos interessados no poema de maior fôlego, mais sustentado, no poema sequencial. Tentativas, *sketches* nesse sentido são, por exemplo, em meu livro de estreia, "Sísifo" (poema coral, onde ressoa a influência "coloquial-irônica" de Eliot) e o esboço de poema-drama, em três cenas, "Auto do Possesso". Prossegui experimentando com a forma menos breve, mais desenvolvida, em "A Cidade" e "Thálassa Thálassa" e depois em "Ciropédia ou a Educação do Príncipe" (1952), prosapoema, introduzido por uma epígrafe de Joyce, que é o embrião de minhas *Galáxias*, cujo primeiro fragmento ("formante" inicial) data de 1963. Tinha razão Mário Faustino quando prenunciava: "amanhã essas direções poderão encontrar-se"...

Mas esse possível (até que ponto?) reencontro, que a morte prematura de Mário não permitiu que de fato acontecesse, tinha de ser precedido por um momento crítico de afastamento, de desencontro. A radicalização evolutivo-processual da poesia concreta suspendeu provisoriamente essa pesquisa da forma longa ou menos breve (também insinuada, em certa medida, num poema de elaboração mais sustentada, como o "Rosa d'Amigos", do primeiro Pignatari, ou mesmo no poema-título de seu livro de estreante, "O Carrossel", datado de 1948; em Augusto, vislumbro-a na organização sequencial de textos como "Ad Augustum" e "O Sol por Natural"). Se bem que – diga-se entre parênteses – sempre nos preocupou o que poderia ser um "poema concreto" longo: o "poetamenos" do Augusto e o meu "o â mago do ô mega" são poemas-sequências; comparado ao "velocidade", de Ronaldo Azeredo, não seria longo o "cidade" do Augusto, "mot total" aspirando ao infinito da frase? E que dizer de meu poema-livro *servidão de passagem*, na fase "engajada" de 1961-1962? Que dizer sobretudo da "Esteia Cubana", de Pignatari, cartaz épico, poema tipográfico-mural de múltipla e polissêmica leitura, que Fausto Cunha, à época (o poema foi publicado em julho de 1962), considerou "mais antiburguês, mais revolucionário do que todos os histerismos dirigidos dos meninos da UNE"[13].

Mas Faustino estava assaltado do que eu chamaria "impaciência épica" ou, melhor dizendo, "órfica". Estava empenhado em projetar, ainda que contra o espírito do tempo, um poema longo, quantitativamente voluminoso, à Camões, à Milton, à Dante; ou, mais proximamente, à Pound. A última formulação desse seu projeto parece estar na carta de outubro de 1958, em que anunciou a Benedito Nunes um "programa de trabalho a longo prazo", cujo primeiro item consistia exatamente em "conferir à poesia uma vasta medida, uma dignidade que lhe permita competir com as outras formas de cultura contemporâneas, principalmente a arquitetura e a ciência"[14]. Em 1959, em fins desse ano, como refere Benedito Nunes, "concebe que a obra em progresso deverá acompanhar a sua própria vida – *till death doth part us* – e constituir-se de fragmentos como os que então passou a escrever". B. Nunes informa que recebeu os primeiros desses fragmentos (hoje, em sua mais completa recolha – num total de dezoito, mais o autógrafo "Fidel", – incluídos na edição Max Limonad) de Nova Iorque, onde o

13. Fausto Cunha, "Enxadas ou Transistores?", ensaio recolhido em *A Luta Literária*, Rio de Janeiro, Lidador, 1964.
14. Benedito Nunes, "O Projeto de Mário Faustino", *Invenção*, nº 3, junho de 1963. Do mesmo autor, as introduções às duas edições póstumas da *Poesia* (Rio de Janeiro, Civilização Brasileira, 1966), e da *Poesia Completa/Poesia Traduzida* (São Paulo, Max Limonad, 1985).

poeta exerceu funções junto a ONU, de dezembro de 1959 a junho de 1962. Mário estava disposto a dá-los à estampa a cada cinco anos (é ainda o seu devotado crítico e estudioso quem nos ministra essa informação), um pouco à maneira do que fazia E.P. com os *drafts* de seus *Cantos*.

A Iminência do Barroco

E havia ainda o Barroco. O Barroco mediava a vocação de Mário Faustino para o poema longo. Mas este era um ponto que antes nos aproximava do que nos afastava.

De fato, num dos textos, quase manifestos, que anunciaram o surgimento da poesia concreta, o meu "A Obra de Arte Aberta" (publicado em 3.7.1955 no *Diário de S. Paulo* e republicado em 28.4.1956 no *Correio da Manhã* do Rio de Janeiro graças a Oliveira Bastos), depois de passar em revista o *paideuma* constituído por Mallarmé, Joyce, Pound e cummings, eu concluía, citando uma conversa entre Pignatari e o compositor Pierre Boulez, por declarar-me em favor de um "barroco moderno", um "neobarroco", que corresponderia talvez "às necessidades culturmorfológicas da expressão artística contemporânea". Barroquizantes, do ponto de vista da exploração da metáfora e dos jogos fonoprosódicos, eram a maioria dos meus poemas da "fase verso" e mesmo aqueles da fase "orgânica" da poesia concreta (como o SI LEN CIO, de 1955, por exemplo); uma constatação semelhante se poderia fazer – creio – com relação a Pignatari, da "Rosa d'Amigos" à "Esteia Cubana". Mesmo os poemas da fase "geométrica" foram, no aceso da polêmica entre concretos e a dissidência neoconcreta, acusados pejorativamente de "barroquistas", por seu caráter cinético, de matriz aberta de leituras (atualizado em partituras por jovens músicos que colaboravam conosco), em contraste com a ascese e o purismo das composições equilibradas e mais estáticas do colançador internacional do movimento, o suíço Eugen Gomringer...[15]

15. A acusação de "barroquismo formal-visual" partiu de Theon Spanudis, colecionador de arte e poeta "amador", convertido pelo SD *JB* num dos porta-vozes do "neoconcretismo". Ver "Gomringer e os Poetas 'Concretos' de

Mas Faustino entendia por Barroco não tanto a "obra aberta" como o estilo "polimórfico" e "polifônico", a "poesia recargada", capaz de uma "densa polimorfía de temas de beleza", para falar como Dámaso Alonso a propósito de Góngora. Expandia o conceito, para nele abarcar retroativamente Camões (e neste ponto acertava em cheio, pois o Camões "maneirista", que os estudos de Jorge de Sena, publicados entre nós no último quadrimestre de 1961, revelavam, tem mais a ver com o Barroco na sua acepção histórica do que com a imagem convencional da Renascença, ou, como o exprime tipologicamente Sena, "resulta de uma emoção clássica e de uma expressão barroca"[16]. O resgate da função mitopoética da metáfora por um lado, e a aspiração à monumentalidade do poema longo, por outro, encontravam no Camões barroco e n'*Os Lusíadas* um modelo instigante, que a tradição de nossa língua e de nossa literatura oferecia.

Mas faltava encontrar algo mais, um nexo mais contemporâneo, que facilitasse a transição, no plano do presente de criação, da lição do *Coup de Dés* de Mallarmé e daquela haurida nos *Cantos* poundianos, do *epos* agônico e cosmogônico do homem em luta contra o acaso, para o périplo, a *plotless epic* poundiana. Mallarmé, o Mallarmé "obscuro", era mais

São Paulo", SD *JB*, Rio de Janeiro, 15 set. 1957. No mesmo artigo, Spanudis se insurgia contra Waldemar Cordeiro, no qual supunha descobrir uma influência perniciosa e desorientadora sobre os poetas paulistas, em razão da formação marxista que o pintor e teórico do grupo "Ruptura" projetava em sua concepção de arte concreta...

16. Jorge de Sena, "O Maneirismo de Camões", "Camões e os Maneiristas" e "Ainda o Problema de Camões e os Maneiristas", *Diário de Notícias*, Rio de Janeiro, 17 set. 1961, 3 e 10 dez. 1961. Vítor Manuel Pires de Aguiar e Silva, em *Maneirismo e Barroco na Poesia Lírica Portuguesa*, Coimbra, Centro de Estudos Românicos, 1971, refere o livro do professor e investigador espanhol José Filgueira Valverde, onde, já em 1958, estaria insinuado o caráter barroco da estética de Camões. Registra, ainda, o pioneirismo de Jorge de Sena, que, em 1948, chama Camões "um magnífico Proust da Renascença, ou melhor, do Barroco, ou melhor ainda, do Maneirismo..." (Os estudos mencionados de J. de Sena estão republicados no vol. I de *Trinta Anos de Camões*, Lisboa, Edições 70, 1980). Faustino proclama a tese do Camões barroco em seus artigos de 1957 ("Revendo Jorge de Lima"), o que lhe dá merecido relevo nesse conjunto de estudiosos. Assinale-se, finalmente, que o ensaio camoniano de Pound, incluído num livro cuja primeira edição é de 1910, toma explicitamente o Barroco, porém enquanto estilo arquitetônico, para enquadrar nele o tratamento de *Os Lusíadas* ("A corresponding study in Architecture were a study of *Barocco*").

assimilável a Góngora (tantas vezes, desde o simbolismo francês, foi ensaiada essa comparação). Já Ezra Pound, em nome da "claritas", da "precise definition", recusava Góngora e o que entendia por linha turva do barroco (pelo menos em teoria; na prática dos *Cantos* – monumental ruína alegórica da Modernidade, é uma questão a discutir). Havia uma brecha, e esta não escapara à argúcia crítica de Faustino: no ensaio sob Camões, constante de *The Spirit of Romance*, e que Faustino traduziu não por mera coincidência para o SD JB em 2.9.1956, um ensaio geralmente negligenciado pelos camonólogos mas cheio de intuições surpreendentes, Pound referira-se ao poeta d'Os *Lusíadas* como "o Rubens do verso", elogiando-lhe a "dicção" e a "técnica", chamando-o "mestre de som e de linguagem", frisando a "qualidade retórica" da "mente" camoniana, mas, ao mesmo tempo, descobrindo nele, em certas passagens, "simplicidade" e "diretidade", além de destacar, como centro para o interesse moderno no poema, o episódio de Inês de Castro (que aliás glosa no *Canto* XXX). O "Rubens do verso"... É este designativo poundiano que Faustino vai recordar no IV dos sete artigos que dedicou a Jorge de Lima em sua página do SD JB (de 28 jun. a 8 set. 1957). O Camões (e o Góngora) à mão foram (*hélas!*) Jorge de Lima[17].

17. Não deixa de ser curioso o fato de Faustino não dar sinal, em seu *paideuma*, de recepção a Sousândrade. O processo revisional de *Guesa* foi levado a efeito na página *Invenção* de dezembro de 1960 a fevereiro de 1961, período em que Faustino vivia em Nova Iorque; mas o poeta mantinha contato epistolar com amigos no Brasil. O *Guesa*, muito antes e muito mais do que a tumultuada jorgíada do rapsodo alagoano, poderia ter servido de ponto de referência brasileiro para o projeto faustiniano. Vasto poema, poema-périplo, misturava o épico, o lírico e o dramático. Em sua dicção barroquizante, há registros de Camões, de Milton e mesmo de Dante. Não é uma das costumeiras "Camoníadas" que, de quando em quando, atravancam o caminho de nossa literatura com passo de paquiderme, desde o duro *Caramuru*. Ao contrário. O *Guesa*, publicado em *drafts* desde 1868, acusando embora a vocação romântica para o poema-viagem, não é uma empreitada regressiva. Apesar de seus desníveis, de suas inegáveis descaídas, mostra-se mais arrojado na invenção da forma do que seu modelo byroniano. Nas seções infernais ("Tantuturema" e "O Inferno de Wall Street") chega a antecipar certas técnicas de montagem e citação polilíngue, bem como algo da temática usorofóbica do Inferno financeiro dos *Cantos* de Pound. "Se algum poema faz jus ao título de epopeia da América Latina, é este" (escreveu a respeito o resenhista de *The Times Literary Supplement*, Londres, 24 jun. 1965).

Tenho para mim que a *Invenção de Orfeu*, nessa longa série de artigos que constitui a "revisão" de Jorge de Lima, ficou sendo, antes de mais nada, uma "invenção" de Mário Faustino...

Estou com Augusto de Campos quando afirma não poder concordar com a estima que Faustino devotava ao poeta e à sua *Invenção de Orfeu*. Expressando seu ponto de vista com desassombro faustiniano, uma vez que qualquer outra atitude, no caso, como diria o próprio animador de "Poesia-Experiência", incorreria em "farisaísmo", Augusto classifica o poema de Jorge de Lima de "falso poema longo", que peca pela "inconsistência de organização e pela falta de rigor", tachando-o de "sucessão mal-ajambrada de poemas subjetivos diluídos numa enxurrada camoniana, com raras ilhas de poesia realmente nova"[18].

O próprio Faustino autorizaria em parte esse severo julgamento (que, repito, é também o meu). Nunca Mário Faustino elogiou tanto um autor e nunca, talvez, pôs a nu, de um só autor, tantos defeitos. Percorrendo os juízos emitidos por Faustino a respeito de Jorge de Lima, encontramos expressões e trechos assim:

"Deixou a *Invenção de Orfeu*, que contém alguns dos mais altos e dos mais baixos momentos da língua poética luso-brasileira. O poema é uma *mêlée* péssimo-ótima" (em "A Poesia 'Concreta' e o Momento Poético Brasileiro"); "Esse grande Jorge de Lima [...], único no Brasil a ter possuído o tom e a medida do *epos*, é para nós, com todos os seus pavorosos, arrepiantes defeitos, o maior nome de nossa poesia" (de "Revendo Jorge de Lima", donde extrairei todas as citações seguintes); "Na primeira parte, por exemplo, entre coisas de incrível mau gosto..." (falando dos "trabalhos de adolescente" do poeta); "No mais, trata-se apenas de longa série de poemas de todas as influências, embaraçados caminhos cruzados onde mal importa ao autor a construção da unidade poema, onde pouco se lhe dá emitir alguma linguagem poética" (sobre *A Túnica Inconsutil*); "Há no livro coisas insuportáveis, como a insistência em explorar temas bíblicos sem nem de longe igualar (muito menos acrescentar-lhes algo) as incomparáveis qualidades literárias de boa parte do Antigo e do Novo Testamento [...] ou como as fatigantes tentativas de mitificação da figura do poeta" (*idem*); "A obra inteira de Jorge de Lima, *Invenção* inclusive, talvez se explique pela insistência do poeta

---

18. Cf. "Mário Faustino, o Último *Verse Maker*", cit.

épico vocacional diante da provável impraticabilidade do gênero em nossa época"; "…as tenebrosas quedas de sempre…"; "Por toda parte, a necessidade de emprestar uma forma à massa amorfa que foi quase sempre – e continuaria a ser – a linguagem de Jorge de Lima"; "Em Jorge de Lima há o primado quase absoluto da criação sobre a organização. Pouco lhe interessa a estrutura de seu poema no todo ou em partes"; [o leitor] "verá os enormes erros e os enormes acertos de Jorge; notará, desgostoso, seu descuido, sua falta de rigor; mas, verá, afinal, que o poema, como boa coisa barroca, é um universo que justifica, pelo todo, os seus próprios monstros, as suas próprias aberrações"; "Os grandes versos quase sempre de mistura aos péssimos"; "…um desespero de mágico incapaz de fazer o coelho sair do chapéu…"; "O XXIV é um emblema de toda a *Invenção*: ótimo – péssimo"; "…Péssimo verso, péssima prosa, nada de poesia. O diretor desse filme podia ser bom, os *takes* talvez tivessem sido bem tomados – mas a montagem falhou. Relaxamento, falta de rigor"; "Por altos e baixos, trancos e barrancos, sigamos adiante"; "O poema XXXII, o mais longo deste canto, é uma péssima salada. É difícil encontrar coisa séria, publicada, de tão ruim gosto, em português ou em qualquer outra língua"; "Tudo isso, note bem o leitor, de mistura ao que há de pior na língua"; "O poema XX deste canto é uma das piores coisas que já lemos – ou quase, que não lemos, de quase ilegível"; "E vem depois (VI) mais um desses longos poemas em que Jorge brinca de perde-e-ganha. Perde quase o tempo todo: ornatos, omatos, ornatos, jogados sobre um vácuo de estrutura. Barroco? Uma boa desculpa – que, *à la longue*, fatiga"; "Em XIX, Jorge homenageia Dante, com versos que fariam bocejar o esteta de *De Vulgarí Eloquio*"; "Do Canto VII ("Audição de Orfeu") em diante, decai sensivelmente a *Invenção*: acentuam-se as deficiências e diminui a eficácia do poema […] Uma série de poemas à maneira de solilóquio dramático […] simplesmente líricos, autobiográficos, auto reflexivos, auto apologéticos, auto piedosos… *mélange adultère de tout*… Páginas e mais páginas de pouco interesse até para um psicanalista. E geralmente má dicção, gagueira, pé-quebrado, ruim versificação, incapacidade de desenvolver e sustentar a frase musical, o jogo metafórico, a sequência lógica, a sintaxe geral…; "É o eterno perde-e-ganha jorgeano; a ausência de rigor; a falta de autocrítica; fobia desses preciosos utensílios literários que são a borracha-apagador, o lápis vermelho, o retrocesso das máquinas de escrever, a cesta de papéis".

A enumeração foi longa, mas precisava ser eloquente. Faustino hesitava, avançava e recuava, dava lá e tomava cá. Sua consciência crítica, seu discrímen apurado tomavam distância de recusa diante da "massa amorfa" da poesia de Jorge de Lima. Contextualiza sua avaliação: "pelo menos neste momento de nossa própria evolução, é Jorge de Lima o maior, o mais alto, o mais vasto, o mais importante, o mais original dos poetas brasileiros de todos os tempos". A desmesura do elogio (que antes *kitschiza* o objeto nomeado, do que o promove) o põe em guarda: ressalva que na arte há "muita coisa de lúdico, logo de esportivo", assinala as virtudes provocativas da "emulação". Mais adiante, salienta o caráter provisório de seu posicionamento: "Estabeleceremos, apenas, de saída, algumas posições, que ocupamos agora, mas que amanhã poderemos abandonar. Estamos sempre dispostos a mudar de ideia". De fato, Jorge de Lima e a *Invenção* não sustentam as comparações armadas pela militância faustiniana; antes, ficam esmagados por elas (quando ele dá vantagem a Jorge de Lima sobre Drummond e João Cabral; quando ele o põe ao lado de Camões como "os dois pontos máximos da língua"; quando diz da *Invenção* que é "o melhor poema da língua, afinal de contas, melhor até mesmo talvez que *Os Lusíadas*"; quando eleva o poema jorgeano, com seu "vácuo estrutural", ao nível de uma obra-prima, esta sim micrologicamente estruturada e sempre mantida no mais alto nível da invenção de linguagem, o *Grande Sertão* de Guimarães Rosa).

O fato é que Mário Faustino precisava "reinventar" a *Invenção de Orfeu*, sabendo muito bem que esta sequer era um poema contemporâneo, moderno, mas antes um poema *em regresso*:

> Pena é que Jorge, nesse e noutros poemas, tivesse de voltar atrás no tempo: não quis ou não pôde fazer uso de uma temática contemporânea. É um poema imitativo, se bem que numa linguagem poética atual e dele, Jorge: o verso branco é de Milton, o espírito é de Virgílio, o todo é uma volta a Camões.

Capaz de desmistificar o "mito Neruda" (ver texto publicado no SD *JB* de 13.4.1958, onde Faustino afirma: os Nerudas remanescentes de *Residencia en la Tierra*, "em particular o do *Canto General*, sempre nos pareceram maneiras, pouco diversas entre si, do mesmo mau poeta"), não foi capaz de fazer outro tanto com Jorge de Lima. E a *Invenção de Orfeu*, de 1952, outra coisa não é, a meu ver, do que a variante brasileira do mesmo magma retórico que deu o *Canto General* nerudiano de 1950; ambos poemas cumulativos, com mais desníveis que altitudes, desarticulados, que jamais se propuseram a questão da estrutura, base para quem quer que intente um *epos* ou mesmo um poema cosmogônico-órfico no mundo da modernidade "abandonado pelos deuses": do *Coup de Dés* de Mallarmé, de 1897, a *The Waste Land* de Eliot ou aos *Cantares* de Pound, ou, em nosso âmbito latino-americano, ao *Altazor* de Huidobro e ao mais recente *Blanco* de Octavio Paz; aliás, não foi por acaso que Murilo Mendes pensou em *Canto Geral*, como um dos possíveis títulos a dar ao voluminoso livro jorgeano, só o rejeitando uma vez que estava "prejudicado por um livro de igual nome, saído há pouco, de Pablo Neruda".

Mas Mário Faustino precisava do "poema longo" de Jorge, mais como fantasma, paradigma ideal, do que como texto real (já idealizara uma espécie de super-Pound brasileiro, feito da soma dos três Andrades: Mário, Oswald, Carlos Drummond)[19]. Era a *conditio sine qua non* para sonhar o seu projeto de poema vasto, de poema-vida (não é possível avaliá-lo, "presumir do futuro", pelos poucos fragmentos que dele restaram, já que a morte o impediu de completar mesmo o primeiro lustro de sua safra; mas é lícito admitir que, num certo sentido, seria poundianamente intentado *contra* Jorge de Lima, pois Faustino era tão cioso da quantidade como da qualidade; perseguia ferozmente a coesão do seu caos em cosmo; prezava acima de tudo a competência e a eficiência do poeta sério e não temia a autocrítica e a cesta de papéis). Acredito que se tivesse sobrevivido; se os fados lhe houvessem concedido tempo; se houvesse podido desprender-se do fundo placentário de algumas obsessões e recorrências (fixações temáticas já quase estilêmicas; nostalgias de retorno); se lhe houvesse sido dado o prazo necessário para concatenar sua vontade arquitetônica de estrutura com sua voragem mitopoética de metáfora, poderia quiçá ter chegado, no plano do poema-vida, a alguma síntese original entre a vocação para o poema longo e o desejo de concentração da linguagem e de coisificação da palavra numa imagética resgatada "da fácil carnadura do discurso" (como me expressei em outro lugar). Algo, talvez, no gênero do *Blanco* de Octavio Paz, poema erótico e reflexivo, metalinguístico e mitogenesíaco, barroquizante e calculado. Mas esse

19. Cf. Ivo Barbieri, op. cit. na nota 1: "Dando um balanço na situação geral da nossa poesia, chegou a sonhar com um Pound nacional que fosse 'os três Andrades ao mesmo tempo: Mário, Oswald, Carlos'".

prognóstico só seria verificável na "memória de Deus" (como diria rabinicamente o jovem Walter Benjamin), que é absoluta e onisciente. Não necessitamos, porém, dessa conjetura quase teológica para dizer da importância e da "sobrevida" da poesia de Mário Faustino.

A Obra "In Fieri" e a Obra Feita

De fato, não é preciso levar a cabo a tarefa impossível de concluir e arredondar o projeto inconcluso de Mário Faustino, nem é praticável referir-se axiologicamente à sua miragem, para apreciar e valorar a obra extante do autor de *O Homem e sua Hora*.

Observou judiciosamente Benedito Nunes, a quem todos devemos ensaios pioneiros, de devotamento e lúcida penetração, sobre o currículo faustiniano de "poesia-e-vida": "... se não teve a poesia que quis e que podia fazer, conseguiu ter, a despeito da morte prematura, uma verdadeira obra poética, de valor incontestável". E mais: "Não podemos e não devemos julgar o poeta Mário Faustino por aquele seu projeto, certamente grandioso, que cedo, muito cedo, interrompeu-se. [...] O essencial é, precisamente, levar em conta aquilo que Mário Faustino acabou – a sua Obra concretizada e não a sua Obra sonhada" (trechos do Prefácio à edição Civilização Brasileira da *Poesia*, reiterados na introdução à edição Max Limonad, de 1985).

Augusto de Campos, imbuído de espírito crítico verdadeiramente faustiniano ("Faustino não toleraria o elogio fácil, como não aceitaria também [...] a piedade: 'piedade que poupa tanta coisa vil'"), já fez, com empenho de objetividade, um balanço do percurso e do legado poético desse inesquecível companheiro de geração, que foi "o vate, o bardo moderno, ávido de magia e profecia, esconjurando com metáforas os descaminhos do amor, da frustração e da morte" (expressões colhidas no ensaio "Mário Faustino, o Último *Verse Maker*"). No essencial, subscrevo esse balanço.

Sublinharei, apenas, de minha parte, que, em todas as etapas, Faustino deixou pontilhado seu percurso, que a morte bruscamente irrealizou, com realizações admiráveis. Desde os "Dois Motivos da Rosa", de 1948, destacados com acerto por B. Nunes (ah o *topos* da "rosa", que obsediou nossa geração em seus anos de juventude: o meu "rosa morta ao rés do sonho", de 1948; a "Rosa d'Amigos", de 1949, do Décio ainda na casa dos 20...); passando por aqueles "*hits* antológicos", como os denomina Augusto ("Vida toda Linguagem", "Mito", "Sinto que o mês Presente me Assassina", "Inferno, Eterno Inverno", "O Homem e sua Hora"); seguindo por vários exemplos de sua fase "experimental" dos anos 1956-1969 (onde repontam outros *hits* memoráveis, do porte de "Cavossonante Escudo Nosso", "Ressuscitado pelo Embate da Ressaca" ou "Ariazul"), até os últimos fragmentos, cujos momentos-ápice estarão, talvez, em "Juventude" (com as suas recorrências de "mar" e "maravilha", de "tempo" e "vento", no entusiasmo do "estar vivo") e "Espadarte em Crista de Vaga", onde, como diz muito bem Ivo Barbieri, o poeta "aliou ao virtuosismo metafórico o equilíbrio arquitetônico da composição, enfeixando na associação Cristo-Mar a ironia mística que afetou a última parte da obra inacabada"[20].

"O Tempo" – escreve Borges no Prólogo à sua *Nueva Antologia Personal* – "acaba por editar antologias admiráveis". E acrescenta: "nueve o diez páginas de Coleridge borran la gloriosa obra de Byron (y ei resto de Ia obra de Coleridge)". Alguém poderia continuar glosando: meia dúzia de sonetos sibilinos de Nerval minam para sempre o majestoso e imponente edifício da obra poética de (*hélas!*) Victor Hugo...

No caso de Mário Faustino, a morte prematura antecipou-se à tarefa antológica do tempo. Seu professado amor pela quantidade, pelo poema de "vasta medida", foi inesperadamente "copidescado" pelo destino: sobrou, incorruptível, a qualidade, o vigor de sua poesia, rastilho de cintilações, ora nas peças isoladas que perfez, ora, esparsamente, em resgatados fragmentos interruptos.

Também com razão alerta-nos Benedito Nunes contra a "aparência de frustração" que a Morte precoce faria pesar sobre a obra de Mário.

20. *Op. cit.*

Aparência. Mera aparência. Afinal, bem examinadas, a completude, a perfeição, são nostalgias clássicas, substancialistas, de harmonia e reconciliação, num mundo como o nosso, laico e dilacerado, só habitado pelas alegóricas ruínas benjaminianas (traço insinuante da persistência moderna e contemporânea do Barroco...).

Num certo sentido (num sentido admonitório, que conjura as veleidades e convida à reflexão), prefiro recapitular as palavras de Gottfried Benn, na sua conferência de 1951, *Problème der Lyrik* (Gottfried Benn, o nietzscheano poeta das *Destillationen*, fascinado pelo "complexo ligúrico", um poeta que partilhava com o nosso Faustino "uma amizade pelo azul" / *eine Befreundung für Blau*):

> Nenhum, mesmo dentre os maiores líricos de nosso tempo, deixou mais do que seis a oito poemas perfeitos; os restantes podem ser interessantes do ponto de vista da biografia e da evolução do autor, mas aqueles que encerram em si mesmos e de si irradiam um fascínio plenamente duradouro são poucos – e no entanto, para esses seis poemas, trinta a cinquenta anos de ascèse, sofrimentos e luta.

16. UMA LEMINSKÍADA BARROCODÉLICA*

O *Catatau*, de Paulo Leminski, está sendo relançado. Publicado em 1975, em Curitiba, por uma pequena editora, teve, por assim dizer, um êxito de câmera. O que se costuma chamar "sucesso de estima", junto a um pequeno círculo de aficcionados. A seu redor criou-se, como seria de esperar, a legenda negra da ilegibilidade. Para isso contribuiu o próprio autor, que, numa advertência inicial, proclamava: "Me nego a ministrar clareiras para a inteligência deste catatau que, por oito anos, agora, passou muito bem sem mapas. Virem-se". E houve quem se virasse, como prova a pequena mas expressiva "Fortuna Crítica" que acompanha esta reedição, na qual se destaca, pelo detalhe analítico, o ensaio "Catatau: Cartesanato", de Antonio Risério. Mas o próprio Leminski, antes de ser fulminado pela cirrose prometeica que o roubou de nosso convívio, teve tempo de reconsiderar sua primeira atitude de desafio ao leitor. Preparou para a nova edição uma introdução ao livro,

---

* Publicado originalmente em Letras, *Folha de S. Paulo*, 02 set. 1989.

sob o título "Descordenadas Artesianas", na qual abre o jogo e conta um pouco da história de sua história. "Por fim a cobra morde o próprio rabo", diz ele. E passa a referir que a "intuição básica" do *Catatau* lhe viera em 1966, enquanto ministrava uma aula sobre os holandeses no Brasil, o estabelecimento de Maurício de Nassau em Pernambuco, apoiado em forte aparato naval e militar. Discorria sobre a urbanização do Recife; a Mauritzstad ("cidade de Maurício") na ilha de Antônio Vaz; o palácio de Vrijburg, onde o príncipe invasor instalara sua corte ilustrada de artistas e sábios. Nesse cenário real, irrompe a ficção. Ocorreu-lhe uma hipótese (falsa, mas verossímil): que aconteceria se René Descartes, que servira a Nassau na Holanda, o filósofo Cartesius do *Discurso sobre o Método*, o físico empenhado em dar uma explicação mecanicista, una e sistemática, ao Universo, tivesse acompanhado o conquistador em sua empreitada nos trópicos? *Hypotheses non fingo* ("Não elaboro hipóteses"), exclamou Newton, numa célebre refutação a Descartes, a quem não repugnava o raciocínio hipotético, desde que as deduções nele fundadas fossem convalidadas pela experiência. Leminski não concorda com Newton e vai elaborando sua hipótese ficcional e laborando nela através das duzentas e tantas páginas do *Catatau*, confiado não tanto na experiência quanto no verbo... E eis Cartésio na Mauriciolândia, no parque do paço de Vrijburg, sob uma árvore folhuda, ele, o experto em Dioptria (refração da luz), com suas lentes e lunetas, observando a paisagem, as naus no porto e os bichos no zoo ou à solta. Ei-lo, fumando marijuana ("tabaqueação de toupinambaoults") e fundindo a cuca na desmesura não geometrizável das formas vegetais e animais, quando uma preguiça lhe alveja o cocuruto com um disparo fecal, como fez o urubu com Macunaíma. "Ora, senhora preguiça, vai cagar na catapulta de Paris!", reclama o filósofo, embarcando, a gosto ou a contragosto, no seu sonho psicodélico. Melhor dizendo, barrocodélico, pois de um cometimento neobarroco, de um ensaio de liquefação do método e de proliferação das formas em enormidades de palavra, é que se trata[1].

---

1. O belo ensaio de Roberto Romano, "A Razão Sonhadora", *Revista USP*, nº. 8, São Paulo, dez.-jan.-fev. 1990-1991, enfocando a presença do "caos

A Lengalengagem do Delírio

Catatau, segundo o Caldas Aulete e o Aurélio, significa: "Discurso enfadonho e prolongado; discurseira, béstia". É sinônimo de "pancada" ou de "calhamaço". Reconcilia as noções contraditórias de "sujeito de pequena estatura" e "coisa grande e volumosa". Também quer dizer "catana" (espada curva), uma palavra que os portugueses importaram do Oriente (do japonês, *kataná*). "Ir num catatau" é o mesmo que "falar sozinho", como "meter a catana" equivale a "dizer mal de outrem". Dessa polissemia está bem cônscio Leminski, que arrola várias dessas acepções em sua introdução. De todas elas parece ter tirado partido, literal ou metafórico, no que chama uma *ego-trip*: sua delirante "lengalengagem". Pois tanto o narrador, Cartesius, o pensador puro excedido pelo absurdo tropical, como seu *alter ego*, parceiro ambíguo e depositário da explicação do texto, o artimanhoso Artyschewsky (figura inspirada na de um herético fidalgo polonês, general a serviço de Nassau), ambos têm muito a ver com o próprio Leminski. São registros complementares de sua voz escritural.

O *Catatau* – argumenta Leminski – é a história de uma espera. O personagem (Cartésio) espera um explicador (Artyschewsky). Espera redundância. O leitor espera uma explicação. Espera redundância, tal como o personagem (isomorfismo leitor/personagem). Mas só recebe informações novas. Tal como Cartésio.

O verdadeiro protagonista do texto, no entanto, é Occam (Ogum, Oxum, Egun, Ogan), uma espécie de "monstro semiótico", inflado e voraz como Orca, a baleia assassina, e pouco disposto a submeter-se à disciplina metódica de seu homônimo, o monge-filósofo Guilherme de Occam (1280-1349), cuja navalha afiada se propunha rasourar toda e qualquer entidade inútil, hipoteticamente complexa e não avalizada pela experiência. Ao invés, é da paralógica, do paradoxo, das associações de som e sentido, das frases feitas e desfeitas, dos contágios pseudoetimológicos, dos jogos polilíngues, que se alimenta o Occam do *Catatau*. Um

barroco" em Descartes, poderia respaldar, por um viés filosófico, a fabulação leminskiana...

215

insaciável abantesma grafomaníaco, que reduz ao absurdo o discurso metódico no tacho fumegante do trópico.

Sérgio Buarque de Holanda, em *Raízes do Brasil*, refere uma curiosa explicação antropológica para o insucesso da poderosa empreitada holandesa em nossas terras.

Ao contrário do que sucedeu com os holandeses, o português entrou em contato íntimo e frequente com a população de cor. Mais do que nenhum outro povo da Europa, cedia com docilidade ao prestígio comunicativo dos costumes, da linguagem e das seitas dos indígenas e dos negros. Americanizava-se ou africanizava-se, conforme fosse preciso.

E mestre Sérgio prossegue:

A própria língua portuguesa parece ter encontrado, em confronto com a holandesa, disposição particularmente simpática em muitos desses homens rudes. Aquela observação, formulada séculos depois por um Martius, de que, para nossos índios, os idiomas nórdicos apresentam dificuldades fonéticas praticamente insuperáveis, ao passo que o português, como o castelhano, lhes é muito mais acessível, puderam fazê-la bem cedo os invasores.

Mestiçagem. Miscigenação de corpos e línguas. Eis o dispositivo que teria animado a "guerra de guerrilhas" contra a qual o exército orgulhoso e bem aparelhado da Nova Holanda acabou por deixar-se abater. Leminski tenta demonstrar isso na linguagem. Ou como ele mesmo resume: "O *Catatau* é o fracasso da lógica cartesiana branca no calor, o fracasso do leitor em entendê-lo, emblema do fracasso do projeto batavo, branco, no trópico".

Uma Feira Livre Macarrônica

As influências nessa *Leminskíada*, como eu aqui a batizo, são muitas. Algumas óbvias. Como Joyce. Mais que o do *Ulysses*, o do *Finnegans Wake*, ou *Finicius Revém*, já fragmentariamente abrasileirado por Augusto de Campos e por mim na antologia *Panaroma* (1ª edição, 1962). Nada a estranhar, diga-se de passagem, nessa aclimatação do fine-ganês joyceano ao brasilírico português. Basta dizer que é o mesmo Sérgio Buarque, em *Visão do Paraíso*, quem registra a presença das peregrinações de São Brandal e da paradisíaca ilha Brasil, High Brazil ou O'Brazil, em trechos da obra máxima do irlandês ecumênico. Evidente, também, é o contributo do *Grande Sertão* rosiano: modos de dizer, circunlóquios, cadências. Mas outros condimentos são igualmente importantes no sarapatel leminskiano. O sermonário barroco de um Vieira, por exemplo, cujo estilo engenhoso, a contrapelo do "bom senso" cartesiano, foi tão bem estudado por A.J. Saraiva ("No discurso engenhoso, as palavras não são representantes mas seres autônomos, que como matéria podem ser recortados para formar outros, e têm em si relações que lembram muito mais os elementos da composição musical..."). O latim escolástico e o latinório das tertúlias coimbrãs também não lhe são estranhos. Este último deu em nossa literatura as abstrusas composições burlescas da *Macarrônea Latino-Portuguesa*, à imitação do beneditino Folengo. Sobretudo, porém, me parece presente, na prosa travada de armadilhas de Leminski, um livro inseminador, a *Feira dos Anexins*, do seiscentista D. Francisco Manuel de Melo. Essa obra, Alexandre Herculano reputava-a um verdadeiro manual para os escritores do "gênero cômico". Trata-se de um fascinante repertório de metáforas e locuções populares. Dividido em três seções, com subtítulos como "Em metáfora de cabelos", "de testa", "de olhos" etc., tem coisas desabusadas como esta: "Isso de *olho* trazeiro, não me cheira; porque os malvistos têm cinco *olhos*; e os que enxergam bem, com os *olhos* que têm na cara, terão três: mas ter no trazeiro um *olho*, e outro no rosto, é ser Polifemo a torto e a direito". A função do provérbio, como o principal recurso de engendramento e articulação do livro, já foi aliás salientada por Regis Bonvicino ("Com Quantos Paus se Faz um *Catatau*", artigo de 1979).

Uma coisa, porém, é certa. Quaisquer que sejam as extravagâncias, anomalias ou disrupções do projeto leminskiano, trata-se, fundamentalmente, de um projeto de prosa. Um projeto ambicioso, levado minuciosamente à consecução, no qual a poesia (para falar como W. Benjamin) é apenas o método (não-cartesiano) da prosa. Uma prosa que pende mais para o significante do que para o significado, mas que regurgita de vontade fabuladora, de apetência épica, de estratagemas retóricos de dilação narrativa. A poesia, ao contrário, ainda quando se sirva da prosa como "excipiente", parece dar-se melhor com a imagem, com a visão, com o epifânico. É uma distinção tendencial, ressalve-se, não categórica. As fronteiras são móveis, podendo tornar-se mais e mais rarefeitas.

O Bardo Ubaldo e o Rapsodo Leminski

Escrevendo sobre o *Catatau*, me veio à mente um paralelo que poderá parecer surpreendente para alguns, mas que, para mim, se impõe. Trata-se de *Viva o Povo Brasileiro* (1984), de João Ubaldo. Obras que não têm nada a ver, uma com a outra, e têm tudo. Não falo aqui de influências (nem caberia). Tudo as separa e tudo as aproxima. O compacto, complexo, às vezes tautológico livro-limite de Leminski e o desmedido, exorbitante, caudaloso romance-rio de Ubaldo. O sucesso de estima de um. O sucesso de público de outro. O significado, a mensagem prometida e sonegada pelo enigmático exegeta Artyschewsky, é a vocação latente de Paulo Leminski, ostensivo romancista do significante, da materialidade do signo. O significante, a elaboração verbal, o gozo da palavra, o "prazer do texto", eis, talvez, a mais profunda pulsão escritural de João Ubaldo, fabulista do significado, atento, por um lado, à intriga, à função narratológica (da qual Jorge Amado, o contador de mil-e-uma histórias, é manipulador exímio); por outro, propenso a interrogar o "quem" da linguagem, como o Rosa da prosa ensinou. Veja-se, por exemplo, o esplêndido Cap. 14 da gesta ubáldica. Datado do "Acampamento de Tuiuti, 24 de maio de 1866", nele se relata o embate entre os soldados brasileiros e o exército paraguaio, narrado agora em termos de refrega homérica, com apurados giros estilísticos, substituindo-se os deuses do panteão grego pelas divindades do céu iorubá, com seus vistosos atributos e nomes sonoros. Mas, sobretudo, considere-se o começo cinematográfico de *Viva o Povo*, quando a "primeira encarnação" do Alferes José Francisco Brandão Galvão, em pé, na brisa da Ponta das Baleias, está prestes a receber contra o peito e a cabeça as bolinhas de pedra ou ferro disparadas pelas bombardeias da frota portuguesa, quase entrada na Baía de Todos os Santos. Coteje-se esse início com outro lance panorâmico, este racontado em primeira pessoa pelo Descartes tropicalistas do *Catatau*:

> Ergo sum, aliás, Ego sum Renatus Cartesius, cá perdido, aqui presente, neste labirinto de enganos deleitáveis, – vejo o mar, vejo a baía e vejo as naus. Vejo mais [...] Do parque do príncipe, a lentes de luneta, CONTEMPLO A CONSIDERAR O CAIS, O MAR, AS NUVENS, OS ENIGMAS E OS PRODÍGIOS DE BRASÍLIA.

Destaque-se, agora, o final, soberbo, de *Viva o Povo*. O alegórico "Poleiro das Almas", suspenso no espaço cósmico, "vibrando de tantas asas agitadas e tantos sonhos brandidos ao vento indiferente do Universo"; as "alminhas brasileirinhas, tão pequetitinhas que faziam pena", descididas a descer, lutar de novo, enquanto o sudeste bate, cai a chuva "em bagas grossas e ritmadas" e, como ninguém olha para cima, ninguém vê "o Espírito do Homem, erradio mas cheio de esperança, vagando sobre as águas sem luz da grande baía". Compare-se esse final com aquele outro, intensíssimo, do *Catatau* (onde ecoa o apelo extremo de Joyce ao leitor, no *Finnegans*: "...torturas tântalas, e há alguém que me entenda?"):

> E esta terra: é um descuido, um acerca, um engano da natura, um desvario, um desvio que só não vendo. Doença do mundo. E a doença doendo, eu aqui com lentes, esperando e aspirando. Vai me ver com outros olhos ou com os olhos dos outros? AUMENTO o telescópio: na subida, lá vem ARTYSCHEWSKY. E como / Sãojoãobatavista / Vêm bêbado, Artyschewsky bêbado... Bêbado como polaco que é. Bêbado, quem me compreenderá?

Não por acaso, nos dois livros, a antropofagia é tematizada como processo simbólico. Na irreverente devoração canibal, a História Brasílica (num caso), senão o próprio *Logos* do Ocidente para aqui transplantado (no outro), são objeto de trituração. Digesto indigesto. Por um lado, o "caboco" Capiroba, guloso da carne macia e branquinha dos holandeses, criação rabelaisiana do bardo Ubaldo. Por outro, o monstro Occam, ogre filológico, mastigador de textos,

219

papa-letras e papa-línguas, fantasmagoria sígnica do rapsodo Leminski. Por cima das muitas diferenças de concepção e de fatura, esse vínculo voraginoso é mais um elo emblemático que os liga.

17. ARTE POBRE, TEMPO DE POBREZA, POESIA MENOS*

1.

O "procedimento menos" na literatura brasileira terá talvez uma data privilegiada para o registro histórico de sua discussão: o ano de 1897, em que Sílvio Romero, com truculenta retórica fisiológica, denunciou o estilo de "gago" de Machado de Assis:

> O estilo de Machado de Assis, sem ter grande originalidade, sem ser notado por uma forte cunho pessoal, é a fotografia exata do seu espírito, de sua índole psicológica indecisa. Correto e maneiroso, não é vivaz, nem rútilo, nem grandioso, nem eloquente. É plácido e igual, uniforme e compassado. Sente-se que o autor não dispõe profusamente, espontaneamente do vocabulário e da frase. Vê-se que ele

---

* Texto datado de 1981, publicado na revista *Novos* Estudos/Cebrap, vol. I, n. 3, São Paulo, julho 1982; republicado em Roberto Schwarz (org.), *Os Pobres na Literatura Brasileira*, São Paulo, Brasiliense, 1983.

apalpa e tropeça, que sofre de uma perturbação qualquer nos órgãos da palavra. Sente-se o esforço, a luta. "Ele gagueja no estilo, na palavra escrita, como fazem outros na palavra falada", disse-me uma vez não sei que desabusado num momento de expansão, sem reparar talvez que dava-me destarte uma verdadeira e admirável notação crítica. Realmente, Machado de Assis repisa, repete, torce, retorce tanto suas ideias e as palavras que as vestem, que nos deixa a impressão dum perpétuo tartamudear. Esse vezo, esse sestro, para muito espírito subserviente tomado por uma coisa conscienciosamente praticada, elevado a uma manifestação de graça e humor, é apenas, repito, o resultado de uma lacuna do romancista nos órgãos da palavra.

2.

O paradigma estava estabelecido. A arte da prosa de Machado de Assis era uma arte carente, uma arte "pobre". Alguns passos antes, no mesmo estudo, as deficiências do estilo machadiano são contrastadas por Romero com uma norma artística que envolve o seu oposto: o colorido, a abundância, a variedade ("O estilo de Machado de Assis não se distingue pelo colorido, pela força imaginativa da representação sensível, pela movimentação, pela abundância, ou pela variedade do vocabulário"). Se à tartamudez se opõe a fluência da elocução, como ao pobre o rico, o anti-paradigma também é prontamente oferecido por Romero: numa enumeração exemplificativa de autores dotados das qualidades que minguam no depauperado estilo machadiano, o crítico empenha-se em assinalar o período "amplo, forte, vibrante" de Alexandre Herculano, passa pelo "variegado, longo, cheio" de Latino Coelho, para, depois de algumas outras escalas, culminar na evocação enfática do escrever "abundante, corrente, colorido, marchetado" de Rui Barbosa. Estilo pobre, de apalpadelas e tropeços, contra estilo rico, opulento, policromo, profuso, de cadência oratória. À crítica romeriana parece subjazer uma ideia equivocada de norma estilística que valoriza a riqueza vocabular enquanto acumulação quantitativa de efeitos. Tratei uma vez do assunto falando na "magreza" estética do estilo machadiano (estilo de lacunas e reiterações, de elipse e redundância, de baixa temperatura vocabular e alta temperatura informacional estética); na ocasião, tomei como termo de contraste o de Coelho Neto, onde a alta temperatura do palavreado, a prolixa erudição lexical em estado de dicionário, não logra obter a "qualidade diferencial" da temperatura estética que seu autor aspirava alcançar por esse dispositivo mecânico, de superfície, meramente quantitativo[1]; outra coisa, muito diferente, é o fenômeno barroco, a ser analisado por outros parâmetros, de Vieira a Guimarães Rosa, como o fez Sarduy pelo ângulo de uma "ética do desperdício" e da "transgressão do útil", no caso hispano-americano (Lezama Lima em especial), ou ainda Antonio José Saraiva, em termos da oposição "discurso engenhoso" *versus* "bom senso" cartesiano (Vieira).

3.

Da "magreza estética", do estilo de "gago" de Machado de Assis vem, numa certa linha reastreável de evolução, a escritura telegráfica de Oswald de Andrade, marcada pela metonímia cubista. Não por acaso o padrão normativo contra o qual a prosa de invenção oswaldiana se insurge é o estilo "ornamental", parnaso-acadêmico, cujo expoente óbvio era Coelho Neto, o "último heleno". (A marcação do percurso está feita pelo próprio Oswald, ao indigitar a consciência ingênua do "beletrismo" pré-*Miramar* de seus anos de formação, nos parágrafos iniciais do prefácio-ajuste-de-contas que abre – e ao mesmo tempo conclui, num movimento de retrospecção, – o *Serafim*: "O mal foi ter eu medido o meu avanço sobre o cabresto metrificado e nacionalista de duas remotas alimárias – Bilac e Coelho Neto. O erro ter corrido na mesma pista inexistente").

4.

Em Machado, o tartamudeio estilístico era uma forma voluntária de metalinguagem. Uma maneira dialógica (bakhtiniana)

---

1. Cf. "A temperatura informacional do texto" (1960), em A. de Campos, D. Pignatari, H. de Campos, *Teoria da Poesia Concreta* (*Textos críticos e manifestos/1950-1960*), São Paulo, Brasiliense, 1986, (3ª ed.).

implícita de desdizer o dito no mesmo passo em que este se dizia. O "perpétuo tartamudear" da arte pobre machadiana é uma forma de dizer o outro e de dizer outra coisa abrindo lacunas entre as reiterações do mesmo, do "igual", por onde se insinua o distanciamento irônico da diferença. Há quem se contente em buscar no *Dom Casmurro* um raconto de adultério ou de suspeitas de adultério, a girar em torno de Capitolina/Capitu, a de "olhos de cigana dissimulada", a de "olhos de ressaca", a de "braços mal velados pelo cendal de Camões". Dessa leitura "verídica", procede a caracterização pontual da ambígua personagem feminina, a modo esquemático de "ficha de estudo", como "uma das maiores criações do romance brasileiro, e, dos tipos da galeria machadiana, talvez o de maior realidade objetiva" (é o que se lê, por exemplo, no "Prefácio" à edição do livro a cargo da Comissão Machado de Assis, INL-MEC, 1969). E houve quem levasse a indagação do referente tão a sério, que se desse ao trabalho de produzir uma dissertação lítero-forense sobre a culpabilidade penal de Capitu (Aloysio de Carvalho Filho, *O Processo Penal de Capitu*, 1958). Quem se lembrar que *adulter* vem de "ad +alter", e pode significar também "alterado", "falsificado", "miscigenado", "enxertado" (formas de estranhamento do mesmo no outro), quem sabe concordará comigo que a personagem principal de *Dom Casmurro* (e, por sinal, a maior criação machadiana para a estética de nosso romance) não é Capitolina/Capitu, mas o capítulo: esse capítulo gaguejante, antecipador e antecipado, interrompido, suspenso, remorado, tão metonimicamente ressaltado pelo velho Machado em sua lógica da parte pelo todo, do efeito pela causa, como os olhos e os braços de Capitu. A técnica inusitada da "narração impessoal" ("máquina de narrar de aço inglês", na metáfora crítica reprobatória de Barbey d'Aurevilly, reportada por H.R. Jauss) valeu a Flaubert, na observação do mesmo Jauss, suspender o julgamento sobre a questão do adultério em *Mme Bovary*, a ponto de tornar o escritor inimputável por sua obra no famoso processo que lhe foi movido, em nome da moral pública, por alegada obscenidade ("glorification de l'adultère"); permitiu-lhe, por outro lado, inovar no plano das expectativas éticas e comportamentais da sociedade francesa do tempo, através de sua heroína, personagem submetida a impulsos desacordes, cujo discurso interior é apresentado livremente, segundo uma tática narrativa impessoalizada, destituída das marcas justiçadoras seja do discurso direto, seja do indireto vinculado; cabe ao leitor decidir se se trata "da expressão de uma verdade" ou de uma "opinião característica da personagem" (sigo, ainda, a análise de Jauss). Um discurso sem direticidade, portanto, e sem vínculos de autoria, cuja instância aberta entra em dialogia potencial com o foro íntimo de cada leitor, sem passar em julgado, definitiva e monologicamente, por um crivo autoral previamente avalizável segundo a moral vigente. Assim Machado, por seu turno, e usando de um dispositivo singular, a matéria pobre de seu capítulo esgarçado e lacunar, altera (adultera) o referente, ambiguizando o adultério, a ponto de fazê-lo indecidível. A estrutura taliônica do modelo penal de mundo é tornada irrisória pela vertigem ilusionista que arruína a busca retificatória do vero e do certo no nível do real sancionável. O capítulo gaguejado, a evasiva do tartamudeio ficcional, adultera os padrões rígidos do mundo linearizado pela moral dos códigos formais, introduzindo a outridade irredutível (enquanto comportamento não-legislado, lábil), a qual, como efeito desse desgarrar do referente no texto, é inaferrável e não pode ser indigitada pelo dedo moralista. Função antecipadora, no plano dos modelos éticos do mundo, de um texto pobre.

5.

Em Oswald, o estilo telegráfico, com o sem-fio do seu discurso tatibitate em mosaico elétrico e o fragmentário dos minicapítulos dispersos como peças de um caleidoscópio antológico de si mesmo, responde a um propósito também metalinguístico, desta vez decididamente paródico. Como na poesia "pau-brasil", aquela poesia "pobre", reduzida ao estado elementar da "folha de parreira" (João Ribeiro), no mundo suntuário dos paramentos decorativos tardoparnasianos. Aqui se põe em xeque, desde logo, o vício retórico nacional ("o mal da eloquência balofa e roçagante", Paulo Prado). O pobre contra o rico. O menos contra o mais. A emblemática do poder na heráldica do discurso acadêmico é minada pelo contracanto corrosivo do texto paródico. "Minha sogra ficou avó" (*Miramar*, 75 – "Natal"). Um anticapítulo unifrásico que compendia, por abreviatura crítica, toda uma narratologia de idealização familiar burguesa (derivada, segundo Bakhtin, do velho *cronotopo* idílico-pastoral). Fórmula de "happy-end", aqui desnudada, deslocada de sua posição terminal no entrecho e atravessada de ridículo, este capítulo-frase oswaldiano pontua as vicissitudes das relações naturais perturbadas pelas derrapagens extraconjugais e pelas oscilações de pecúnia (lembre-se, contra o voo rasante desse capítulo epigramático, o final esponsalício de *Senhora*, paradigma do romance alencariano de matrimônio & finanças: "As cortinas cerraram-se, e as auras da noite, acariciando o seio das flores, cantavam o hino misterioso do santo amor conjugal").

6.

A "metáfora lancinante", metáfora de choque, colorindo berrantemente o telegráfico estilo miramarino, pode fazer esquecer, pelo contragolpe sinestésico da visualidade imprevista, que a estrutura de base dessa prosa passa pelo "procedimento menos" da "arte pobre", pela escassez, voluntariamente "descolorida", da linhagem machadiana. Quando, em Graciliano Ramos, mais de uma década depois, em *Vidas Secas* (1938), o gaguejamento machadiano, traduzido em taquigrafia de combate por Oswald, retomar literalmente a sua degradação fisiológica de afasia, de afonia, na mudez deslinguada de Fabiano e sua família de retirantes, pouca gente se dará conta de que a oposição modernismo/paulista-"cosmopolita" *versus* regionalismo dos "búfalos do nordeste" recobre uma solidariedade escritural mais profunda. Aqui, em Graciliano, o pobre do estilo "menos" é dobrado pela pobreza da matéria no nível do referente. O isomorfismo do estilo magro e das vidas secas produz um "romance desmontável" (Rubem Braga citado por Antonio Candido), avaliado negativamente por Álvaro Lins em termos de "falta de unidade formal" ("...a novela, tendo sido construída em quadros, os seus capítulos, assim independentes, não se articulam formalmente com bastante firmeza e segurança. Cada um deles é uma peça autônoma, vivendo por si mesma, com um valor literário tão indiscutível, aliás, que se poderia escolher qualquer um, conforme o gosto pessoal, para as antologias"). Confronte-se com esta apreciação, que vê na descontinuidade um "defeito" de construção, a de Prudente de Morais Neto e Sérgio Buarque de Holanda sobre o *Miramar*. "Uma das características mais notáveis desse 'romance' do sr. Oswald de Andrade deriva possivelmente de certa feição de antologia que ele lhe imprimiu [...] Isso não importa em dizer que o livro não tem unidade, não tem ação e não é construído. E a própria figura de J. Miramar que lhe dá unidade, ligando entre si todos os episódios. Oswald fornece as peças soltas. Só podem se combinar de certa maneira. É só juntar e pronto". Em dois novos lances, sob signos diversos de intervenção, novas aventuras do capítulo capitolino, dissimulado e tartamudeante, de Machado, o "homem subterrâneo" (como disse Augusto Meyer), o nosso "gago" desapaixonado...

7.

Em Graciliano o "estilo pobre" é o estilo de um mundo em tempo físico de pobreza. A linguagem, "o mais perigoso dos bens", do verso hoelderliniano, é, simultaneamente, anelada como forma de resgate e posta sob suspeita como forma de opressão. Assim como o *inverno* pode ser uma pausa de melhoria, irrigando a inclemência solar da seca (que nem por isso é conjurada, mas persiste, ameaça, inflexível e vulturina, com seu ciclo fatalizado de retorno) – pausa ilusória, portanto, – também no puro jogo fônico da palavra *inferno* ("Não acreditava que um nome tão bonito servisse para designar coisa ruim"), um infante afásico ("poetar, o mais inocente dos afazeres", – Hoelderlin ainda) pode entrever o céu, até que "cocorotes, puxões de orelhas e pancadas com bainha de faca" o devolvam ao mundo magro das "vidas secas" (mundo onde as "palavras esquisitas" são como estrelas desterradas) e ao seu duro princípio de realidade. O *logos* oprime: é a fala do poder do "soldado amarelo" contra a revolta desarticulada, afônica, de Fabiano: rugido gutural de bicho. Dominar o *logos* é aceder à condição de hominidade. Mas o *logos* despista. O *logos* é minado pelo ideológico. O texto pobre denuncia a retórica da falação, da mais-valia bem-falante (de novo o vício oratório nacional, agora aparado com rudez direta, quase de desforço físico): "Fiz o livrinho, sem paisagens, sem diálogos. E sem amor. Nisso pelo menos ele deve ter alguma originalidade. Ausência de tabaréus bem falantes, queimadas, cheias, poentes vermelhos, namoros de caboclos. A minha gente, quase muda, vive numa casa velha da fazenda; as personagens adultas, preocupadas com o estômago, não têm tempo de abraçar-se [...] A narrativa foi composta sem ordem..." (G. Ramos, depoimento a José Conde, 1944). O realismo, como efeito semiológico, parece aqui ser incindível do "procedimento menos"; este, por outro lado, isomorficamente, ou o texto dele resultante, parece engendrar a figura de duplicação do real pauperizado. Não metalinguagem, mas realismo semiológico que aspira à condição de fatografia radical: texto "encourado" na "secura da fatalidade geográfica" (expressões de A. Candido). Do capítulo "desconstrutor", ambiguizante até à vertigem das relações interpessoais, em Machado, passamos à "construção por fragmentos, quadros quase destacados, onde os fatos se arranjam sem se integrarem uns com os outros perfeitamente, sugerindo um mundo que não se compreende, e se capta apenas por manifestações isoladas [...] Ao reuni-los, o autor não quis amaciar a sua articulação, mostrando que a concepção geral obedecia de fato àquela visão tacteante" (A. Candido). "Visão tacteante." Outro nome para o "perpétuo tartamudeio", herança mais sentida da "arte pobre" inaugurada por Machado a contracorrente do filão ornamental das letras de opulência. (Três anos antes de Graciliano, outro machadiano, Dyonélio, enfibrado pela experiência de choque do Modernismo, já produzira uma "novela miúda", *Os Ratos*, 1935. "Mundo miudinho deste romance, miudinho como ruídos de ratos", resumiu Cyro Martins, num símile exato. Vidas ressecadas na jornada incolor do subemprego urbano. Prosa pobre, puída, em caminho tautológico – cruzado, recruzado, obsessivo – de rato)[2].

8.

Da "poesia pau-brasil" de Oswald (cujo monogramático refrão de guerra seria o poema "amor/humor"), ao "poema-orelha" de Drummond, que epitomiza essa dialética numa síntese expressiva: "e a poesia mais rica é um sinal de menos" (1959), pode-se fazer, por outro ângulo de enfoque, todo um traçado da "arte pobre" (*arte povera* se dizia, não faz muito, em pintura) na poesia brasileira, entendida agora como poética da linguagem reduzida (ver o meu "Drummond, Mestre de Coisas, de 1962, em *Metalinguagem*). Sem esquecer a contribuição fundamental de João Cabral, da poesia que se faz flor, "conhecendo que é fezes", e que, afinal, querendo-se a contrafluxo de si mesma, num limite de torção, ambiciona ser prosa (*O Rio*, depois dos símiles voluntariamente "pauperizados", rudimentares, de o *O Cão sem Plumas*). De Augusto de Campos direi que, já nos anos 50, quando pensou o seu primeiro conjunto de "poemas concretos", pensou-os estruturalmente enquanto "poesia menos" (a sequência *Poetamenos*, escrita em 1953, publicada em 1955). Despoetizar a poesia, àquelas alturas do triunfalismo neoparnasiano da Geração de 45, para reduzi-la ao seu "mínimo múltiplo comum": resposta sincrônica da série literária à série pictórica (Maliévitch, Mondrian) e à musical (Webern). Da economia restrita da "poesia pura" viu-se, a seguir, num determinado lance da prática poética da poesia concreta, que se podia passar à economia generalizada da "poesia para". Como experiência dialética de extremos. (Entre a poesia "a plenos pulmões" de Maiakovski, que engendra o "agit-prop" de massa, construtivista, e a poesia como "cenografia espiritual

2. Note-se que "novela miúda" é a expressão com que Graciliano Ramos autodefine a experiência de *Vidas Secas* (entrevista a José Conde, referida no corpo deste estudo).

exata" de Mallarmé, teatro hermético de câmera, "cruel" antes de Artaud, nas fronteiras do silêncio, não será bizarria surpreender o faiscar limítrofe de certas "afinidades eletivas"; leia-se Blanchot em *Le Livre à Venir* e Walter Benjamin sobre o "Coup de Dés" em *Einbahnstrasse*.) LIXO/LUXO de Augusto é um exemplo frisante dessa dialética de extremidades, que encena, na arte mínima de seu "procedimento menos" (a expressão pode ser aproximada do "procedimento negativo" da poética estrutural de Iuri Lotman, 1964, mas eu a derivei aqui da ideia augustiana de "poetamenos", 1953), o jogo de suas tensões e mediações, como uma tatuagem intersemiótica. O oxímoro paronomástico "lixo/luxo" se redobra visualmente numa tipografia desejadamente *Kitsch*, enquanto as páginas desdobráveis vão compondo e decompondo, numa escansão paródica, a luxúria do LUXO de encontro à lixívia do LIXO. A redução ao absurdo, na cinescopia transemiótica do verbal e do não-verbal, configura um modelo reduzido do mundo às avessas. Gadamer observou que o *verkehrte Welt* (mundo reverso e perverso) de Hegel tem, na prática literária da sátira, uma iluminadora figura de equivalência. (Cito: "O que se encontra no mundo de cabeça-para-baixo não é simplesmente o contrário, o mero oposto abstrato do mundo existente. Antes, essa reversão, na qual cada elemento é o oposto de si próprio, torna visível, como no espelho deformante de um pavilhão de diversões, a perversão encoberta de todas as coisas, tais como as conhecemos.") No extremismo dessa perversão semântica, que se aguça no intercurso do "troca-troca" fônico e do "trompe l'oeil" tipográfico, percorrendo, soletradamente, cada parte e o todo, a "arte pobre" da poesia com sinal de menos inscreve o seu programa de subversão retórica com a ostensividade de um pictograma épico. Epicômico. Aqui o "procedimento menos", assumindo a metalinguagem de si mesmo (enquanto figura problemática do poema *in fieri*) e avocando, letra a letra, numa "literariedade" radical (literal) a tematização do referente para o seu campo de tensão polêmica, fecha o seu circuito, e se totaliza, monadologicamente.

18. DA RAZÃO ANTROPOFÁGICA: DIÁLOGO E DIFERENÇA NA CULTURA BRASILEIRA*

> "*Echu Polemik nimmt ein Buch sich so liebevoll vor, wie ein Kannibale sich einen Säugling zurüstet.* "
> (*A polêmica verdadeira apodera-se de um livro tão amorosamente quanto um canibal que prepara para si uma criancinha.*)
>
> WALTER BENJAMIN

1. Vanguarda e/ou Subdesenvolvimento

A questão do nacional e do universal (notadamente do europeu) na cultura latino-americana, que envolve outras mais específicas, como a da relação entre patrimônio cultural universal e peculiaridades locais, ou ainda, mais determinadamente,

---

* Texto datado de 1980, publicado originalmente na revista *Colóquio/Letras*, Lisboa, Fundação Calouste Gulbekian, nº 62, julho 1981; em espanhol, em *Vuelta*, México, nº 68, junho 1982, e *Vuelta Sudamericana*, Buenos Aires, nº 4, novembro 1986; em inglês, na *Latin American Literary Review*, University

a da possibilidade de uma literatura experimental, de vanguarda, num país subdesenvolvido, foi por mim enfocada, num trabalho de 1962[1], com auxílio de uma reflexão de Engels sobre o problema da divisão do trabalho em filosofia, contida numa famosa carta a Conrad Schmidt (27 out. 1890): "Enquanto domínio determinado da divisão do trabalho, a filosofia de cada época supõe uma documentação intelectual (*Gedankenmaterial*) determinada, que lhe é transmitida por seus predecessores e da qual ela se serve como ponto de partida. Isto explica porque pode acontecer que países economicamente retardatários possam, não obstante, tocar o primeiro violino em filosofia". A supremacia do econômico, para Engels, aqui, não se registra diretamente, mas nas "condições prescritas pelo próprio domínio interessado", ou seja, indiretamente, mediada pelo material intelectual transmitido. Àqueles que não eram capazes de considerar a complexidade desse movimento no plano cultural, Engels reprovava, afirmando: "O que falta a esses senhores é a dialética". É de Engels, também, a imagem do "grupo infinito de paralelogramas de forças", do qual resulta o evento histórico, e que, não obstante a postulada determinação econômica em última instância, não poderiam ser objeto de uma análise simplista, mecânica, como se se tratasse da mera resolução de uma "equação de primeiro grau" (carta a Joseph Bloch, 21 set. 1890). Pareceu-me sempre que, em matéria de trabalho literário, também ocorria essa lei complexificadora da transmissão do legado cultural, à qual não se podia furtar a produção poética e que permitia identificar o surgimento do novo ainda nas condições de uma economia subdesenvolvida[2]. Mormente na época atual, com a verificação

of Pittsburgh, n° 27, jan.-jun. 1986; em francês, *Lettre internationale*, Paris, n° 20, printemps 1989; em italiano, *Lettera internazionale*, Roma, n° 20, primavera 1989; em alemão, *Lettre international*, Berlim, n° 11, Winter 1990; republicado no Brasil no *Boletim Bibliográfico*, Biblioteca Mário de Andrade, São Paulo, v. 44, n° 1-4, jan.-dez. 1983.

1. Haroldo de Campos, "A Poesia Concreta e a Realidade Nacional", *Tendência* n° 4, Belo Horizonte, 1962; *idem*, "Avanguardia e Sincronia nella Letteratura Brasiliana Odierna", *Auí Aut* n° 109-110, Milano, Lampugnani Nigri Editore, 1969.

2. Poder-se-ia confrontar, ainda, esta passagem de Marx, em 1857, no final da *Introdução a Uma Crítica da Economia Política*: "Com relação à arte,

factual daquela previsão de Marx e Engels: "Em lugar do antigo isolamento das províncias e das nações bastando-se a si próprias, desenvolvem-se relações universais, uma interdependência universal de nações. E o que é verdadeiro quanto à produção material o é também no tocante às produções do espírito. As obras intelectuais de uma nação tornam-se a propriedade comum de todas. A estreiteza e o exclusivismo nacionais tornam-se dia a dia mais impossíveis; e da multiplicidade das literaturas nacionais e locais nasce uma literatura universal"[3]. A ideia goetheana da *Weltliteratur* encontra, nesse texto, uma releitura em termos do que se poderia definir como uma *práxis* intersemiótica: é o mundo das comunicações, a pressão dialógica da comunicação intersubjetiva generalizada, que preordena e configura o signo literário universal como "signo ideológico" (no sentido em que Volochinov – e/ou Bakhtin –, nos anos 20, iria tentar formular a sua "semiótica sociológica", de base marxiana)[4]. Ponto de cruzamento de discursos, diálogo necessário e não xenofobia monológica, paralelogramo de forças em atrito dialético e não equação a uma incógnita mimético-pavloviana. Assim, toda redução mecanicista, todo fatalismo autopunitivo, segundo o qual, a um país não desenvolvido economicamente também deveria caber, por reflexo condicionado, uma literatura subdesenvolvida, sempre me pareceu falácia de sociologismo ingênuo.

Mais tarde, encontrei em Octavio Paz (*Corriente Alterna*, 1967), no estudo "Invención, Subdesarrollo, Modernidad", observações iluminadoras, que, partindo de um grande intelectual de outro país latino-americano, o México, vinham confirmar-me nas reflexões sobre o problema da situação do poeta brasileiro perante o universal: "Algunos críticos

sabe-se que determinados períodos de florescimento não estão de modo algum em relação com o desenvolvimento geral da sociedade, nem, consequentemente, com a base material, a ossatura, por assim dizer, de sua organização. Por exemplo, os Gregos comparados aos modernos, ou, ainda, Shakespeare".

3. Trecho do "Manifesto Comunista" (1848).

4. Refiro-me, em especial, à obra de Volochinov, *Marksizm i filosofiya jazyka*, publicada em Leningrado, em 1929, e atribuída por alguns estudiosos a M.M. Bakhtin. (Há trad. brasileira, *Marxismo e Filosofia da Linguagem*, São Paulo, Hucitec, 1979.)

mexicanos emplean la palabra 'subdesarrollo' para describir la situation de las artes y las letras hispanoamericanas: nuestra cultura está 'subdesarrollada', la obra de fulano rompe el 'subdesarrollo de la novelística nacional', etc. Creo que con esa palabra aluden a ciertas corrientes que no son de su gusto (ni dei mio): nacionalismo cerrado, academismo, tradicionalismo, etc. Pero la palabra 'subdesarrollo' pertence a la economia y es un eufemismo de las Naciones Unidas para designar a las naciones atrasadas, con un bajo nivel de vida, sin industria o con una industria incipiente. La noción de 'subdesarrollo' es una excrecencia de la idea de progresso económico y social. Aparte de que me répugna reducir la pluralidad de civilizaciones y el destino mismo del hombre a un solo modelo: la sociedad industrial, dudo que la relación entre prosperidad econômica y excelência artística sea la de causa y efecto. No se puede llamar 'subdesar--rollados' a Kavafis, Borges, Unamuno, Reyes, a pesar de la situation marginal de Grécia, Espana y America Latina. La prisa por 'desarrollarse', por lo demás, me hace pensar en una desenfrenada carrera para llegar más prontos que los otros al infierno".

Creio que, no Brasil, com a "Antropofagia" de Oswald de Andrade, nos anos 20 (retomada depois, em termos de cosmovisão filosófico-existencial, nos anos 50, na tese *A Crise da Filosofia Messiânica*), tivemos um sentido agudo dessa necessidade de pensar o nacional em relacionamento dialógico e dialético com o universal. A "Antropofagia" oswaldiana – já o formulei em outro lugar[5] – é o pensamento da devoração crítica do legado cultural universal, elaborado não a partir da perspectiva submissa e reconciliada do "bom selvagem" (idealizado sob o modelo das virtudes europeias no Romantismo brasileiro de tipo nativista, em Gonçalves Dias e José de Alencar, por exemplo), mas segundo o ponto de vista desabusado do "mau selvagem", devorador de brancos, antropófago. Ela não envolve uma submissão (uma catequese), mas uma transculturação; melhor ainda, uma "transvaloração": uma visão crítica da história como função negativa (no sentido de Nietzsche), capaz

---

5. Ver, p. ex., meu estudo introdutório a Oswald de Andrade, *Trechos Escolhidos*, Rio de Janeiro, Agir, 1967; mais recentemente, o ensaio "Oswald de Andrade", *em Europe* ("Le modernisme brésilien"), nº 599, Paris, mar. 1979.

tanto de apropriação como de expropriação, desierarquização, desconstrução. Todo passado que nos é "outro" merece ser negado. Vale dizer: merece ser comido, devorado. Com esta especificação elucidativa: o canibal era um "polemista" (do grego *pólemos* = luta, combate), mas também um "antologista": só devorava os inimigos que considerava bravos, para deles tirar proteína e tutano para o robustecimento e a renovação de suas próprias forças naturais... Exemplo: Oswald de Andrade inspirou-se até certo ponto no cubismo poemático-itinerante de Blaise Cendrars (sobre quem, por outro lado, não deixou também de exercer influência no período heroico da criação da chamada "poesia pau-brasil", 1923-1924). No entanto, ao invés da "kodak" excursionista do "pirate du lac Leman", preocupada em registrar o pitoresco e o exótico nas suas andanças por terras brasileiras, o "camera-eye" do poema-minuto oswaldiano deflagra, no meramente paisagístico, um elemento crítico, capta um registro satírico dos costumes nacionais estratificados, detona uma cápsula de humor dessacralizante, que não encontramos nos turísticos poemas brasileiros de Cendrars, recolhidos em *Feuilles de Route*. Com Oswald, na década de 20, já estamos mais próximos, por antecipação, do antiilusionismo da poesia lacônica do Brecht do final dos anos 30 (os poemas escritos em *basic German* e aguçados de farpa crítica) do que da cromotipia descomprometida de Cendrars. O suíço pensou que tinha redescoberto o Brasil e escaldado o amigo brasileiro numa panela de "fondu" cosmopolita. Oswald pediu-lhe emprestada a máquina fotográfica e retribuiu-lhe a gentileza comendo-o. Sutilezas do morubixaba Cunhambebe: "Lá vem a nossa comida pulando", como diziam os tupinambás à vista do europeu Hans Staden. O caso tem certo paralelo na relação Huidobro/Reverdy. Posta entre parênteses a ociosa polêmica de prioridades, que poema de Reverdy, em força e originalidade, equivale, na poesia contemporânea, à síntese aeroépica do *Altazor*?

2. *Nacionalismo Modal Versus Nacionalismo Ontológico*

Acho que a um nacionalismo ontológico, calcado no modelo organicista-biológico da evolução de uma planta (modelo que inspira, sub-repticiamente, toda historiografia literária empenhada na individuação de um "classicismo nacional", momento de optimação de um processo de floração gradativa, alimentado na "pretensão objetivista" e na "teleologia imanente" do historicismo do século xix)[6], pode-se opor (ou, no mínimo, em benefício do arejamento do domínio, contrapor no sentido musical do termo) um nacionalismo modal, diferencial. No primeiro caso, busca-se a origem e o itinerário de *parousía* de um Logos nacional pontual. Trata-se de um episódio da metafísica ocidental da presença, transferido para as nossas latitudes tropicais, e que não se dá bem conta do sentido último dessa translação. Um capítulo a apendicitar ao logocentrismo platonizante que Derrida, na *Grammatologie*, submeteu a uma lúcida e reveladora análise, não por acaso sob a instigação de dois excêntricos: Fenollosa, o anti-sinólogo, e Nietzsche, o pulverizador de certezas. Pretende-se, nesse primeiro caso, detectar o momento de encarnação do espírito (do Logos) nacional, obscurecendo-se a diferença (as disrupções, as infrações, as margens, o "monstruoso") para melhor definição de uma estrada real: o traçado retilíneo dessa logofania através da história. O instante do apogeu (comparável à pujança orgânica da árvore) coincide com o da *parousía* desse Logos plenamente desabrochado no quintal doméstico: só que, quando se vai descrever o que seja essa substância entificada – o "caráter" nacional – cai-se num "retrato médio", aguado e convencional, onde nada é característico e o patriocentrismo reconciliador tem que recorrer a hipóstases para sustentar-se. Machado de Assis, por exemplo. O grande e inclassificável Machado, deglutidor de Laurence Sterne e de incontáveis outros (é dele a metáfora da cabeça como um "bucho de ruminante", onde, como lembra Augusto Meyer num atilado estudo de fontes, "todas as sugestões, depois de misturadas e trituradas, preparam-se para nova mastigação, complicado quimismo em que já não é possível distinguir o organismo assimilador das matérias

---

6. Cf. Hans Robert Jauss, "Geschichte der Kunst und Historie". *Lilerattirgeschichle als Provokation*, Frankfurt a. M, Suhrkamp, 1970; ver meu livro *O Sequestro do Barroco na Formação da Literatura Brasileira: O Caso Gregório de Mattos*, Salvador, Bahia, Fundação Casa de Jorge Amado, 1989.

assimiladas"). Pois bem, Machado – nosso Borges no Oito-
centos –, cuja obra marca o zênit da *parousía* na suma
concordante dessas leituras logofânicas, é nacional por não
ser nacional... Como o Ulisses mitológico de Fernando Pessoa, que "foi por não ser existindo...", e "nos criou..."

Daí a necessidade de se pensar a *diferença*, o nacionalismo como movimento dialógico da diferença (e não como
unção platônica da origem e rasoura acomodatícia do
mesmo): o des-caráter, ao invés do caráter; a ruptura, em
lugar do traçado linear; a historiografia como gráfico sísmico
da fragmentação eversiva, antes do que como homologação
tautológica do homogêneo. Uma recusa da metáfora subs-
tancialista da evolução natural, gradualista, harmoniosa.
Uma nova ideia de tradição (antitradição), a operar como
contravolução, como contracorrente oposta ao *cânon* presti-
giado e glorioso. Aquela tese de Adorno, recapitulada por
Jauss: "Aí nos deparamos com o verdadeiro tema do sentido
da tradição: aquilo que é relegado à margem do caminho,
desprezado, subjugado; aquilo que é coletado sob o nome de
antiqualhas; é aí que busca refúgio o que há de vivo na tradição, não no conjunto daquelas obras que supostamente
desafiam o tempo..."[7] Mário de Andrade, criando Macunaíma, o anti-herói nacional "sem nenhum caráter",
denunciou, talvez subliminarmente (aqui vale dizer, no seu
caso, "oswaldianamente"), a falácia logocêntrica que ronda
todo nacionalismo ontológico; a busca macunaímica, vista
dessa perspectiva radical, *difere* (no duplo sentido derridiano
de divergir e retardar) o momento talismânico da plenitude
monológica; suspende a investidura dogmática do caráter
uno e único que finalmente seria encontrado (donde o perigo
de recristianizar o aspecto selvagem-canibalesco do projeto
macunaímico, nimbando-o da auréola religiosa do Graal: – o
perigo de repor o índio tocheiro e filho-de-Maria, o Guarani
cavalheiresco ridicularizado no Manifesto de Oswald, no
lugar do *trickster*-antropófago; erro – ou tentativa de neutra-
lização e conjuro – dos missionários europeus, que traduziram
o nome de Macunaíma – o "Grande Mau" dos indígenas do

7. T.W. Adorno, *Thesen über Tradition* (1966), *apud* H.R. Jauss, *op. cit.*

Roraima – pelo santo apelativo do Deus cristão…). Da busca assim incessantemente diferida e frustrada (delongada) fica a diferença, o movimento dialógico, desconcertante, "carnavalizado", jamais pontualmente resolvido, do mesmo e da alteridade, do aborígene e do alienígena (o europeu). Um espaço crítico paradoxal, ao invés da *doxa*: a interrogação sempre renovada, instigante, em lugar do preceito tranquilizador do manual de escoteiros.

Nisso, nesse substancialismo logofânico, não se distinguem muito os dois principais modelos de leitura da tradição propostos pela historiografia literária brasileira contemporânea. O disfórico e o eufórico. O de Antonio Candido (*Formação da Literatura Brasileira*, 1959) e o de Afrânio Coutinho (*Introdução à Literatura no Brasil*, 1959; *Conceito de Literatura Brasileira*, 1960; A *Tradição Afortunada*, 1968). O primeiro, economizando operacionalmente o Barroco por um argumento de ordem sociologia (ausência de produção impressa e de público) e individuando no Arcadismo pré-romântico o "momento formativo" inaugural; montado, com a elegância e a coerência interna de um construto matemático, sobre o esquema da transmissão de mensagens referenciais (temático-nativistas); privilegiando, no processo, a função comunicativa e a emocional (exteriorizadora de "veleidades profundas") da linguagem e, por extensão, da literatura; alimentando, porém, por outro lado, certo ceticismo irônico quanto à arbitrariedade do gesto crítico de objetivação interpretativa e à rentabilidade estética do modelo assim construído (nesse sentido, *disfórico*). O segundo, capaz de resgatar o Barroco brasileiro, sem maiores constrangimentos nem discutíveis inibições metodológicas, pelos critérios da crítica estilístico-periodológica em que se molda, *lato sensu* (neste resgate importantíssimo consiste o seu mérito principal); voltando-se para a reconstrução de uma tradição pressupostamente "afortunada": uma escala evolutivo-ascensional (não sem resquícios "ufanistas"), na qual o Barroco se integra naturalmente, como despontar auroral; menos preocupado com a definição rigorosa de seu modelo semiológico de leitura que parece depender antes da própria *fortuna*, axiomaticamente declarada como tal, dessa *tradição* (por esta razão, chamei-o *eufórico*). Ambos, porém, empenhados no mesmo esforço *parousíaco* (ainda que com diverso, e até mesmo antagônico, timbre ideológico): a constituição do espírito (ou consciência) nacional, Machado de Assis como *terminus ad quem* do roteiro ontológico, como sua culminação, nos dois casos. Em ambos, a uma análise mais rigorosa, trata-se da ultimação historiográfica (com os naturais amadurecimentos teóricos e a tentativa de "normalização" da interferência perturbadora de Machado de Assis) do projeto fundamental do Romantismo brasileiro, entendido por Antonio Candido como um "processo de construção genealógica", um "processo retilíneo de abrasileiramento", cuja fase ingênua (com Machado, o Romantismo tornar-se-ia adulto e crítico) é assim ilustrada, pitorescamente, pelo mesmo crítico: "Resultaria uma espécie de espectograma em que a mesma cor fosse passando das tonalidades esmaecidas para as mais densamente carregadas, até o nacionalismo triunfal dos indianistas românticos".

3. O Barroco: A Não-Infância

Toda questão logocêntrica da origem, na literatura brasileira (e isso poderá ser válido para outras literaturas latino-americanas, à parte o problema, a ser considerado sob luz especial, das grandes culturas pré-colombianas) esbarra num obstáculo historiográfico: o Barroco[8]. Direi que o Barroco, para nós, é a não-origem, porque é a não-infância. Nossas literaturas, emergindo com o Barroco, não tiveram infância (*infans*: o que não fala). Nunca foram afásicas. Já nasceram adultas (como certos heróis mitológicos) e falando um código universal extremamente elaborado: o código retórico barroco (com sobrevivências tardomedievais e renascentistas, decantadas já,

---

8. Gostaria de referir aqui, de passagem, a tese da possível identificação de um "barroco indígena", pré-colombiano, caracterizado por um "idioma de signos e de símbolos, baseado no mito". Este ponto de vista (que não deixa de ter afinidades com a concepção panbarroquista de um Eugênio D'Ors) foi sustentado pelo Prof. Alfredo A. Roggiano (University of Pittsburgh), numa comunicação apresentada ao XVII Congresso do "Instituto Internacional de Literatura Iberoamericana", Madrid, 1975, com apoio no exemplo mexicano e a partir de conceitos de Paul Westheim, *Ideas fundamentales del arte prehispánico en México*, Fondo de Cultura Econômica, 1957.

no caso brasileiro, pelo maneirismo camoniano, este último, aliás, estilisticamente influente em Góngora). Articular-se como diferença em relação a essa panóplia de *universalia*, eis o nosso "nascer" como literatura: uma sorte de partenogênese sem ovo ontológico (vale dizer: a diferença como origem ou o ovo de Colombo...).

Mário Faustino, inesquecível companheiro de minha geração, escreveu no fim dos anos 50: "O barroquismo do *seicento*, italiano ou espanhol, é, aliás, o primeiro grande impulso organizado, na poesia do Ocidente, no sentido de fazer uma poesia "orgânica", isto é, que cresce a partir das linhas de força dos próprios materiais de que se faz, poesia em que o poema reflete uma visão pormenorizada do mundo, à medida que constitui um outro mundo, microscópico e coisificado. [...] A verdadeira poesia do barroquismo seis-centista é evidentemente, antes de mais nada, uma poesia *culta*". E, considerando em especial o caso brasileiro:

> É surpreendente, frisamos uma vez mais, o alto nível técnico com que principiou a poesia no Brasil, em todas as suas correntes. A poesia começou, entre nós, como uma arte, como algo que pode ser ensinado pelos competentes e apreendido e praticado por quem possui um mínimo de habilidade para os fins em vista. Em Portugal como no Brasil, no século XVII, aprendia-se a fazer verso, em manuais como o célebre *El Arte de Trobar*; os poetas mais velhos ensinavam aos menos experientes; e as academias começavam a florescer. Não é portanto de todo espantoso (considerando-se que ou vinham da Europa já versados na arte, ou iam lá estudá-la) que se encontre em nossos primeiros poetas, maiores e menores, um elevado padrão técnico [...][9].

Falar o código barroco, na literatura do Brasil Colônia, significava tentar extrair a diferença da morfose do mesmo. Na medida em que o estilo alegórico do Barroco era um dizer alternativo – um estilo em que, no limite, qualquer coisa poderia simbolizar qualquer outra (como explicou Walter Benjamin em seu estudo capital sobre o *Trauerspiel* alemão) – a "corrente alterna" do Barroco Basílico era um duplo dizer

9. Mário Faustino, "Evolução da Poesia Brasileira – Gregório de Matos e Manuel Botelho de Oliveira", Suplemento Dominical do *Jornal do Brasil*, Rio de Janeiro, 14 e 28 set. 58.

do outro como diferença: dizer um código de alteridades e dizê-lo em condição alterada. Gregório de Matos, brasileiro formado em Coimbra, branco entre mulatos e mestiços, inimizado com os nobres da terra e com os reinóis de Portugal, por seu turno híbrido espiritual irremissível, não mais podendo ser nem uma coisa nem outra, nem juiz no reino nem advogado na Colônia ultramarina, dilacerado como o Brasil na sua situação de dependência, estoura maledicentemente em boca-de-inferno: o mesmo mecanismo permutatório do código áulico do Barroco presta-se à desabusada virulência da crítica; o estilo engenhoso do elogio e da louvação cortês é o mesmo que propicia o jogo-de-espírito contundente da sátira e o jogo-de-corpo destabocado da erótica. Gregório é já o nosso primeiro antropófago, como o viu Augusto de Campos ("O primeiro antropófago experimental da nossa poesia"), num instigante estudo-poema de 1974[10]. O nosso primeiro transculturador: traduziu, com traço diferencial, personalíssimo, revelado no próprio manipular irônico da combinatória tópica, dois sonetos de Góngora ("Mientras por competir con tu cabello" e "Ilustre y hermosísima Maria") num terceiro ("Discreta e formosíssima Maria"), que desmontava e explicitava os segredos da máquina sonetífera barroca, e que, ademais, sendo duas vezes de Góngora, era ainda de Garcilaso de la Vega, de Camões, e mais remotamente de Ausônio (pois em todos esses poetas, por seu turno, alimentara o cordovês seus sonetos paradigmais, que o baiano Gregório ressonetiza num *tertius* tão mistificador e congenial na sua síntese dialética inesperada, que os comentadores acadêmicos, até hoje, não se conseguem aproximar desse produto *monstruoso* sem murmurar santimoniosamente o conjuro protetor da palavra "plágio"...). Sor Juana, no México, é outro exemplo. Do seu barroco diferencial, direi apenas – acompanhando Octavio Paz (*Las Feras del Olmo*, 1957) – que, no seu auge, em "Primero Sueño", não é a Góngora que ela replica,

---

10. Augusto de Campos, "Arte Final para Gregório", em *Bahia/Invenção* (*Antiantologia de Poesia Baiana*), Salvador, Propeg, 1974. Nota para esta edição: Este ensaio encontra-se, hoje, em *O Anticrílico*, Companhia das Letras, São Paulo, 1986. A ideia foi retomada por J. Miguel Wisnik na introdução a Gregório de Matos, *Poemas Escolhidos*, São Paulo, Cultrix, 1976.

mas, antes, ao Romantismo alemão e ao onirismo surrealista que ela se antecipa, num só lance, a partir do confinamento conventual que lhe servia de território livre para os voos da imaginação criadora no espaço colonial, repressivo enquanto desterro dos centros de maior cultura e enquanto marco masculino de isolamento para uma poeta mulher e douta.

Falando a diferença nos interstícios de um código universal, os escritores latino-americanos do Barroco também travavam entre si um diálogo que só hoje começa a ser retomado. Um diálogo que podia ser explícito: Sor Juana discutia as construções teológicas do Padre Vieira, o grande prosador do Barroco brasileiro, em sua intervenção polêmica denominada *Crisis sobre un sermón* (publicada com o título *Carta Atenagórica* em 1690, ainda em vida de Vieira, portanto). E as discutia para devorá-las e a seu autor. Para impor o seu *wit* feminino ao engenho parenético vieiriano. Para desforrar-se da grandíloqua arrogância masculina pela via ardilosa da cavilação castradora, na interpretação apimentada de psicanálise de Ludwig Pfandl[11]. Hoje, nos causa surpresa quando encontramos, em Borges, uma referência aos *Sertões* de Euclides da Cunha, não mais do que uma distante recordação de leitura. É que ficamos mais afastados, na geografia espiritual, do que Sor Juana e Vieira, que operavam diferencialmente um código comum. E havia ainda, por outro lado, o diálogo implícito: o baiano Gregório, a mexicana Sor Juana, o peruano Caviedes, todos eles participavam de um discurso que se revezava tropologicamente, ainda quando não houvesse contemporaneidade exata nem referência alusiva direta. Esse discurso se prolongava também como um simpósio retrospectivo no tempo: a ele compareciam Góngora, Quevedo, Lope, Garcilaso, Camões, Sá de Miranda, Petrarca... A literatura, na Colônia como na metrópole, se fazia de literatura. Só que,

---

11. Ludwig Pfandl, München, 1946. Nota para esta edição: Sobre a *Carta atenagóica*, ou seja, digna de Palas Atena, por sua sabedoria, dispomos hoje da iluminadora leitura de Octávio Paz, em *Sor Juana Inés de la Cruz o Las trampas de tafe* Barcelona, Seix Banal, 1982; Paz discute e critica os excessos de interpretação "psicossomática" de Pfandl; a "cavilação", por exemplo, ao contrário do que pensa o estudioso alemão, seria efeito, e não causa, do "temperamento melancólico" de Sor Juana.

excêntrica na Colônia, ela, nos melhores casos, tinha a chance de articular-se como dupla diferença. A diferença do diferente. Sor Juana sonhando o seu sonho piramidal pré-surrealista. Gregório de Matos tangendo a sua viola goliárdica precursora da guitarra elétrica do baiano "tropicalista" Caetano Veloso (como o viu James Amado, o mais recente editor dos códices poéticos gregorianos). Caviedes levando a dente as composturas do estilo culto, nas sátiras desabusadas, rabelaisianas, de seu *Diente del Parnaso*...

4. Barroco e Razão Antropofágica

Já no Barroco se nutre uma possível "razão antropofágica", desconstrutora do logocentrismo que herdamos do Ocidente. Diferencial no universal, começou por aí a torção e a contorsão de um discurso que nos pudesse desensimesmar do mesmo. É uma antitradição que passa pelos vãos da historiografia tradicional, que filtra por suas brechas, que enviesa por suas fissuras. Não se trata de uma antitradição por derivação direta, que isto seria substituir uma linearidade por outra, mas do reconhecimento de certos desenhos ou percursos marginais, ao longo do roteiro preferencial da historiografia normativa. Em prosa, a uma dada altura do processo de meandros, numa determinada configuração, ela produziria o filão do "romance malandro", assim batizado por Antonio Candido em "Dialética da Malandragem" (1970), ensaio que, a meu ver, num certo sentido, representa a "desleitura" deliberada, pelo crítico, da estrada real topografada em sua *Formação da Literatura Brasileira*. Um segundo pensamento, projetado com argúcia sobre o seu primeiro traçado retilíneo e cronográfico, deslinearizando-o em prol de uma nova possibilidade de recorte inteligível do mesmo espaço, reorganizado agora em diferente constelação. Aqui a história passa a ser o produto de uma construção, de uma apropriação reconfiguradora, "monadológica", na acepção de Walter Benjamin. Distinguindo o romance "malandro" da "picaresca" europeia, Candido reconhece nele elementos arquetípicos de matriz folclórica e um fermento vivo de realismo popularesco. Remoto e moderníssimo, o gênero se faz representar no Brasil, primeiramente, pela obra *Memórias de um Sargento de Milícias* (1852-1853), de Manuel Antonio de Almeida, deslocada, quase uma antiqualha, na série romanesca preferencial de nosso Romantismo canônico (a que vai de Joaquim Manuel de Macedo a José de Alencar). Não à toa essa nova possibilidade de leitura da tradição ocorreu ao crítico no momento da revalorização dos romances-invenções de Oswald de Andrade, sobretudo do *Serafim Ponte Grande*, de 1933 (experimento de transgressão semiológica da ordem, de contestação da legalidade e da legibilidade estatuídas, pela desordem perene, pela versatilidade anárquica)[12].

Na medida em que tradição "malandra" seria um outro nome para "carnavalização", ela retroage ao Barroco, ao Barroco visto por Severo Sarduy como fenômeno bakhtiniano por excelência: espaço lúdico da polifonia e da linguagem convulsionada[13]. Não esqueçamos que Quevedo, o Quevedo dos sonetos conceitistas, é o mesmo autor da *História de la vida del Buscón, llamado Don Pablos, exemplo de vagabundos y espejo de tacanos* (1626). Nosso primeiro "herói" (anti-herói) *malandro* é o antropófago Gregório de Matos (como o admite, desse novo ângulo de visada, o próprio Antonio Candido, numa quase-apostila à sua *Formação*, onde Gregório, barrado pela clausura do argumento sociológico, não tem vez nem via de acesso). A "musa crioula", a "musa praguejadora". O primeiro antropófago-malandro. Não falo de uma biografia. Falo de um biografema preservado na tradição oral e disperso em códices apógrafos. De *uma persona* por trás da

12. Cf. H. de Campos, "Serafim: um Grande Não-Livro" e "Serafim: análise sintagmática", Suplemento Literário de O *Estado de S. Paulo*, 14 dez. 1968 e 8 mar. 1969; ver, ainda, meu ensaio introdutório à reedição de *Serafim Ponte Grande*, de Oswald de Andrade, Rio de Janeiro, Civilização Brasileira, 1971.

13. Ver meu ensaio de 1973, "Structuralism and Semiotics in Brazil: Retrospect/Prospect", *Dispositio*, nº 7-8, Ann Arbor, University of Michigan (Dept. of Romance Languages), 1978. Observei, então, a propósito de "Dialética de Malandragem", que a estrutura narrativa singular, denominada por A. Candido "romance malandro", aproximava-se, de certa forma, da tese de M. Bakhtin sobre a literatura "carnavalesca", bem como de certas especulações tipológicas de Northrop Frye. Cf. ainda, de Severo Sarduy, "Barroco y neobarroco", em *América Latina en su Literatura*, México, UNESCO-Siglo XXI, 1972, e o excelente balanço crítico de Emir Rodriguez Monegal, "Carnaval/Antropofagia/Parodia", *Revista Iberoamericana, a*" 108-109, Pittsburgh, 1979.

qual ressoa um texto. Um texto de textos. Universal e diferencial. Paródico. Paralelográfico. Um "canto paralelo" de tradutor/devorador: descentrado, excêntrico.

5. A Poesia Concreta: Uma Outra Constelação

Na poesia brasileira contemporânea, a *poesia concreta* pode também reclamar essa tradição "antinormativa", por uma outra e peculiar redistribuição dos elementos configuradores disponíveis. Há de ser constituída igualmente por lances, por relances. De Gregório a Sousândrade: do "Boca do Inferno" da Bahia barroca ao Romântico maranhense "maudit", cantor de *O Inferno de Wall Street* (1870). De Gregório a Sousândrade e deste a Oswald: do derrisor da nobreza de "sangue tatu" ao oficiante do *Tatuturema* (missa negra dos índios do Amazonas), ao recontador pau-brasílico da crônica da descoberta[14]. De Oswald a Drummond e Murilo. De todos eles a João Cabral de Melo Neto, engenheiro de estruturas "mondrianescas". Um outro desenho. Uma outra constelação. O antidiscurso geometrizando a proliferação barroca. O Padre Vieira e Mallarmé: ambos enxadristas da linguagem, ambos "syntaxiers". A poesia sonorista tupi e o elogio da concisão (a vocação de *haicai* japonês) nos Manifestos oswaldianos:

> Catiti Catiti
> Imara Notiá
> Notiá Imara
> Ipeju

14. Refiro-me ao soneto de Gregório de Matos, no qual o poeta se burla da prosápia da "nova nobreza" brasileira ("os descendentes de sangue de tatu"), que invocava foros de fidalguia genealógicos, a partir do capitão português D. Diogo Alvares Correia, o Caramuru, que desposara a filha de um cacique indígena; *Tatuturema* (1868), parte do longo poema *Guesa*, de Sousândrade (1832-1902), é uma sarabanda orgiástico-satírica, de índios, missionários e colonizadores, baseada no modelo " Walpurgisnacht" do *Faust I*, de Goethe; *Pau Brasil* (nome de um certo tipo de madeira, da qual se extraía tinta vermelha, muito apreciada pelos traficantes europeus) é o título da primeira coletânea de poemas de Oswald de Andrade, publicada em 1925, na qual são aproveitados, sob a forma de montagem, excertos de crônicas e relatos escritos sobre o país à época da descoberta e dos inícios da colonização da terra.

Ou:

...
Somos concretistas[15].

A poesia concreta representa o momento de sincronia absoluta da literatura brasileira. Ela não apenas pôde falar a diferença num código universal (como Gregório de Matos e o Pe. Vieira no Barroco; como Sousândrade recombinando a herança greco-latina, Dante, Camões, Milton, Goethe e Byron no seu *Guesa Errante*; como Oswald de Andrade, "pau-brasilizando" futurismo italiano e cubismo francês). Ela, metalinguisticamente, repensou o próprio código, a própria função poética (ou a operação desse código). A diferença (o nacional) passou a ser com ela o lugar operatório da nova síntese do código universal. Mais do que um legado de poetas, aqui se tratava de assumir, criticar e remastigar uma poética. Num certo sentido, tem razão Max Bense, quando, ao tratar da poesia concreta brasileira, faz antes uma distinção entre um conceito tradicional (clássico) e um progressivo (não clássico) de literatura. Ao primeiro, de acordo com Bense, responderia uma obra como a de Curtius sobre a *Literatura Europeia e a Idade Média Latina*, na qual passado e presente convergem para uma "unidade de sentido"; ao segundo, o *Plano piloto para poesia concreta* (1958) do grupo *Noigandres*, dando por encerrado o "ciclo histórico do verso"[16]. Na verdade, o que ocorria, aqui, era a mudança radical do registro dialógico. Ao invés da velha questão de influências, em termos de autores e obras, abria-se um novo processo: autores de uma literatura supostamente periférica subitamente se apropriavam do total do código, reivindicavam-no como patrimônio seu, como um botim vacante à espera de um novo sujeito histórico, para remeditar-lhe o funcionamento em termos de uma poética generalizada e radical, de que o caso brasileiro

15. Extratos do "Manifesto Antropófago" (1928), de Oswald de Andrade.
16. Max Bense, "Konkrete Poésie" (Anlässlich des Sonderheftes *noigandres* zum zehnjährigen Bestehen dieser Gruppe für "konkrete Poésie" in Brasilien), *Sprache im Technischen Zeitalter*, 15, Stuttgart, Kohlhammer, 1965; *Brasilianische Intelligent*, Wiesbaden, Limes Verlag, 1965.

passava a ser a óptica diferenciadora e a condição de possibilidade. A diferença podia agora pensar-se como fundadora. Por sob a linearidade da história convencional, esse gesto, constelarmente – por solidariedade quase subliminar – "citava" um outro: o do Romantismo alemão de Iena, com sua concepção dialética da "poesia universal progressiva" que desembocou em Mallarmé e produziu no Ocidente o limite espiritual do *Coup de Dés* (onde o Oriente já começa a romper, com seu modelo sintético-analógico de escritura ideogrâmica a perturbar o monologismo lógico-aristotélico do verso discursivo ocidental). Tratava-se de recanibalizar uma poética. O momento (a década de 1950) era, ademais, intersemiótico: na Europa, produzia-se a nova música pós-weberniana (Boulez, Stockhausen); nos EUA, Cage, os começos da indeterminação aleatória no piano preparado; no Brasil, na música popular, despontavam as condições preparatórias da "bossa nova" de João Gilberto (nosso Webern pontilhista do "samba de uma nota só"); na arquitetura Niemeyer e no urbanismo Lúcio Costa respondiam, para nosso uso, a Le Corbusier e ao *Bauhaus*; na pintura: as Bienais de São Paulo. E a nossa geração redescobriu e rejuvenesceu Volpi: nosso "Mondrian trecentesco" (D. Pignatari), com suas bandeirinhas, seus mastros listados e suas fachadas seriadas, com a sua "cor-luz" estrutural, que nos parecia mais pintor do que o suíço Max Bill...

A poesia concreta, brasileiramente, pensou uma nova poética, nacional e universal. Um planetário de "signos em rotação", cujos pontos-eventos chamavam-se (quais índices topográficos) Mallarmé, Joyce, Apollinaire, Pound, cummings, ou Oswald de Andrade, João Cabral de Melo Neto e, mais para trás, retrospectivamente, Sousândrade – o Sousândrade redescoberto e reavaliado do vertiginoso *Inferno* ideogrâmico da Bolsa de Nova Iorque... (Um Pound *avant-la-lettre*, com seu Hades financeiro presidido pelo sinistro Mamonas).

Significativamente, essa nova poética veio, desde logo, acompanhada de uma reflexão sobre o Barroco. Meu artigo de 1955 (vários anos antes do livro de Umberto Eco) intitulava-se

247

"A Obra de Arte Aberta", e propugnava um neobarroco ao invés da obra conclusa, de tipo "diamante"[17].

Em 1955, novembro, em Ulm, Alemanha, Décio Pignatari encontra-se, por acaso, com Eugen Gomringer, à época secretário de Max Bill na Hochschule für Gestaltung. Do encontro de circunstância chegou-se à descoberta recíproca. Havia muitos pontos em comum no programa poético dos brasileiros do grupo *Noigandres* e no do poeta suíço das *konstellationen*. Esboçou-se então um movimento, em base internacional, tendo Gomringer, em 1956, aceito o título geral proposto pelos brasileiros: *poesia concreta*, e que, desde então, passou a ter trânsito universal. Em 1956, também, no Museu de Arte Moderna de São Paulo, teve lugar a primeira exposição mundial de poesia concreta; do evento participaram apenas artistas brasileiros: poetas e pintores; as mostras internacionais, inúmeras, sucederam a esta, pioneira.

Outro fato a assinalar: apesar de seu despojamento e de sua voluntária delimitação de meios (buscava-se o poema como resultado coletivo, anônimo; o "desaparecimento elocutório do eu", à Mallarmé; as estruturas elementares, à Oswald e Webern), a poesia concreta brasileira, para os críticos e observadores (para os adversários desde logo) parecia irremediavelmente barroquista, plúrima, polifacética, ao ser comparada à austera ortogonalidade das *konstellationen* de Gomringer, límpidas e puras como uma composição de Bill. Nossa "diferença" produzira uma resultante diversa na química do poema, ainda que os dados globais do novo programa poético tivessem pontos em comum. Além dos poemas de leitura múltipla (os poemas em cores-vozes do *poetamenos*, de Augusto de Campos; Boulez viu-os em São Paulo, em 1954, num encontro na casa do pintor Valdemar Cordeiro, em que falamos todos, animadamente, sobre Webern e Mallarmé; na *Troisième Sonate*, de 1957, Boulez

---

17. Refiro-me a Umberto Eço, *Opera Aperta*, Milano, Bompiani, 1962. Para o prefácio à edição brasileira deste seu livro (São Paulo, Perspectiva, 1968), Eco redigiu o seguinte comentário: "É poi curioso che alcuni anni prima che io scrivessi *Opera Aperta*, Haroldo de Campos, in un suo articoletto, ne anticipasse i temi in un modo stupefacente, come se egli avessi recensito il libro che io non aveva ancora scritto e che avrei scritto senza aver letto il suo articolo. Ma questo significa che certi problemi appaiono in modo imperioso in un dato momento storico, si deducono quasi automaticamente dallo stato délie ricerche in alto".

usa de cores diferentes para distinguir certas trajetórias alternativas em sua partitura...); além das peculiaridades de uma sintaxe mais lúdica, a dimensão semântica: a sátira contextual, inclusive política, presente desde o começo (*coca-cola* de Pignatari, por exemplo, que data de 1957); a erótica, na linha corporal do barroco avoengo. Nada mais distante da neutralidade e da assepsia da Escola de Zurich (sem que, com isto, se queira negar os méritos desta, em seu âmbito próprio; ou se trataria, com novos protagonistas, de um novo "round" do cotejo entre o brasileiro Oswald e o suíço Cendrars?). O contato com a nova música foi essencial: também com os jovens compositores de São Paulo (Cozzella, Duprat, Medaglia; depois Willy Corrêa de Oliveira e Gilberto Mendes). Lembro-me, em meados de 1959, em Colônia, a surpresa e o interesse de Stockhausen diante dos exemplares da revista *Noigandres*. Ele, àquela altura, apesar de incentivar os experimentos de Hans G. Helms, preferia compor, ao estilo montagem, os textos de que necessitava (ver, por exemplo, *Gesang der Jünglinge*, com linhas extraídas do *Livro de Daniel*): no Brasil, por seu lado, todo um grupo de poetas trabalhava em textos que incorporavam, à sintaxe do poema, intersemioticamente, parâmetros hauridos na prática e na teoria da nova música que despontava. (Pouco tempo depois, falando sobre "Musik und Graphik" no "Ferienkurse für Neue Musik", Darmstadt, Stockhausen deixaria registrado um eco desse contato; cf. *Darmstädter Beitrage zur neuen Musik*, Schott, 1960).

Mais tarde, esse percurso poesia/música de vanguarda (erudita) reverteria para uma excepcional conjuntura brasileira: Augusto de Campos seria o principal crítico e propugnador da nova música popular de Caetano Veloso e Gilberto Gil (para cujos arranjos instrumentais concorreria, em ocasiões decisivas, a invenção experimental de Rogério Duprat e Júlio Medaglia). O *produssumo*, como o definiu D. Pignatari: a poética da invenção no consumo de massa, para além do ceticismo adorniano... Imagine-se, só como termo de comparação e demonstração, esta convergência ideal: os "Beatles" compondo em contato presencial com John Cage sobre textos de e.e.cummings... (É verdade que houve Yoko – Oh!

Yoko! – o Oriente…) Mais uma vez, porém, nas *universalia*, a diferença. Ouça-se *Araçá Azul*, de Caetano…

6. Os Bárbaros Alexandrinos: Redevoração Planetária

> *Desenraizada e cosmopolita, a literatura hispano-*
> *-americana é regresso e procura de uma tradição.*
> *Ao procurá-la, a inventa."*
>
> OCTAVIO PAZ (1961, Puertas al Campo)

> *"Es ist ein Versuch, sich gleichsam a posteriori*
> *eine Vergangenheit zu geben, aus der man stam-*
> *men móchte, im Gegensatz zu der aus der man*
> *stammt. "*
> *E uma tentativa de, por assim dizer, nos outorga-*
> *mos um passado a posteriori, do qual poderíamos*
> *provir, em lugar daquele outro, do qual efetiva-*
> *mente somos provenientes.*
>
> NIETZSCHE

Creio que o "Coup de Dents" de Oswald de Andrade, sua dialética "marxilar" (marx + maxilar)[18], na maneira de enfrentar o legado civilizacional europeu (a primeira data de sua revolução antropofágica na História do Brasil seria o ano da devoração do Bispo Sardinha, dignitário catequista português, em 1556), aponta para um fato novo no relacionamento Europa/ Latino-América: os europeus, já a esta altura, têm de aprender a conviver com os novos bárbaros que há muito, num contexto outro e alternativo, os estão devorando e fazendo deles carne de sua carne e osso de seu osso, que há muito os estão ressintetizando quimicamente por um impetuoso e irrefragável metabolismo da diferença. (E não só a europeus: ingredientes orientais, hindus, chineses e japoneses, têm entrado no alambique "sympoético" desses neo-alquimistas: em Tablada e Octavio Paz; nos "senderos bifurcados" de Borges e nos ritos iniciáticos do Elizondo de *Farabeuf*; em Lezama e Severo Sarduy; em Oswald e na poesia concreta brasileira, por exemplo.)

---

18. Sob o pseudônimo trocadilhesco de "Marxilar", Oswald de Andrade assinou artigos em sua *Revista de Antropofagia* (1928-1929).

São bárbaros alexandrinos, aprovisionados de bibliotecas caóticas e de fichários labirínticos. A Biblioteca de Babel pode chamar-se Biblioteca Municipal Miguel Cané e estar provisoriamente instalada num modesto quarteirão de Buenos Aires ("uma localidade pardacenta e tristonha, ao sudoeste da cidade"), onde Borges serviu como obscuro funcionário, e em cujo porão costumava refugiar-se da mesquinhez cotidiana, entregando-se furtivamente a leituras infinitas... Ou, então, acomodar-se, plenária, na "capilla" naviforme de Alfonso Reyes, na cidade do México, uma bibliocasa onde se enclausurou, por cerca de vinte anos, com suas estantes copiosas, um leitor viajadíssimo e insaciável... Ou, ainda, em São Paulo, na rua Lopes Chaves, no Bairro da Barra-Funda, onde Mário de Andrade preenchia suas fichas de leitura e rendilhava de notas as margens das páginas que compulsava, entre partituras de Schoenberg e Stravinski, coletâneas de expressionistas alemães e futuristas italianos, tomos de Freud e tratados folclóricos... Ou, finalmente, proliferar numa casa de La Habana Vieja, ali mesmo onde o "etrusco" Lezama Lima, depois de um mergulho lustral nos desvãos dos alfarrabistas cubanos, fazia girar sua imensa esfera armilar de leituras, descentrada, cambiante, fabulosa, como um orbe hieroglífico incubado pelo Pássaro Roca...

A mandíbula devoradora desses novos bárbaros vem manducando e "arruinando" desde muito uma herança cultural cada vez mais planetária, em relação à qual sua investida excentrificadora e desconstrutora funciona com o ímpeto marginal da antitradição carnavalesca, dessacralizante, profanadora, evocada por Bakhtin em contraparte à estrada real do positivismo épico lukácsiano, à literatura monológica, à obra acabada e unívoca. Ao invés, o policulturalismo combinatório e lúdico, a transmutação paródica de sentido e valores, a hibridização aberta e multilíngue, são os dispositivos que respondem pela alimentação e realimentação constantes desse almagesto barroquista: a transenciclopédia carnavalizada dos novos bárbaros, onde tudo pode coexistir com tudo. São mecanismos que esmagam a matéria da tradição como dentes de um engenho tropical, convertendo talos e tegumentos em bagaço e caldo sumoso. Lezama crioliza Proust e intercomunica Mallarmé com Góngora: suas citações são truncadas e aproximativas como restos de uma digestão diluvial. *Adán Buenosayres*, de Leopoldo Marechal (com sua "Viaje a la Oscura Ciudad de Cacodelphia"), e *Rayuela*, de Julio Cortázar, dialogam, em turnos e planos diversos, com o *Ulysses* de Joyce, sem perder com isto a marca da circunstância argentina (ainda quando, no caso de Cortázar, transmigrada, com nostalgias portenhas, para a Paris da Rive Gauche). O Bustrófedon dos *Três Tristes Tigres* de Cabrera Infante atravessa o espelho de Lewis Carroll para confraternizar-se com o "semanticista" Humpty Dumpty e com Shem, The Penman. Dyonélio Machado, em *Os Ratos*, refaz o dia de Leopold Bloom na magra jornada endividada de um joão-ninguém brasileiro, urbano, dos anos 1930 (um nazareno azarado, Naziazeno, lutando pelo lei-te-nosso-de--cada-dia...). Guimarães Rosa criva o sertão mineiro de veredas metafísicas: seu jagunço é um Fausto mefistofilológico, abismado nas tramas da linguagem qual um Heidegger caboclo... De Carpentier, Carlos Fuentes, Vargas Llosa se poderia dizer outro tanto: outras decocções, outros amálgamas, diversas e singulares conglutinações.

O "pesadelo da história", para os principais escritores latino-americanos, com tudo o que implica, nos temperamentos mais militantes, de participação e de empenho, tem sido um barroco e obsessivo pesadelo de escritura (levado ao paroxismo oximoresco quando se sabe em convívio forçado e doloroso com o mundo sem letras de grandes contingentes populacionais privados de alfabeto). "A massa ainda comerá o biscoito fino que fabrico", – vaticinava Oswald de Andrade, num trocadilho animado pelo "Prinzip Hoffnung", como que a preparar a medula nutriente, a merenda amniótica para o festim antropofágico da utópica sociedade desalienada e comunal do futuro. Octavio Paz, remontando às primeiras décadas deste século, vislumbrou uma convergência insuspeitada e fascinante: enquanto Pound e Eliot "descobriam" o francês Laforgue e se alimentavam dele, de sua "logopeia" irônica, para a renovação da poesia de língua inglesa, Lugones em Buenos Aires e López Velarde em Zacatecas, no México, por diferentes caminhos entrecruzados idealmente no espaço-tempo, voltavam-se para o mesmo simbolista marginal: todos reescreviam diversamente – independentemente – um mesmo inconcluso poema universal... No Brasil, Pedro Kilkerry, um obscuro "nefelibata" baiano de sobrenome irlandês, mulato pobre e polilingue, morto aos 32 anos, em 1917, de uma operação de traqueotomia, contribuía, ignorado, para a órbita giratória desses signos ecumênicos: traduzia e deglutia Tristan Corbière (da mesma linhagem "coloquial-irônica" de Laforgue) e com isto desenvolvia uma dicção especialíssima, que o aproxima, pioneiro esquecido, no seu belo poema "É o Silêncio", das sutilezas de elocução de um Fernando Pessoa[19].

Pois bem: todo esse borborigmo de digesto, toda essa ruminação farragosa e ancestral que já se perde nos arcanos do tempo, não podia permanecer indefinidamente ignorada da Europa. O *boom*, fenômeno recente e epidérmico, ao nível dos *mass-media*, serviu de alerta exclamatório – entre espantado e tardio – para os europeus (e também para os norte-americanos, de cujo pragmatismo onívoro, em termos de mastigação cultural, a *vis paideumica* de Ezra Pound será o exemplo mais característico em nossos dias, como o foi no passado o ecumenismo de Walt Whitman). De alerta assombrado e aviso aos navegantes incautos, para com a turbulência larvada e explosiva de uma nova relação dialógica que se vinha desenvolvendo sub-repticiamente, escamoteada pela suficiência monolíngue dos usuários de línguas "imperiais" (como o francês, cada vez menos, e o inglês, cada vez mais), uma relação que estava minando e corroendo as bases da *koiné* literária predefinida em termos de literaturas "mais velhas" e "maiores", de "troncos", "galhos principais" e "esgalhos secundários". A um certo momento, com Borges pelo menos, o europeu descobriu que não podia mais escrever a sua prosa do mundo sem o contributo cada vez mais avassalador da diferença aportada pelos vorazes bárbaros alexandrinos.

19. A poesia dispersa e a prosa esparsa de Pedro Kilkerry (1885-1917) foram recolhidas postumamente e analisadas por Augusto de Campos em *Re/Visão de Kilkerry*, São Paulo, Fundo Estadual de Cultura, 1971 (Nota para esta edição: Em 1985, saiu a 2ª edição ampliada, deste livro, pela Brasiliense, São Paulo). O estudo de Octavio Paz, a que me reporto, é "Literatura y literalidad" (1970), em *El signo y el garabalo*, México, Joaquim Mortiz, 1973.

Os livros que lia já não podiam ser os mesmos, depois de manducados e digeridos pelo cego homeríada de Buenos Aires, que ousara até mesmo reescrever o *Quijote*, sob o pseudônimo de Pierre Menard... Que haveria de novo, sem Borges, no *nouveau roman* de Robbe-Grillet? Quem poderá agora ler Proust sem admitir Lezama Lima? Ler Mallarmé, hoje, sem considerar as hipóteses intertextuais de *Trilce* de Vallejo e *Blanco* de Octavio Paz? Ou contribuir para o "poema universal progressivo" sem redeglutir a poesia concreta brasileira do grupo *Noigandres*? Nathalie Sarraute, uma vez, em meados dos anos 60 (lembro-me que Ungaretti, o velho Ungaretti, carregado de reminiscências brasileiras, em visita a São Paulo, participava da mesma reunião), observou-me, em conversa, que a índole da escrita francesa não comportava um experimento à Joyce. Perguntei-lhe, de troco (vivos em minha memória, igual e tanto quanto neolatina, os exemplos do *Macunaíma* de Mário de Andrade e do *Grande Sertão* de Guimarães Rosa), se não considerava Rabelais um escritor francês. Desde 1963, eu havia principiado a escrever e a publicar as minhas *Galáxias*, uma "barrouca mortopopeia ibericana" entoada, a contracanto, no "feldorado eldorido latinoamargo". Desde a segunda metade dos anos 60 ("Sur Góngora", 1966), Severo Sarduy começara a barroquizar, por ato de copresença, o espaço cartésio-valéryano de *Tel Quel*. Fragmentos das *Galáxias* em alemão (*Versuchsbuch/Galaxien*, "Rot" 25, 1966, editados por Max Bense e E. Walther, traduzidos por Anatol Rosenfeld e Vilem Flusser). Também de 1966 é *Compact*, de Maurice Roche, um escritor-músico, que jamais teve dúvidas quanto à viabilidade renovada do legado rabelaisiano em sua língua. Fragmentos das *Galáxias*, traduzidos para o francês, em *Change* ("La poétique la mémoire"), número de setembro, 1970. Observação de Octavio Paz: "Me gustaría escoger como divisa el final del primer fragmento: *el vocablo es mi fábula*" ("le vocable est ma fable"). Considere-se, agora, o joyceano e galático *Paradis* de Philippe Sollers, subsequente (tacitamente tributário...) Contei essa história e retracei esse roteiro, mais circunstanciadamente, em "Sanscreed latinized: the *Wake* in Brazil and

Hispanic America", *TriQuarteely*, nº 38 ("In the wake of the *Wake*"), 1977.

Escrever, hoje, na América Latina como na Europa, significará, cada vez mais, reescrever, remastigar. *Hoi bárbaroi.* Os vândalos, há muito, já cruzaram as fronteiras e tumultuam o senado e a agora, como prenunciado no poema de Kaváfis. Que os escritores logocêntricos, que se imaginavam usufrutuários privilegiados de uma orgulhosa *koiné* de mão única, preparem-se para a tarefa cada vez mais urgente de reconhecer e redevorar o tutano diferencial dos novos bárbaros da politópica e polifônica civilização planetária. Afinal, não custa repensar a advertência atualíssima do velho Goethe: "Eine jede Literatur ennuyiert sich zuletzt in sich selbst, wenn sie nicht durch fremde Teilnahme wieder aufgefrischt wird" ("Toda literatura, fechada em si mesma, acaba por definhar no tédio, se não se deixa, renovadamente, vivificar por meio da contribuição estrangeira"). A alteridade é, antes de mais nada, um necessário exercício de autocrítica.

19. MINHA RELAÇÃO COM A TRADIÇÃO É MUSICAL*

RN: *Tanto em seu trabalho poético como em seu trabalho mais propriamente crítico é evidente a preocupação em não manter uma relação meramente cumulativa e hipostasiante com a história da literatura e suas diversas linguagens. Quer dizer, seu embate com o que poderíamos chamar de erudição poética trata de inscrever a tradição numa permanente releitura criativa ao invés de simplesmente consagrá-la. Relativamente à sua produção poética, quais são as consequências dessa posição e qual sua importância para o desenvolvimento do movimento concreto?*

HC: Minha relação com a tradição é antes *musical* do que *museológica*. Note-se que ambos esses adjetivos provêm da

* Publicado originalmente no *Folhetim* (*Folha de S. Paulo*), nº 344, 21 ago. 1983. Trata-se de entrevista concedida ao então editor daquele Suplemento, Rodrigo Naves. Republicado em *Jaque*, Montevidéu, 20 set. 1985, e em K. David Jackson (org.), *Transformation of literary language in Latin American literature (from Machado de Assis to the Vanguards)*, Abaporu Press, Austin, Texas, 1987.

mesma palavra, musa (*Mousa* em grego), e que as Musas *são filhas da memória* (*Mnemósine*). Prefiro a derivação que desembocou em música, porque gosto de ler a tradição como uma partitura transtemporal, fazendo, a cada momento, "harmonizações" síncrono-diacrônicas, traduzindo, por assim dizer, o passado de cultura em presente de criação. Museu – pelo menos certa ideia de museu, que traz como correlato a palavra "conservador" – faz pensar em coisa morta, embalsamada, preservada em formol ou em naftalina. Por isso, também, imagino a cultura como algo diferente da mera erudição. Esta implicaria uma acumulação quantitativa de conhecimento, como num arquivo. Cultura, por seu turno (embora envolvendo um lastro implícito de erudição), seria antes um conceito qualitativo, caracterizando-se pela ideia de relação: saber relacionar os conhecimentos, pô-los em movimento, em conexão, como num ideograma ou numa constelação. Dessa leitura musical (partitural) da tradição parece resultar um efeito de *mosaico* (outra palavra que deriva de *musa*...). Não me interessa a especialização, que se lineariza e parece caminhar em busca de um ponto cego. Considero-me um desespecialista em fragmentos. Em matéria de passado de cultura estou sempre atento (falando de poesia) àquelas obras que respondam, de maneira viva, a uma pergunta extraída de uma circunstância produtiva presente. E o que resulta dos meus escritos sobre "Poética Sincrônica" (que datam de 1967). É o que eu encontro na aplicação feita por Jauss, também em 1967, da "lógica da pergunta e da resposta" (via Gadamer) à leitura da tradição artística como uma dialética entre presente e passado, reencetada sempre a partir de uma questão atual, situada no presente. "Pois arrisca tornar-se irrecuperável, desaparecer, toda imagem do passado que não se deixe reconhecer como significativa pelo presente", formulou luminosamente W. Benjamin na v das suas teses "Sobre o Conceito de História" (1940). É evidente que essas posições teóricas que, no meu caso, se encaminharam para a construção de uma tradição como história sincronizada às necessidades de uma presente de produção, têm muito a ver seja com a minha prática poética pessoal, seja, enquanto "evolução de formas" (por sua vez já historicizada), com o momento de eclosão e desenvolvimento da poesia concreta nos anos 1950.

RN: *Nesta altura do século, num momento em que mais do que nunca a literatura incorporou uma certa consciência reflexiva, em que a referência a si mesma é uma constante, criando uma trama de linguagens que anula qualquer perspectiva de um trabalho literário com veleidades ingênuas, como você vê a possibilidade de rupturas radicais, tendo em vista o peso jogado pela tradição? Você considera a poesia de César Vallejo como algo desse gênero?*

HC: Em primeiro lugar, eu gostaria de assinalar que esta oposição entre "poetas doutos" (capazes de reflexão teorética ou "metalinguística", no sentido que a linguística de hoje dá a este último termo) e "poetas ingênuos" (da "inspiração", do "coração") vem de longe. Na recepção não pacífica da obra de Dante (que, como expõe Croce, sofreu não poucas negações e omissões, por indivíduos ou por gerações inteiras, durante o humanismo do Quinhentos, o Barroquismo do Seiscentos e o Racionalismo do Setecentos), pode-se encontrar um bom exemplo deste fato. Ainda no Quatrocentos, Leonardo Aretino distinguia entre poetas do "furore", que compunham "por engenho próprio, agitado e comovido graças a algum vigor interno e abscôndito" (para ele, a suprema categoria de poetas), e outros, entre os quais incluía Dante, que poetavam "por ciência, por estudo, por disciplina, arte e prudência". O próprio Croce, que nos fornece este exemplo, e lhe aponta a raiz platônica, não deixou de ser tributário desse mesmo esquema, projetando-o no seu julgamento da *Comédia*, de modo a distinguir nela entre poesia propriamente dita (liricidade, expressividade, "poesia del coure") e estrutura (ou seja, tudo aquilo que fosse "romance teológico", didascália, reflexão filosófica, "jogo ginástico", intelectualístico, artificial...). Os dantólogos, de há muito, rejeitaram essa esquemática dicotomia croceana, mas, ainda hoje, na era da crítica e da pós-utopia, há quem sustente uma invencível suspicácia tardocroceana contra a "metalinguagem", contra o poeta capaz de unir intelecto e sensibilidade, o "poeta douto", o escândalo da erudição...

Quanto à possibilidade de rupturas radicais, recordo que foi Octavio Paz quem escreveu: "Tradição não é continuidade, porém ruptura, donde não ser inexato chamar à tradição moderna: tradição da ruptura" (*Comente Alterna*, 1967). O mesmo Paz, em *Los hijos del limo* (1974), afirma: "A vanguarda é a grande ruptura e com ela se fecha a tradição da ruptura", assinalando a emergência de uma poesia de "pós--vanguarda" (na qual ele próprio se integraria), designação que não lhe parece, todavia, muito exata. É algo a discutir. Prefiriria falar numa poesia "pós-utópica". Em toda vanguarda digna desse nome há um projeto utópico, "futurológico", generoso, de uma nova linguagem comum, uma nova *koiné*, um novo esperanto... É isto que entrou em crise. Quanto à dialética entre tradição e ruptura, entre o mesmo e a diferença, não creio que ela cesse com essa crise (que é antes uma crise "elpídica", ou seja, de esperança coletiva formulada em termos de movimento). No que respeita à história literária, o seu motor será sempre um motor "plagiotrópico": sua evolução procederá por derivações oblíquas, por "linhas tortas", por descontinuidades, por aparentes descaminhos, por recuperações do que ficou à margem e que, a uma outra luz, nos parece novo e instigante. No último texto que redigiu, Bakhtin, o teórico da dialogia, deixou expresso: "Não existe nada morto de um modo absoluto: todo sentido terá sua festa de ressurreição. Problema da *grande temporalidade*" (1974).

Falar de César Vallejo, nesse contexto, poderia levar-me muito longe. Vallejo é um dos poetas de minha predileção. Em especial o Vallejo de *Trilce* (1922), que tenho traduzido ultimamente. Vallejo é um subversor da sintaxe, um "syntaxier", como o nosso Sousândrade ou como Mallarmé. Xavier Abril vislumbra, na escritura de *Trilce*, rastros intertextuais da leitura do *Coup de Dés*, na versão espanhola de Cansinos--Asséns, publicada em 1919. (Cansinos-Asséns, vale lembrar, o erudito judeu sevilhano, tradutor de Dostoiévski e de Goethe, foi um animador de vanguardas," instigador de Huidobro e de Borges.) Outro crítico, Enrique Ballon Aguirre, prefere falar em "barroco industrial", tomando como pano de fundo, para a articulação da diferença neológica da escritura trílcica, o barroco histórico de Quevedo e Góngora. No léxico de Vallejo há incrustações de quéchua, ao lado de francesismos, grecismos extraídos do jargão científico, para não mencionar os peruanismos. Se quiséssemos recuar no tempo, retomando o fio da tradição por uma vertiginosa operação de *anacronia*, poderíamos evocar essa matriz textual que Vallejo não conheceu (só foi publicada em 1936): a *Nueva Corónica* do índio turgimão Guamán Poma, escrita entre 1584 e 1615, onde o código do castelhano se deixa atravessar pela fonia quéchua, as representações cristãs se mesclam às categorias do pensamento andino, num verdadeiro "poliglotismo da origem", na feliz expressão do crítico peruano Julio Ortega, que é também um dos mais percucientes analistas da poesia de Vallejo.

RN: *Como você vê a incorporação de textos e estruturas poéticas em seu trabalho? De que modo isso pode ser feito a fim de se evitar uma simples justaposição ou aposição? A esse respeito, você vê alguma diferença radical entre o uso que Pound e Eliot faziam de diversas fontes poéticas?*

HC: A incorporação da tradição, por um escritor latino-americano, se faz, segundo me parece, pela "lógica do terceiro excluído", ou seja, pela lógica expropriatória e devorativa do *excêntrico*, do descentrado. Para nós não é nova a ideia da "desconstrução" do orgulhoso logocentrismo ocidental, europeu, à maneira preconizada por Derrida, uma vez que já tínhamos a antropofagia oswaldiana, que é, por si mesma, uma forma "brutalista" de "desconstrução", sob a espécie da devoração, da deglutição crítica do legado cultural universal. Detive-me sobre esta questão num ensaio de 1980, "Da Razão Antropofágica". Não é à-toa que grandes escritores da América Latina, de Oswald e Mário de Andrade a Guimarães Rosa e João Cabral; de Vallejo, Huidobro e Borges a Octavio Paz, Cortázar ou Lezama Lima, sejam também grandes "transculturadores", grandes tradutores "diferenciais" da tradição. Nesse sentido, o dispositivo barroquizante é algo que tem, para mim, uma importância decisiva no modo latino-americano de apropriar-se criativamente do passado. Desde 1955 (no artigo "A Obra de Arte Aberta", que precedeu de alguns anos o livro homônimo de Umberto Eco), venho refletindo sobre as possibilidades desse "neobarroco". É algo que marca o meu "percurso textual", desde um poema como *Ciropédia ou A Educação do Príncipe* (1952) até a prosa epifânica das *Galáxias* (1963-1976). Se quiserem outros parâmetros, comparem o elogio do barroco, como "estilo utópico", estilo "das descobertas" que resgataram a Europa "do seu egocentrismo ptolomaico" (elogio feito pelo "antropófago" Oswald de Andrade), com a concepção do cubano Lezama Lima. O autor de *Paradiso* propunha-se ler a história como uma sucessão de "eras imaginárias", repensáveis por uma "memória espermática", apta a estabelecer "conexões surpreendentes", regidas por uma "causalidade retrospectiva" ou "analógica". Para Lezama, o barroco ibero-americano é uma "arte da contraconquista", um estilo "plenário", que ele define corrosivamente como "uma grande lepra criadora" (por oposição a um barroco europeu já "degenerescente", no qual ele vê "acumulação sem tensão")[1].

Quanto a Eliot e Pound, são antes "alexandrinos" (como Borges), do que barroquizantes. É verdade que Eliot contribuiu para o resgate dos "poetas metafísicos" (os "conceitistas" ingleses), mas Pound sempre negou o barroco e Góngora (é uma das lacunas do seu *paideuma*). No fundo, ambos têm uma vocação neoclássica, inexoravelmente coartada pelas imagens de "ruína" e de "fragmentação", que, como W. Benjamin o demonstrou, pertencem ao repertório barroco. Pound foi mestre de Eliot. Ambos praticaram a técnica de interpolação e de montagem de citações muito antes da voga da teoria bakhtiniana (na versão kristeviana) da "intertextualidade". *The Waste Land* (1922), cuja forma definitiva deve-se à drástica revisão de Pound, é uma espécie de miniatura, "compactada" e tensa, dos *Cantores* poundianos, que se espraiaram pelas décadas subsequentes, monumentais e estilhaçados, como uma torre babélica destinada à inconclusão...

---

1. Voltei a tratar da confluência entre ideias de Oswald de Andrade e do autor de *Paradiso* em "Lezama e a Plenitude por Excesso", Caderno 2, *O Estado de S. Paulo*, 10 jul. 1988, *review* da edição de Irlemar Chiampi da obra-chave do escritor cubano. *A Expressão Americana*, São Paulo, Brasiliense, 1988.

Pound é mais americano do que Eliot, mais pragmático e "predatório" em sua relação com a tradição, menos reverente... Nas suas "drásticas separações", nos seus cortes "paidêumicos" operados sobre o "corpus" da poesia universal, há um gesto não muito diverso do "coup de dents" antropofágico... Por isso um crítico europeu do porte de Luciano Anceschi, comparando Eliot a Pound, pôde creditar a este último a fundação de um verdadeiro "proto humanismo americano", movido por um enérgico impulso de "maiêutica poética", apto a absorver, com "um veloz protender de tentáculos", tudo aquilo que lhe parecesse útil nas letras europeias (e, num movimento de retorno, capaz de exercer uma influência vitalizadora sobre estas).

RN: *Em seu trabalho poético e crítico – assim como no de Augusto de Campos e Décio Pignatari – é mais ou menos clara uma certa leitura da história da literatura, no interior da qual se inseriria a produção do movimento concreto. Não haveria nisso o risco de um finalismo um tanto redutor, já que estaria sendo pressuposta uma teleologia que excluiria vários trabalhos literários e que apontaria para uma direção única?*

HC: Há na poesia concreta, tal como se manifestou no seu momento mais característico (a fase dos poemas-estruturas, representada nessa mostra portátil de ideogramas que é o *Noigandres* 4, 1958), uma implícita metáfora futurológica, algo assim como uma "esperança projetual" (a expressão é do semioticista argentino Tomás Maldonado): o livro anônimo, coletivo, mais industrial do que artesanal, capaz de contribuir para uma nova linguagem comum e de se engajar na "engenharia da vida cotidiana" (uma espécie de leitura "pau-brasil" de Mallarmé, passado pelo crivo do construtivismo russo e da geometria neoplástica de João Cabral...). Por outro lado, a poesia concreta envolvia uma experiência de limites: a recanibalização (desta feita a partir da margem, do espaço de exclusão de uma literatura supostamente periférica) de toda uma poética, e não apenas de poetas ou poemas. Tentou-se dar um novo sujeito histórico àquela "poesia universal progressiva" – "poesia da poesia" ou "poesia crítica" –, concebida em modo dialético pelo Romantismo alemão (Schlegel) e que desembocou no *Coup de Dés* de Mallarmé. Extremando o paradigma, a poesia concreta procurou "esgotar o campo do possível", chegando, monadologicamente, à síntese ideográmica, "oriental", analógica, por oposição à discursividade lógico-aristotélica do verso tradicional. Reencontrou-se por essa via, num outro nível, com as "estruturas elementares", os quase-haicais, da poesia "pau-brasil" oswaldiana... É evidente que todo "corte sincrônico" (Jakobson), toda seleção da tradição, para ser operacional, tem de ser redutora. Mas essa leitura também se sabe tática, "provisória", como escrevi nos meus estudos sobre "Poética Sincrônica".

Aprofundando às últimas consequências a contradição entre a natureza não-discursiva da poesia e a forma discursiva do verso (um problema já levantado por Susanne Langer e que encontra sua mais cabal discussão filosófica na crítica derridiana ao "logocentrismo"), a poesia concreta criou um "caso" na literatura brasileira (e não só nesta). Como não se pode fazer pintura, hoje, sem memorizar a "lição de coisas" do cubismo, também não creio que se possa fazer poesia hoje (no Brasil ou alhures), sem repensar a lição "minimalista" da poesia concreta, ainda que como "anticorpo", como instância radical de uma dialética da negatividade. Para mim, ao invés de clausurar, a poesia concreta abriu. Permitiu-me passar de uma reflexão regional (a etapa-limite do desenvolvimento possível de uma poética) a uma reflexão mais geral: pensar o concreto na poesia. Para mim, hoje, toda poesia digna desse nome é *concreta*. De Homero a Dante. De Goethe a Fernando Pessoa. Pois o poeta é um configurador da materialidade da linguagem (lembre-se o teorema de Jakobson). E só enquanto linguagem materialmente configurada, enquanto concreção de signos, "forma significante", a poesia é poesia. Nada melhor do que a operação tradutora para tornar evidente, como que tangível, esta afirmação.

RN: *Num país como o Brasil, onde a tradição literária não tem a solidez que permitiria as grandes rupturas levadas a cabo pelas vanguardas do começo do século, como você vê as particularidades de um movimento experimental e*

*renovador como foi o movimento concreto? Não haveria
neste caso uma dupla e paradoxal necessidade, isto é, ao
mesmo tempo um ato de ruptura e um movimento civiliza-
dor de divulgação de linguagens que quase não têm trânsito
e solo entre nós?*

HC: O paradoxo estava, desde logo, em assumir a possibilidade dessa "atividade totalizadora" (no sentido da dialética
sartreana), a partir de uma condição de excentricidade, periférica. Como escrevi em "Da Razão Antropofágica": "Na
verdade, o que ocorria aqui era a mudança radical do registro
dialógico. Ao invés da velha questão de influências, em termos de autores e obras, abria-se um novo processo: autores
de uma literatura supostamente periférica subitamente se
apropriavam do total do código, reivindicavam-no como
patrimônio seu, como um botim vacante à espera de um novo
sujeito histórico, para remeditar-lhe o funcionamento em termos de uma poética generalizada e radical, de que o caso
brasileiro passava a ser a óptica diferenciadora e a condição
de possibilidade. A diferença podia agora pensar-se como
fundadora". Como contrapartida, impôs-se a reinvenção da
tradição. No mesmo ensaio de 1980, abordei esse problema
sob a égide de duas epígrafes, cuja conjunção é instigadora:
"Desenraizada e cosmopolita, a literatura hispano-americana
é regresso e procura de uma tradição. Ao procurá-la, a
inventa" (Octavio Paz); e: "É uma tentativa de, por assim
dizer, nos outorgarmos um passado *a posteriori*, do qual
poderíamos provir, em lugar daquele outro, do qual efetivamente somos provenientes" (Nietzsche).

RN: *Nesse sentido, a verdadeira escola de tradução que vocês
criaram não tem em parte a função de suprir essa necessidade,
ou seja, de reforçar e dar a conhecer uma tradição que até certo
ponto é desconhecida entre nós? Dada a confluência desses dois
fluxos (criação e tradução), até que ponto deu-se aí uma
influência recíproca?*

HC: De fato. A tradução, melhor dizendo, a *transcrição* da
poesia de várias latitudes e tempos, foi o nosso dispositivo

transculturador preferencial. Uma atividade tradutora provida de projeto crítico, com função "maiêutica" (à maneira poundiana). Mas também a ensaística e a teorização serviram a propósitos semelhantes. (De passagem: é curiosa a suspeita que certa crítica levanta contra os poetas-teóricos, talvez por se ver por eles ameaçada naquilo que considera como um espaço privativo. Como se os poetas, por definição, devessem ser "curatelados": "bons selvagens", "incapazes" eternamente afetados de "menoridade", cabendo à crítica explicar-lhes o sentido de sua atividade, que lhes brotaria com pureza do "coração" e que qualquer exercício de autorreflexão como que turvaria...).

RN: *Com relação às traduções, a seu ver até que ponto pode-se falar numa separação entre conhecimento filológico, conhecimento poético e criação e/ou transcriação poética, para usar uma expressão criada por você mesmo?*

HC: O tradutor de poesia deve dominar as formas poéticas em sua língua. Além disto, a meu ver, deve ter pelo menos uma iniciação (se possível, uma assessoria de especialistas e/ou de boas edições bilíngues) na língua do original. Deve, por outro lado, enfronhar-se no contexto histórico-cultural dos textos que traduz, nas discussões críticas que suscitaram (caso da *Comédia* ou do *Fausto*), sem, no entanto, render-se à "ilusão da objetividade" (denunciada, entre outros, por H.R. Jauss), segundo a qual seria possível repristinar uma época histórica em estado "virginal", "autêntico", sem qualquer interferência dos "cortes sincrônicos" sucessivos e das questões propostas pelo presente de criação. Uma boa edição crítica, por um filólogo competente, é sempre um excelente material de trabalho para o poeta-tradutor. Borges (que não é um dantólogo, mas que escreveu ensaios – "ficções"? – iluminadores sobre Dante) observou: "Há pessoas que sentem escassamente a poesia; geralmente se dedicam a ensiná-la". Há uma verdade prática nessa ironia borgiana, que pode bem aplicar-se à filologia. Há filólogos – dos maiores – com o sentido e a percepção do poético (é o caso de Rodrigues Lapa ou de Gianfranco Contini). Outros, porém, são indiferentes aos tesouros poéticos que submetem ao seu escalpelo, como se se tratasse de um verdadeiro "corpo de delito". Destes, deve-se extrair tudo o que seja útil e informativo, e, em seguida, remetê-los para uma boa "temporada no inferno". Pena prescrita: ler inexoravelmente poesia…

20. DO EPOS AO EPIFÂNICO (GÊNESE E ELABORAÇÃO DAS *GALÁXIAS*)*

1. No quarto número da revista Invenção, *de 1964, você publicou doze textos, hoje incluídos em* Galáxias. *Estamos, portanto, distantes vintes anos dessa "viagem textual" finalmente encerrada em um livro. Mas fica a impressão de que o projeto do livro é anterior a 1964, essa data famigerada quando tomada por um prisma extraliterário. Quando e como teve a ideia de* Galáxias?

HC: As mais antigas imagens que constelam o meu texto remontam a 1959. Foi quando tomei os primeiros apontamentos, delineei os primeiros esboços, meros vislumbres quase, para o livro-viagem que seriam as *Galáxias*. O *formante* inicial (um termo que tomei de empréstimo à

---

* Texto publicado originalmente no Caderno de Programas e Leituras do *Jornal da Tarde* (*O Estado de S. Paulo*), 06 out. 1984. Trata-se de entrevista concedida a J. J. de Moraes.

terminologia do compositor Pierre Boulez) foi escrito em 1963. O *formante* final (que é o reverso simétrico do primeiro) é de 1976. Um longo arco de tempo, no qual os acontecimentos, como cicatrizes, foram deixando também as suas marcas textuais, a sua borra e o seu sarro. Pois as *Galáxias* não são apenas um livro de *epifanias*, mas também ao mesmo tempo, um registro crítico e paródico de *antiepifanias* – um "nigro-livro", um "pesteseller", um "horrideodigesto"... Algo assim como um palimpsesto simultaneísta de momentos paradisíacos, atravessados e contraditados por momentos infernais. No plano das técnicas literárias, tentando dialetizar a questão da ruptura dos gêneros (poesia/prosa), remonto a um escrito de 1952, *Ciropédia ou A Educação do Príncipe*, anterior ao lançamento da poesia concreta, que, como você sabe, ocorreu em 1956. Poema de formação, a *Ciropédia*, uma "lira" dos meus vinte e poucos anos, representa, no curso do meu trabalho, uma espécie de "Retrato do Artista quando Jovem": a descoberta e o aprendizado da poesia, a erótica da linguagem como exploração das modalidades do visível, do audível, do táctil. Publicado em 1955 (em *Noigandres* 2), trazia uma epígrafe do *Ulysses* de Joyce: "Você acha minhas palavras obscuras. A escuridão está em nossas almas, não lhe parece?". Nesse "prosa-poema", semeado de palavras-montagem, estruturado em segmentos rítmico-prosódicos, encontra-se, por assim dizer, a "pré-história" barroca da minha poesia[1]. Em certo sentido, retomei-o e radicalizei-o na escritura galática que elaborei posteriormente. Para passar às *Galáxias*, no entanto, foram decisivos, por um lado, a ideia de "concreção", de "blocos semânticos" associados por um súbito curto-circuito de significantes; por outro, o exercício do "controle do acaso". Esses dispositivos de engendramento textual, só a extrema disciplina no trato da linguagem, requerida pela prática da poesia concreta (verdadeira "escola de facas", para usar uma expressão de João Cabral), me possibilitaria desenvolver.

---

1. As expressões "neobarroco" e "barroco moderno", como proposta de uma retomada da matriz barroca em termos contemporâneos, já ocorrem num texto meu de 1955, "A Obra de Arte Aberta", em A. de Campos, D. Pignatari, H. de Campos, *Teoria da Poesia Concreta*, São Paulo, Brasiliense, 1986 (3ª ed.).

2. Aprendi, inclusive com você mesmo, que todo artista inovador acaba por criar os seus próprios antepassados. Penso que o Joyce de Finnicius Revém, *o Mallarmé de* Um Lance de Dados *e o Guimarães Rosa de* Meu Tio, ô Iauaretê *bem podem estar entre os instigadores de* Galáxias. *Sim ou não?*

HC: Sim, e mais o estilo cubista de Oswald, o método poundiano de rememoração ideogrâmica (que Butor, num estudo premonitório, augurou que abriria caminhos não apenas para a poesia, mas para a prosa). Basicamente, em termos de uma conjunção de autores brasileiros, tentei extrair uma resultante da prosa sintética (industrial) de Oswald e da prosa de elaboração minuciosa (artesanal) rosiana. Pretendi escrever um *epos* sem "estória", ou cuja estória fosse nada e tudo ao mesmo tempo: uma plurinarrativa e o "grau zero" do narrar. Esse projeto de *epos* acabou por se resolver numa *epifânica*. A prosa (aparente) acabou sendo o método (ou a metáfora) da poesia (imanente). Vejo hoje que, num sentido último, as *Galáxias* constituem um poema, um poema longo, uma *gesta* da escritura. A metáfora cosmológica do título é, ainda, a melhor explanação do seu processo gerativo...

3. Entre os múltiplos fios tecidos em Galáxias *em uma trama complexa, consigo perceber três deles mais constantes em seu contínuo entrelaçar. Seriam eles: a linguagem que se refere a si própria, lembranças de viagem – pessoas e situações, lugares e objetos – e a literatura (a cultura) tomada como um organismo vivo. Você concorda com isso?*

HC: A ideia norteadora – a viagem como livro e o livro como viagem – abarca tudo isso. É uma vertebração semântica que dá unidade subliminar à proliferação das diferenças na escritura galática. Viagem paródica, homérica e psicodélica ao mesmo tempo. *Livro ivro* ("Bateau îvre") onde cabe o vivido, o lido, o treslido, o tresvivido... Visões vertiginosas, de quadros, de lugares, de pessoas, de presenças (históricas e mitológicas) aparecem e desaparecem ao longo da tessitura verbal, do mar de sargaços da linguagem.

Pound, Ponge, Ferlinghetti, o velho escultor Vantongerloo no seu minúsculo estúdio parisiense, a casa imaculada de William Carlos Williams em Rutherford, New Jersey... *Flashes* nem sempre reconhecíveis, porque logo absorvidos pelo fluxo obsidiante da linguagem. Esta, o verdadeiro e principal personagem do livro. Que tem, em certo sentido (como uma vez me observou Anatol Rosenfeld, quando verteu para o alemão dois fragmentos galáticos, em 1966), uma estrutura de estória detetivesca, já que a intriga é constantemente interrompida, suspensa, e o leitor fica à busca do "quem" e do "quê" do texto...

4. Dos textos prometidos de início, há vinte anos, apenas a metade acabou por ser escrita. Por quê?

HC: Bem, o tempo, felizmente, copidescou o meu projeto. Ajudou-me a precisá-lo, condensá-lo. A ideia de concreção envolvia a de concentração. De composição livre e rigorosa ao mesmo tempo: delírio lúcido. Afinal, o oximoro (a coexistência dos contrários) é a figura-rainha do Barroco e barroquismo não se opõe a construtivismo (Bach, o matemático da fuga, é um músico barroco; a geometria curvilínea de Niemeyer em Pampulha ou em Brasília é, ao mesmo tempo, construtiva e barroquizante). Preferi uma poética de "pontos luminosos" a uma retórica de facilidade e recheio. Trabalhei cada página, cada fragmento, minuciosamente, como um microcosmo, uma peça autônoma, onde o livro inteiro poderia caber, abismar-se, como num espelho. Monadologicamente, em cada fragmento, estão todas e cada uma das *Galáxias*. Daí a possibilidade de sua livre leitura, a partir de qualquer página. A pulsão se exauriu como veio, galaticamente, por explosão e implosão. Agora, se você pensar que o projeto do *epos* redundou numa *epifânica*, ultimou-se numa *gesta* fragmentária (que pede leitura em voz alta, uma respiração, uma pneumática), verá que se trata de um "poema longo", em cinquenta "cantares", num total de aproximadamente 2 000 versículos...[2]

---

2. Na edição Ex Libris de *Galáxias* (1984), a cada uma das páginas impressas (em negro) corresponde uma página vazia (em branco), de modo que o

5. Quando os primeiros textos de Galáxias *apareceram, vieram acompanhados de "dois dedos de prosa sobre uma nova prosa", no qual você balizava o seu projeto. Ali dizia, por exemplo: "prever um livro, de cem páginas, ou cerca de, não mais a primeira e a última fixas: formantes, as demais soltas e permutáveis". Qual a função de projetar uma obra? A ideia das páginas soltas não lembra certas partituras musicais da época, como as de Pierre Boulez e Karlheinz Stockhausen? Por que, nesta edição, as páginas vieram encadernadas?*

HC: Um projeto é um esboço, um roteiro. Existe para servir de guia e também para ser transgredido, rasurado, ultrapassado pela prática. Imaginei de início um livro-objeto, um multilivro manipulável como uma escultura cinética. Claro que as novas notações, as novas partituras da música de vanguarda, então preocupada com o aleatório, estavam presentes no meu pensamento. Lembro-me de uma opinião de Guimarães Rosa, por ocasião de uma longa conversa que tivemos, no acaso de um Congresso de Escritores, em Nova Iorque, em 1966 (fazíamos, todos os congressistas, um *tour* de barco pela baía, na desembocadura do Hudson e avistávamos a imagem verdosa, iluminada, da estátua da Liberdade e, ao longe, o perfil mondrianesco de Manhattan). Eu havia dado a Rosa o nº 4 de *Invenção*, com os "dois dedos de prosa" e os fragmentos iniciais das *Galáxias*. A uma certa altura, ele me disse: "Você não sabe o que tem nas mãos. Isto é o demo. Esta sua prosa é o demo!" E depois de uma pausa, referindo-se ao projeto do livro: "Mas veja: não publique em folhas soltas, faça um livro comum, costurado... Não dificulte o difícil..." No momento, lembrando-me das capas "convencionais", do grafismo acadêmico, "regionalista", dos livros do Rosa (tão extraordinariamente revolucionários no seu texto, na sua escritura...), não dei maior atenção à observação, e respondi brincando, provocativo: "Isto não importa. Ao demo o que é do demo. Sou um *kamikase* da literatura..." Hoje, penso

número modelar 100, "signo de completude e de unidade", acabou por se perfazer ironicamente, como observa Jacobo Sefamí, "Un trotapáginas en el vacío: *Galáxias* de Haroldo de Campos", *El destierro apacible y otros ensayos*, Puebla, México, Premia Editora, 1987.

diferentemente. O livro de folhas soltas não convida o leitor à leitura, ao manuseio. É belo como projeto gráfico, mas inibitório como prática de leitura. Ademais, como dizia o pintor Valdemar Cordeiro (referindo-se, creio, ao construtivismo implícito de Volpi), um círculo, feito a mão ou a compasso, é sempre o mesmo, topologicamente falando... Assim, as *Galáxias* saem hoje numa edição cursiva, muito cuidada graficamente por seu editor, o artista plástico Frederico Nasser, mas fácil de manipular, "costurada", como aconselhava o Rosa da prosa... Do projeto, restaram os *formantes* (inicial e terminal, de leitura reversível, impressos em itálico). No mais, o livro pode ser lido a partir de qualquer página, aleatoriamente. Mas observe: não é isto que fazemos, quase insensivelmente, quando lemos um livro de poemas, em ritmo de pura fruição, um texto aqui, outro acolá, na sequência do nosso desejo? Às vezes a partir das últimas páginas, às vezes a começar do meio, segundo o texto nos incita ou excita, pois em matéria de poesia a leitura erótica precede a leitura metódica...

6. *As imagens de um caleidoscópio e de um labirinto podem ocorrer aos primeiros leitores de* Galáxias. *As evocações de pessoas, lugares, obras de arte de todos os tempos podem parecer fugidias, escorregadias. Esta sua técnica, como você diz, lembrou a Anatol Rosenfeld a dos romances policiais. Você poderia falar um pouco, através de exemplos retirados das* Galáxias, *a respeito das circunstâncias das suas viagens? Como você preside à reinvenção do material?*

HC: Valho-me frequentemente de processos cinematográficos, tais como o corte e a montagem, a fusão, *o flashback* e *o flash-forward*. As estátuas dos profetas do Aleijadinho, no adro de Congonhas, podem subitamente dialogar com as esculturas barrocas da Ponte Carlos, em Praga. Uma jovem prostituta nordestina assassinada a facadas pode metamorfosear-se em Mlle Stromboli, *call-girl* de Genebra, estrangulada em seu apartamento, comparada a um "minúsculo vulcão de matéria narrada". A Circe homérica é uma "massagista" nova-iorquina e seus clientes têm os rostos transformados em focinhos porcinos. Circe, *beneconata* (*cona* em lugar de *coma*)... Ou então é um travesti em minissaia, perseguido pela "radiomobile" romana, que acaba por converter-se na "persona" do próprio texto e de sua acintosa hibridização de gêneros... Jogo com técnicas de narrativa que fraturam, transgridem, tornam ambíguos o espaço e o tempo épico, os caracteres. Altero os registros retóricos. Dissemino as citações que dão uma entonação multipliée às "falas" e confundem as "vozes" narrativas. "Por quem os *signos* dobram?" – pergunta um dos fragmentos das *Galáxias*. Daí o tom "detetivesco" que o livro acaba assumindo, de uma certa perspectiva de leitura, pois a negaça da intriga passa, por si mesma, a ser intrigante... Lívio Tragtenberg, que está compondo um espetáculo musical baseado nas *Galáxias*, imaginou, para resolver o problema desse perpétuo entrecruzar de vozes, um labirinto de músicos, de "performers", que se vão deslocando em cena à medida que executam as instruções caleidoscópicas da partitura.

7. *No texto que começa com as palavras "circuladô de fulô", você parte da observação direta de um evento – um cantador nordestino que se faz acompanhar de um instrumento que lembra a você "um shamisen e feito apenas com um arame tenso um cabo e uma lata velha" – para a montagem de um atordoante painel. Transfigurando a linguagem popular até tomá-la um crespo, "pedregoso" tecido textual, você faz questão de dizer aí: "o povo é o melhor artífice". A música elemental do cantador, para você, toca o seu oposto, o da música de vanguarda. Em determinada medida, algo assim aconteceria nesse instante preciso com o seu próprio texto e o do cantador nordestino?*

HC: Meu texto tem muito a ver com a música, a composição musical, seja a de vanguarda, seja a popular. O fragmento que você destacou e que se baseia num registro verídico põe em evidência como, na condição mais dura de vida, um cantador popular, um pedinte de feira, pôde improvisar um instrumento rudimentar capaz de produzir um som tão inovador como o do mais requintado artefato de laboratório acústico. O povo não precisa de patronos que lhe digam o que é "arte popular" ou lhe impinjam modelos do que deveria ser a "autêntica" arte nacional. O povo pode ser o "inventalínguas", como queria Maiakovski. *E um dedo, é um dado, é um dia, é um dia, é um dado, é um dedo*[3]. Em muitos momentos, a escritura galática se deixa contaminar de invenções espontâneas como essa. Como também combina com a música popular urbana de Caetano ou de Gil, trovadores da era eletrônica. Em Londres, em 1970, sofri um acidente de carro e fiquei hospedado por mais de uma semana em 16, Redesdale Street, a "Capela Sixteena", como eu a batizei, onde moravam, exilados, Caetano e Gil, com Dedé e Sandra, e outros amigos (o Guilherme Araújo, a Rosinha, o Péricles...). Eu ouvia-lhes, comovido, as últimas composições, marcadas de saudades brasileiras, e eles me pediam que eu lhes lesse fragmentos das *Galáxias*. Era tudo a mesma música. Nunca me esquecerei dessa escuta afetuosa[4].

8. Penso que você, diferentemente de muitos outros escritores, não se aprisiona à imagem de um eventual leitor, no instante de seu produzir. Entretanto, você escreve para leitores... O que você pensa "passar" para eles em Galáxias?

HC: Leitores muito diferentes, como Hélio Oiticica e Júlio Bressane, leram e "curtiram" as *Galáxias*, cada um a seu modo, à medida que os fragmentos iam sendo publicados. O Hélio gostava em especial do episódio do *hagoromo*, do "manto de plumas". Gravei-o para um dos seus "Helio-tapes", uma tarde, no vestíbulo do Hotel Chelsea, em Nova Iorque. O Hélio, que era um fabuloso roteirista de pérgulas volantes, encontrava, talvez, na cambiância e na mobilidade da

---

3. Cf. Augusto de Campos, "Um Dia, um Dedo, um Dado", *Verso/Reverso/Controverso*, São Paulo, Editora Perspectiva, 1978. Paul Zumthor em *Introduction à la poésie orale*, Paris, Seuil, 1983, fala da "virtuosité parfois éblouissante" dos *desafios* dos cantadores nordestinos.

4. O disco *Circulado*, de Caetano Veloso, com uma composição baseada no fragmento "circuladô de fulô" das *Galáxias*, é uma resposta extremamente criativa a essa escuta...

escritura galática, algo que lhe era congenial, que tinha a ver com seus *parangolés*… O Julinho, cineasta de olho "brascúbico" (olho de releitor oswald-cubista do *Brás Cubas* machadiano…), colocou uma pirâmide azul, com a sigla *H. C*, como epígrafe de *Tabu*. É uma citação, um trocadilho "visual", à maneira de Duchamp. Refere-se a um fragmento que se passa na cidade do México, vertiginoso, entre pirâmides, pulque e deuses astecas. Para o Julinho as *Galáxias* não têm mistério: são puro cinema. Também o Antonio Dias. Ele chegou a imaginar um livro-escultura, percorrido de acidentes tácteis e visuais, com base em páginas das *Galáxias*. Cheguei a ver a *maquette* do projeto, em Milão, há alguns anos. Conversamos novamente a respeito o ano passado, eu, ele, mais o Nasser. A ideia ainda o entusiasma, pensa em levá-la a cabo, agora que o texto se publica como um todo… Você dirá que mencionei leitores especiais, artistas-inventores, leitores privilegiados. Mas um texto também constrói o seu futuro leitor. Constrói-o no tempo. Como um ponto-de-fuga. A medida que o texto vai cindindo seu sujeito, abolindo seu autor, ele se encontra e se perfaz no outro. No outro em devir. Nesta dialética se fundamenta toda possível poética da leitura. Veja você: na minha geração, li o *Miramar* e o *Serafim* de Oswald com olhos livres, despreconcebidos, empáticos, quando muitos, teimosamente, se recusavam a lê-los, sequer a enxergá-los… As *Galáxias* são um texto de prazer, na acepção barthesiana do termo. Um texto de desejo e de gozo. Pedem simplesmente um leitor de olhos novos e de escuta aberta. Um coração cosmonauta. Nada de orelhas varicosas.

21. FICÇÃO COMO FUNDAÇÃO*

"À linguagem, então – à linguagem exclusivamente – é que as entidades fictícias devem sua existência; sua impossível, todavia indispensável, existência." Assim Jeremy Bentham, na tradição do empirismo filosófico não faz muito recordada por Wolfgang Iser ("Akte des Fingierens"), vincula ficção e linguagem. Para a tradição da poesia essa vinculação nunca deixou de ser estreita. "Poeta – poetas: e quier dezir tanto como fallador de nuevo de razón, e enfennidor dela...". Esta definição do mister do poeta na *General Estória* do rei-trovador Alfonso, El Sábio (1221-1284), pode ser repristinada com proveito por quem quer que se disponha a dar espessura diacrônica a ideias tão aparentemente características do corte disruptor da modernidade como a do "histrião literário" de Poe e a do "poeta fingidor" de Pessoa, passando pela importância

---

* Texto-depoimento, escrito em março de 1983, a convite da revista *Novos Estudos*/CEBRAP, que o estampou em seu vol. 2, nº 3, São Paulo, novembro de 1983, na seção "Pontos de Vista sobre a Ficção", org. por R. Schwarz.

279

de *fiction* e *fictif*: "...un tour ou jonglerie (tout Art en est là!)..." – na poética de Mallarmé. Em meu ensaio sobre Poe, de *A Operação do Texto*, ocupei-me desse assunto. Não seria o caso de voltar a discuti-lo aqui, mais demoradamente, em sede teórica. Gostaria apenas de registrar o interesse que podem ter, para o aprofundamento da questão, algumas colocações de Iser: a de que "o ato do fingir, no texto ficcional, manifesta-se como uma relação dialética entre o imaginário e o real", envolvendo um processo de transgressão (*Ueberschreiten*) ou excesso do "dado"; ou então a da "escala do ato de fingir" comparada à gradatividade de um "processo de tradução". O "estudo em amarelo" com o qual Balzac apresenta o pai Grandet, em quimismo eletivo com a irradiação do ouro acumulado por sua avareza, *langage secret* que vai a minúcias de descritivismo "realístico" (do brilho do olhar à coloração amarelo-grisalha, prata e ouro, dos cabelos), não é senão um dos graus translatícios desse excesso ficcional que usurpa o real. Veja-se, em nossa literatura, a "orgia vermelha" de *Lucíola*, tão perceptivamente destacada por Antonio Candido no romance de Alencar e, ao mesmo tempo, encarecida pelo crítico por seu inusitado "realismo". Se se quiser um auge programático (e ao mesmo tempo autoparódico) desse tratamento de "choque" (no caso, por excesso sinestésico...) a que a ficção submete o assim dito real, recorde-se, no decorado simbolista, o "jantar todo em negro" do *A Rebours*, de Huysmans...

II

Situado o problema, situo-me diante dele: ficção e fingidor. Meu último livro de poemas, *Signância: Quase Céu* (1979), que para certa recepção traz a marca do hermetismo e da ilegibilidade, para mim é um livro carregado de biografemas, "biografado", por assim dizer, no vértice ou no vórtice dessa tensão entre ficção e real, imaginação e história. Pensado em forma musical, como uma composição tripartite, inverte o esquema topológico dantesco. Começa ironicamente por momentos epifânicos de "céu", passa pelo purgatório da trivialidade cotidiana (*Status Viatoris*, o "estado de trânsito") e termina, finalmente, com uma descida propiciatória aos Infernos, a *Nékuia* homérica, para ouvir os poetas-inventores da tradição brasileira (Sousândrade, o "topázio colérico"; Kilkerry, como Elpênor, o morto precoce, com sua "traqueia dessangrada"; Oswald, o pai antropófago, com seus "caninos canibais"...). Ouvi-los e, através de sua invocação divinatória, cobrar fôlego para a poesia num tempo de sufoco. A poesia a perdurar, como um "pó de letras" que "por um minuto pleniluz" e se dispersa no vento. Um ritmo, resgatado do caos-acaso, um fio fremente, cesura entre duas censuras: a do estamento impositivo e repressor e a da cobrança escoteira e emburrada; ambas essas formas censóreas, personificadas nos "sem-narinas", são repelidas por aqueles "signos tempestuosos", e afastadas do fosso propiciatório, onde, como no rito homérico, os poetas invocados, nomes-numes tutelares, vêm beber para nutrir o novo poema, o poema *in fieri*, com seu impulso transculturador: tradução da tradição sob a forma de historiografia vivificada... Hermetismo? Ilegibilidade? "A obra hermética, em seu interno mesmo, dá figura à fratura, àquela fratura que existe entre o mundo e a obra" (Adorno). Nesse sentido, o seu conteúdo é a adorniana "diferença irreconciliada". Para mim, é aí que o seu "efeito fictivo" se manifesta como momento crítico e (parafraseando, para uso de meu argumento, o que disse Benjamin em outro contexto) inscreve a esperança, ainda que como traço fugidio, no movimento mesmo da desesperança.

Meu novo livro, em preparo, será, de certa maneira, o contrário do anterior, sem que entre ambos, todavia, haja contradição antagônica. Conterá poemas manifestamente satíricos como "A Educação dos Cinco Sentidos" e "Ode (Explícita) em Defesa da Poesia no Dia de São Lukács". O primeiro deles, aliás, dará o título à coletânea. Quero, assim, enfatizar – na linha de uma proposição do jovem Marx, dos "Manuscritos Econômico-Filosóficos" (1844), segundo a qual "A educação dos cinco sentidos é tarefa de toda a história universal até agora" – que à poesia, exatamente, está reservado este papel de ampliar e renovar a sensibilidade, papel que não pode ser negligenciado em sua especificidade e que não se confunde (embora também não o exclua *a priori*) com o engajamento a nível temático. Trata-se da "faculdade de antecipar que possui a arte em relação à praxis da vida e à ciência", uma capacidade que o teórico tcheco Jan Mukarovsky, num texto de 1945, equacionava com a "polifuncionalidade fundamental da relação do homem com a realidade" e, assim também, com "a inexaurível riqueza de possibilidades que a realidade oferece à ação humana, à percepção e à cognição". Nesse sentido é que se pode, com Jauss, falar de uma "função de criação social" das "ficções da arte", na medida em que estas tornem possível "uma nova percepção das coisas, prefigurando um conteúdo de experiência que se exprima através da literatura antes de ter acesso à realidade da vida". Do satírico ao coloquial-irônico (toda uma seção deste meu novo livro chama-se "Austineia Desvairada", e é um registro mnemônico-sentimental de minha estada em Austin, Texas, no semestre de primavera de 1981), sem esquecer alguns excursos metafísico-existenciais (os "Opúsculos Goetheanos"), dar-me-ia por satisfeito se estes poemas dos "cinquent'anos" pudessem contribuir, ainda que minimamente, para essa tarefa de acrescer a sensibilidade (a "humanidade dos sentidos") sob a espécie da ficcionalidade.

22. POESIA E MÚSICA*

Basta ter ouvidos livres para ouvir "estruturas" (e estrelas...).

A poesia contemporânea não tem mais ritmo, não tem mais música. Esta é uma declaração recente de Isaac B. Singer. Trata-se de uma observação de alguém que está totalmente à margem da prática poética contemporânea ou há algo de adequado nessa opinião?

HC: Só um bloqueio tradicionalizante, uma saudade neoclássica dos "bons velhos tempos", pode provocar uma declaração como essa, índice manifesto de uma surdez estética não diferente, em seus efeitos, daquela outra – surdez ideológica – que

---

* Publicado originalmente no *Caderno de Música*, Boletim de Documentação Musical, São Paulo, nº 9, julho 1982, Biblioteca da ECA-USP, número especial "O Texto Literário e a Música". Trata-se de entrevista concedida a Luís A. Milanesi, coordenador do referido *Caderno*.

põe cera nos ouvidos de tantos diante da presumida "decadência" da arte (e da poesia) contemporânea. De resto, de Homero a Pound, de Safo a Emily Dickinson, de Camões a Fernando Pessoa, só existe uma poesia, em diferentes músicas, em distintos desenhos, sempre que se trate de um verdadeiro poeta, um configurador de linguagem. A poesia é a permanente recapitulação da primeiridade na terceiridade, do lado icônico do mundo da concreção na face simbólico-digitalizante do mundo da abstração (valho-me das categorias sígnicas de Peirce). É o ideograma inscrito no algoritmo, o número que vira nome e se encarna. Pound falava em melopeia, fanopeia e logopeia como nas três modalidades complementares e interpenetradas da operação poética. Destas, duas são desde logo musicais: a melopeia, que ressoa no mar homérico da *Ilíada* e da *Odisseia*, e a logopeia, música do intelecto, coreografia das ondas cerebrais harmonizadas cineticamente em movimento de palavras. Saussure, na sua pesquisa dos anagramas, escutou o "furor do jogo fônico" nos arcanos da poesia védica, greco-latina e na antiga poesia germânica. Como jogo intercambiante de som e sentido é essa mesma pulsão semântico-musical que anima a poética de Roman Jakobson, inspirada nos vertiginosos experimentos linguísticos da poesia russa das primeiras décadas deste século, de Khlebnikov, Maiakovski, Pasternak... Basta ler um ensaio como aquele dedicado por Maiakovski à fatura de seu poema "A Sierguêi Iessiênin" (ver o meu estudo "O Texto como Produção", em *A Operação do Texto*, Perspectiva, 1976) para se ter uma ideia de como um grande poeta moderno era capaz de extrair os mais ricos e elaborados efeitos tanto da consonância como da dissonância em poesia. A operação tradutora – que eu prefiro denominar "transcriação" – é, aliás, o procedimento ideal para se pôr a nu, como em fulgurância tangível, a forma semiótica das línguas poéticas cm conjunção (a do original e a do poema recriado). Ela impõe uma leitura partitural do texto, mostrando que, nesse sentido, num sentido de imanência estrutural, a poesia (desde sempre) pode ser entendida como música, uma ideomúsica de formas significantes. Basta ter ouvidos livres para ouvir "estruturas" (e estrelas...).

Em Signância: Quase Céu *sua poesia se apresenta por vezes sob o modo de um ideograma. Onde entra a música aí?*

HC: Este meu último livro de poemas (o próximo vai chamar-se *A Educação dos Cinco Sentidos*, e conterá, inclusive, algumas peças lírico-satíricas, ou, melhor dizendo, herói-cômico-líricas, como a "Ode (explícita) em defesa da poesia no dia de São Lukács") é pensado em forma musical, como uma composição tripartite, que inverte o esquema topológico dantesco, começando por momentos epifânicos de céu, passando pelo purgatório da trivialidade cotidiana ("O estado da viagem"/*Status Viatoris*) e terminando, finalmente, com uma descida propiciatória aos Infernos, a *Nékuia* homérica. Sartre lembrou uma vez que o silêncio é um momento da linguagem, o qual, como a pausa em música, recebe seu sentido dos grupos de notas que o cercam; Boulez, como que retomando essa ideia, afirmou, em artigo de homenagem a Webern: "é uma verdade das mais difíceis de pôr em evidência que a música não é somente *a arte dos sons*, mas que ela se define melhor por um contraponto do som e do silêncio"[1]. Ora, foi o musicólogo Antoine Goléa quem, certa vez, referiu-se ao "estilo dos haicais japoneses" como único paralelo capaz de evocar a "extrema brevidade" da música de Webern, não apenas na música contemporânea, mas, talvez – acrescenta – "na história de toda a música ocidental" (o que nos faz desconfiar, desde logo, de nossos padrões eurocêntricos, logocêntricos, verocêntricos, autoritários, como únicos fiadores da produção e da escuta musicais possíveis; tratei desse assunto, no que toca à poesia, lembrando certas formulações da *Gramatologia* de , em meu ensaio sobre o *Ideograma*, editado em 1977 pela Cultrix; não me é necessário, pois, insistir nele). Meu livro, que, na parte final (*Nékuia*, por sua vez dividida em dois esboços e uma *Coda*), intenta uma barroquização "latino-amarga" do *Coup de Dés* mallarmeano, propondo-se

---

1. Nota para esta edição: Oswald de Andrade também manifesta uma percepção aguda nesse sentido: "Olhe, o que houve foi isto: a música pertence ao silêncio. (É uma tese que reservo para *Marco Zero*)". Cf. "Bilhete sobre *Fantasia*", revista *Clima* nº 5, São Paulo, outubro de 1941.

refazer uma história sintética da "poesia universal progressiva" nos trópicos, em modo irônico, pode ser visto (e lido e ouvido) como uma larga partitura de frases em conjunção e disjunção, microgramas de som rodeados de silêncio, onde a música que soa é a música da escritura, como um respiro da "forma interior" (a expressão é de Goethe) colhido por uma caligrafia móvel... Pense-se nas novas grafias da música contemporânea, no volume das *Notations*, coligido por John Cage...

Como tem sido a experiência da musicalização de textos seus?

HC: Embora o trabalho que hoje faço seja muito diferente daquele desenvolvido na "fase heroica" da poesia concreta dos anos 1950; embora, hoje, o que mais importe, em termos de minha opção pessoal, não seja a poesia concreta propriamente dita, como experiência-limite que deixou o seu saldo radical, como um rastro ainda não assimilado, no espaço da poesia brasileira, mas o modo de assumi-la e superá-la dialeticamente em novas produções para as quais o determinante é o concreto, a concreção, a materialidade da linguagem como fenômeno ao mesmo tempo global e definidor da poesia de todas as épocas, – embora isto deva ser aqui assinalado, quero recapitular que os começos de nosso percurso se deixaram entremear, muito fecundamente, com os inícios da nova música posterior ao Grupo de Viena; foi a fase, também "heroica", dos jovens Boulez e Stockhausen, da música concreta, da música eletrônica... Desde cedo, eu e meus companheiros do Grupo Noigandres tivemos contato pessoal com Boulez, Stockhausen, Nono, Xenakis, além de estarmos em sintonia de preocupações e trabalho com compositores brasileiros de vanguarda, desde os idos de 1950, quando a Escola Livre de Música da rua Sergipe era-dirigida por H.J. Koellreutter[2]. Vários poemas meus, tanto da fase "ortodoxa" da poesia concreta, como posteriores a ela, foram

2. Ver meus textos "Stockhausen: Rigor, Amor, Humor, Furor" e "Informe de Sirius", na seção II – "Os Sete Dias de Criação de Stockhausen no Rio", em Lívio Tragtenberg, *Artigos Musicais*, São Paulo, Perspectiva, 1991.

alvo de interesse compositivo de músicos como Willy Corrêa de Oliveira, Gilberto Mendes, Koellreutter... Por outro lado, não se pode olvidar a influência da poesia concreta brasileira no lado experimental de nossa música popular, sobretudo aquele representado por Caetano Veloso, Gilberto Gil, Walter Franco e, mais recentemente, Arrigo Barnabé (o melhor exemplo e testemunho disso tudo são as atividades de meu irmão Augusto de Campos, como ensaísta estudioso de música popular e de música erudita, e a atenção que o seu trabalho de poeta intersemiótico, verdadeiro músico de grafemas, tem recebido de um intérprete e compositor de sensibilidade ao mesmo tempo lírico-popular e metalinguístico-sofisticada como Caetano...). Direi que, para mim, no que diz respeito às composições eruditas (muitas das quais ainda não tiveram a possibilidade de execuções em condições ideais), o que mais me interessa é o problema do *isomorfismo*, ou seja, da transcriação de estruturas intersemióticas, um processo em que a autonomia do texto poético não é rasurada pela composição, e em que esta, por seu turno, toma o texto como matriz aberta para novos lances inventivos onde a sua autonomia se manifesta como produção musical paralela, com direitos próprios, paramórfica, mantendo o texto poético ausente e presente, num sutil procedimento da dialogia estrutural. Creio que Stockhausen obteve isto criando, ele próprio, o texto-matriz (a montagem de fragmentos de um salmo bíblico), para o seu *Canto dos Adolescentes*. No Brasil, a poesia concreta oferecia problemas estruturais congeniais aos propostos e enfrentados pela música de vanguarda, o que tornava natural e propícia a convergência... Veja o caso do meu "nasce-morre", por exemplo, que inspirou tanto a Gilberto Mendes quanto a Koellreutter... Ou a composição do Willy sobre o "movimento" de Décio Pignatari... Agora mesmo ouço dizer que um compositor da novíssima geração, dos mais talentosos, Livio Tragtenberg, estaria trabalhando com textos do meu *Xadrez de Estrelas*, as *Galáxias*, creio[3]. Nesses textos, disse Severo Sarduy, dá-se: "la exaltación y el

3. Cf. no livro cit. na nota supra "Sonar das *Galáxias*", análise musical do texto galático, elaborada por Lívio Tragtenberg.

despliegue de una *region* de la dicción, de un espacio del habla vasto y barroco como el mapa de su país: soplo y articulation, aliento y pronunciación: nacimiento del discurso". Música, *portanto…*

23. DA CRÍTICA ANTECIPADORA: EVOCAÇÃO DE SÉRGIO BUARQUE DE HOLANDA*

Quando me recordo do início do meu trabalho poético, na passagem dos anos 1940 para os anos 1950, lembro-me sempre da presença marcante que teve naqueles idos, para mim, e – creio – também para minha geração (os "novíssimos" de então), a figura de Sérgio Buarque de Holanda. Não falo propriamente do historiador, aspecto e opção principal de suas atividades, pelos quais se notabilizou, e pelos quais é geralmente conhecido e justamente celebrado. O campo da história, embora de meu interesse enquanto leitor, não era o de minha eleição. O nome Sérgio Buarque de Holanda, àquela altura, designava para mim, sobretudo, o crítico e teórico literário. Crítico militante, que estampava seus trabalhos com frequência semanal (se bem me lembro) na *Folha da Manhã* e no *Diário Carioca*.

---

* Publicado originalmente no suplemento *Mais!*, da *Folha de São Paulo*, em 19 abr. 1992.

1950 foi o ano em que Décio Pignatari e eu fizemos nossa estreia em literatura. Jovem de 21 anos, publiquei então, como volume 3 dos "Cadernos do Clube de Poesia", *Auto do Possesso* (poemas escritos entre 1948-1949). Décio, com 23, deu a público *O Carrossel* (poemas de 1947-1949), volume 4 da mesma coleção. Àquela altura, a "Geração de 45" dominava a cena literária e o "Clube de Poesia", bem como a *Revista Brasileira de Poesia*, constituíam-se nos órgãos através dos quais sobretudo os representantes paulistas dessa geração expressavam suas ideias e exerciam sua influência. Eram os tempos de gestação do "Neomodernismo", denominação empregada por de Ataíde ao elaborar o seu *Quadro Sintético da Literatura Brasileira* (1956). Tristão, à época, se nos louvarmos na informação de Wilson Martins (*A Crítica no Brasil*, 1952), era "unanimemente considerado o maior crítico já aparecido na história da literatura brasileira"; o próprio Mário de Andrade, que em carta de 19.06.1928 dizia considerá-lo "o melhor crítico que possuímos hoje"; que, no entanto, em 1931, em *Aspectos da Literatura Brasileira*, increpava-o de "dolorosa incompreensão poética", mostrava-se disposto, em 17.06.1943, doze anos depois, a retificar esse juízo que lhe parecia ter ficado injusto, para de novo afirmar em favor do crítico, retrospectivamente, a "viva compreensão dos que naquele momento eram os herdeiros legítimos da poesia" (cf. Carlos Drummond de Andrade, *A Lição do Amigo*, 1982). Pois bem, Tristão valeu-se do rótulo "Neomodernismo" para caracterizar a reação levada a efeito pelos poetas de 45, postos, segundo o crítico, sob o signo da disciplina formal, contra a primeira geração modernista, "essencialmente demolidora" (a expressão é de Mário de Andrade, de sua conferência-*mea-culpa* de 30.04.1942, "O Movimento Modernista"). Tratava-se de gente excessivamente dada a liberdades, que teria privilegiado o "conteúdo" sobre o "continente". A tese de Tristão de Ataíde foi, num bate-pronto, refutada em termos polêmicos pelo jovem crítico Oliveira Bastos (que havia sido saudado num "telefonema" de 28.08.1953, por Oswald de Andrade, como uma revelação: "Um crítico enfim!"). Bastos, no artigo "Vinte e Dois e Forma", publicado no *Diário Carioca* em 01.04.1956, quase em seguida à divulgação, no *Diário de Notícias* de 18.03.1956, do primeiro dos trabalhos que iriam ser integrados no referido *Quadro Sintético*, contesta a pertinência do que chama "camisa-de-força conceitual" de Tristão de Ataíde, rejeitando a ideia de que os modernistas carecessem de preocupações formais, ideia que implicava o equívoco de tratar os problemas da poesia "eludindo os problemas formais da linguagem". Seus argumentos anteciparam no tempo e excedem em acúmen de visada àqueles de que se valeu José Guilherme Merquior, um crítico no fundo conservador, para chamar de "Antimodernistas" àqueles mesmos poetas que Tristão considerara representantes de um "Neomodernismo" (*A Razão do Poema*, 1965).

Essa breve recapitulação de fatos pouco lembrados ajudará a dar ênfase aqui àquilo que pretendo expor em seguida. O fato é que, alguns anos antes, em 1951, e preferindo lidar com a expressão "Posmodernismo", Sérgio Buarque de Holanda soubera enfocar o problema de modo muito arguto (e dizer que Wilson Martins, em seu livro de 52 sobre a crítica literária, fizera restrição justamente à agudeza dos "juízos estéticos" do autor de *Raízes do Brasil!*). E não apenas isso. Fora até mesmo capaz de prever-lhe os desdobramentos, dando assim um palpável exemplo do exercício daquela rara função da crítica: a de tentar antecipar os rumos da criação ("Try to forerun composition", Ezra Pound, "Date Line", *Make it New*, 1934). Isto ocorreu precisamente com a série de três artigos que o crítico de *Cobra de Vidro* (1946) publicou entre 27.05.1951 e 12.06.1951 no *Diário Carioca* e na *Folha da Manhã*, a propósito, exatamente, daqueles volumes 3 e 4 dos "Cadernos do Clube de Poesia", de início mencionados.

O primeiro artigo dessa trilogia intitulava-se, significativamente, "A Difícil Alvorada", preparando os seguintes. Nele Sérgio Buarque de Holanda começa por tecer comentários à recepção de T.S. Eliot no Brasil, iniciada à época da revista modernista *Estética*, dirigida pelo próprio Sérgio e por Prudente de Moraes Neto. Já no nº 1 dessa publicação, datado de setembro de 1924, o poeta anglo-norte-americano, por sua vez diretor da revista *Criterion*, era mencionado, o que despertaria a surpresa do "imagista" F.S. Flint, colaborador do magazine inglês, incumbido de resenhar o periódico brasileiro. Com esse primeiro momento do processo recepcional, o articulista de "A Difícil Alvorada" contrasta o segundo, que estava ocorrendo por volta dos anos 1950, e que podia ser exemplificado nas páginas da *Revista Brasileira de Poesia*. A primeira fase do processo não teria passado de uma "curiosidade limitada" e, às vezes, "pouco simpática". Já a segunda, em que Eliot reingressava em nosso meio intelectual transformado numa "respeitável instituição", explicava-se, de acordo com o crítico, "pelo prestígio do gosto *clássico* entre nossas novas gerações", contrapondo-se ao "*romantismo* dos homens de 22". Sérgio Buarque via nisso um equívoco de avaliação, de vez que na poesia de Eliot, como na de Pound, havia um "equilíbrio de contrários, uma harmonia entre o espiritual e o material, entre o grandioso e o grotesco, entre a paixão e a ironia, entre o poético e o prosaico". Esse equilíbrio inexistia entre os adeptos da "Geração de 45", argumentava. Um de seus porta-vozes, por exemplo, propunha-se proscrever da poesia, como prosaica, a palavra "cachorro" (a ser substituída sempre pela palavra "cão", capaz, esta sim, de suscitar "velhas e nobres evocações"), e deplorava o uso do vocábulo "fruta", ao invés de "fruto", termo "tão mais poético" (ambos os reparos, diga-se de passagem, haviam sido endereçados a versos de *O Cão sem Plumas*, de João Cabral de Melo Neto, aparecido em 1950). Insurgindo-se contra esse tipo de preceptística, Sérgio Buarque advertia, por sua vez, que "a opção pelos ritmos estereotipados, pelas expressões convencionalizadas" era algo que só poderia satisfazer "os gostos fáceis ou as imaginações preguiçosas". Para o crítico, não era opondo convenções "contrarrevolucionárias" a convenções "revolucionárias" que se haveria de manifestar o "posmodernismo" enquanto superação, enquanto "fase realmente afirmativa". Esta não poderia consistir "na simples atitude de reação, que é, em suma, uma atitude de dependência". E para exemplificar, no plano prático, a sua visão do problema, o articulista destaca o "último livro de poemas do sr. João Cabral de Melo Neto" (o livro-poema acima citado). O poeta pernambucano, por sinal, em

21.12.1952, no *Diário Carioca*, no quarto artigo de uma série dedicada ao enfoque da "Geração de 45", situando-se em posição divergente perante seus coetâneos geracionais, haveria de endossar a crítica, "formulada mais inteligentemente do que por qualquer outro, pelo sr. Sérgio Buarque de Holanda", ao que sentia como uma "preferência idealista", nesses poetas, quanto à seleção de sua linguagem, em oposição ao gosto modernista pelo vocábulo ou pela imagem prosaicos. Mas Sérgio Buarque ia ainda mais longe. Ressaltava a contribuição de um "novíssimo" – o recém-aparecido *Carrossel*, de Décio Pignatari, "que, ao lado de *Auto do Possesso* do sr. Haroldo de Campos, foi a mais surpreendente revelação dos Cadernos do Clube de Poesia de São Paulo".

Passarei rapidamente pelo segundo artigo da série, "Rito de Outono" (*Folha da Manhã*, 06.06.1951), que se ocupa de meu livro de estreia. Basta referir que Sérgio Buarque identificou nele, com irretocável precisão, a minha dívida intelectual para com Mallarmé ("É bem provável que tenha estudado largamente Mallarmé"), sendo certo que eu começaria a traduzir, já por aqueles anos, o *Coup de Dés* ("Lance de Olhos sobre *Um Lance de Dados*", *Jornal de Letras*, Rio de Janeiro, n. 109, agosto de 1958; mas confira-se, no próprio *Auto do Possesso*, o poema que começa "O Azar é um dançarino..."). Mas esta não foi a mais imprevisível de suas percepções (outros, como Sérgio Milliet, já haviam insistido – e de modo não propriamente favorável – na tônica mallarmaica; *Diário Crítico*, 1- vol., texto de 24. 03.1950). O que de fato surpreendeu-me foi o crítico ter conseguido captar no livro, "nos motivos e até na cadência" de um poema não dos mais representativos, "Rito de Outono", a "lembrança inesperada de um Stefan George", mestre "bem menos frequentado pelos inovadores de nossa poesia". Na verdade, o discípulo alemão de Mallarmé, cujo "círculo", criticamente influente, Sérgio Buarque havia descoberto durante sua estada na Alemanha em 1929-1930 (ver a "Apresentação" a *Tentativas de Mitologia*, Perspectiva, 1979), estava – com George Trakl, Rilke, Hofmannsthal, Georg Heym – entre os poetas que eu me empenhara em ler no original, tomando aulas particulares de alemão com um afável pastor protestante, ainda nos meus tempos de "calouro" da Faculdade de Direito do largo de São Francisco...

Dado esse testemunho, passo a concentrar-me em "Ritmo e Compasso", (*Folha da Manhã*, 12.06.1951), texto conclusivo do tríptico, reservado para *O Carrossel*, de Pignatari. Mais do que o meu, o livro de estreia do Décio provocara reação, irritação e mesmo polêmica (houve de fato uma, com o crítico Fausto Cunha, que, alguns anos depois, com saudável *fair play*, viria a reconsiderar suas posições; polêmica de moços, acirrada, na qual tomei partido ao lado de Décio).

Sérgio Buarque começa por assinalar, para além da solidariedade entre os dois estreantes, vale dizer, das convergências entre ambos, as divergências, o "contraste", entre a minha primeira poesia (na qual realçara a "densidade", o "poder de ordenação e concentração") e a de Décio Pignatari, que define e apreça como uma "poesia da mobilidade". As divergências, no caso, lhe pareciam fecundas: "uma salvaguarda contra a esclerose de que os cânones intolerantes ameaçam a poesia nova".

A poesia inconformista de Pignatari, por outro lado, não lhe dava a impressão de fruto do "desleixo", da incapacidade de "exorcizar o demônio da insubmissão". A época, para Sérgio Buarque, estaria evidenciando traços daquela possibilidade que vi mais tarde defendida pelo compositor Pierre Boulez, com a fórmula: "organizar le délire". E aqui o crítico tem oportunidade de demonstrar a segurança e a atualidade de sua informação. O "anarquismo" de D.H. Lawrence parecia-lhe reaparecer nos "apocalípticos" ingleses (para quem não saiba: o movimento, liderado por Henry Treece, em torno do "bárdico" Dylan Thomas, cujo órgão de divulgação era a revista *Horizon*, de Ciryl Connoly). Na França, "a insânia de Antonin Artaud" era capaz de seduzir até mesmo um poeta como o objetivista Francis Ponge (tanto quanto sei, terá sido Sérgio Buarque o primeiro a mencionar, entre nós, o autor de *Le Parti Pris des Choses*), cuja "nova retórica" tenderia, antes, a constituir-se através da "integração" e da "exacerbação", do que da "conjuração do terror dionisíaco". Na Espanha, "tão longamente afeiçoada a uma estética de contensão", a poesia de Rafael Alberti e de

Vicente Aleixandre se deixava penetrar "de elementos violentamente românticos e até surrealistas".

Delineado esse contexto de convivência de opostos, a análise do particular tipo de estética da "mobilidade" que caracterizaria, como traço definidor, a poesia inicial de Pignatari pôde aprofundar-se coerentemente. Não se tratava, segundo o crítico, da "mobilidade da expressão que se procura a si mesma e jamais se encontra", mas, sim, daquela outra, "proposital, que decorre, antes de tudo, de uma deliberada aplicação a temas e ritmos que ajudam a estimulá-la". Era nos poemas pignatarianos de "formas amétricas, embora não necessariamente arrítmicas", poemas que rompiam com a regularidade sistematizada do "tique-taque do relógio", que Sérgio Buarque via realizar-se essa "mobilidade", não submissa a compasso rígido, por isso mesmo mais difícil de perceber, como "o ritmo nunca perfeitamente isocrônico das ondas do mar ou da própria respiração". O analista releva então "o admirável" poema "Rosa d'Amigos". Considera-o mesmo um paradigma dessas "composições de compleição irregular", onde "mais intensa se torna a função das imagens, que se vão suceder agora numa vertiginosa magia". E assinala a culminação de todo o processo no poema final da coletânea ("O Jogral e a Prostituta Negra"), percorrido pelo "malabarismo vocabular", por um extremado "traço de virtualidade", que levava a palavra a "desmembramentos" e "associações", com vistas à "duplicidade de significação", sem que, entretanto, a "nota dominante" do livro – "o impulso lírico" – se deixasse sofrear com isso.

Sérgio Buarque de Holanda , crítico verdadeiramente militante, estava assim, num lance premonitório, compreendendo e valorizando (onde outros nada haviam conseguido enxergar nem apreciar) alguns dos poemas mais radicais da fase pré-concreta de Décio Pignatari, poemas de "construção irregular", que também poderiam ser descritos como perpassados por uma furiosa pulsão barroquizante (de "barroco moderno" ou "neobarroco", de fato, tendo textos assim em mira, eu iria falar em 1955, nos parágrafos finais do artigo programático "A Obra de Arte Aberta", publicado no *Diário de São Paulo* e no *Correio da Manhã* do Rio; ver *Teoria da*

Poesia Concreta, Brasiliense, 1987, 3ª ed.). Esses poemas – sobretudo o metalinguístico e paródico "O Jogral", prepaririam, por estilhaçamento e desarticulação (o que hoje chamaríamos "desconstrução"), a poética fenomenológica da primeira fase (orgânica) da poesia concreta, que amadureceria entre 1953 e 1955, para ser lançada publicamente em 1956 (e em cujos manifestos, como observou Mário da Silva Brito, "Oswald de Andrade já ressuscita").

Mas eu deixei-me levar um tanto, adiantando-me no relato dos fatos. Em junho de 1951, quando Sérgio Buarque de Holanda concluía na *Folha da Manhã* a série dos seus três artigos, ainda não se podia saber quase nada de todas essas coisas. Só no ano seguinte, 1952, a revista-livro *Noigandres* (incluindo Augusto de Campos, que estreara em 1951, com "O Rei menos o Reino", agora sem a chancela do "Clube de Poesia", do qual nos havíamos afastado) iria ter seu primeiro número lançado, ainda sob uma epígrafe que apontava para uma incógnita: "Now what the DEFFIL can that mean?" Era já, em todo caso, uma primeira manifestação, embrionariamente organizada na perspectiva de um movimento por vir, daquela "difícil alvorada" prenunciada pelo crítico de *Cobra de Vidro*. A evolução posterior dos acontecimentos na poesia brasileira estava então por demonstrá-lo, como de fato o fez, ainda que por novas etapas de polêmica e controvérsia, com novas flexões e inflexões no tempo.

Esse ano de 1952 foi também o último em que Sérgio Buarque de Holanda exerceu "atividades regulares" como crítico literário. Cada vez mais a vocação preferencial para a história o foi tomando e absorvendo. O que não impedia porém a fulgurante irrupção do tema literário em seus estudos históricos, como provam, por exemplo, as informadas e pertinentes alusões à presença do motivo da ilha Brasil e das peregrinações de São Brandão no *Finnegans Wake* de James Joyce, em *Visão do Paraíso* (1959; 2ª ed., 1969). Alusões estas com as quais reataríamos involuntariamente em 1962, Augusto de Campos e eu, nas epígrafes liminares do nosso *Panaroma do FW* (*Finnicius Revém*). Não nos havíamos dado conta, àquela altura, dos apontamentos joyceanos de Sérgio Buarque (aficionado do fabuloso irlandês desde o *Ulisses*, de que foi talvez o primeiro leitor no Brasil). Só em 1969 eu viria a ler essas notas breves, mas preciosas, na 2ª ed. da *Visão do Paraíso*, a obra fascinante do múltiplo Sérgio Buarque de Holanda, voltada para o estudo dos motivos edênicos no descobrimento e na colonização do Brasil.

À guisa de ilustração, reestampo aqui o poema que chamava a atenção de Sérgio Buarque de Holanda:

O JOGRAL E A PROSTITUTA NEGRA

farsa trágica

Décio Pignatari

Onde eras a mulher deitada, depois
dos ofícios da penumbra, agora
és um poema:

Cansada cornucópia entre festões de rosas murchas.

É à hora carbôni-
ca e o sol em mormaço
entre sonhando e insone.

A legião dos ofendidos demanda
tuas pernas em M,
silenciosa moenda do crepúsculo.

É a hora do rio, o grosso rio que lento flui
flui pelas navalhas das persianas,
rio escuro. Espelhos e ataúdes
em mudo desterro navegam:
Miras-te no esquife e morres no espelho.
Morres. Intermorres.
Inter (ataúde e espelho) morres.

Teu lustre em volutas (polvo
barroco sopesando sete
laranjas podres) e teu leito de chumbo
têm as galas do cortejo:

Tudo passa neste rio menos o rio.

Minérios, flora e cartilagem
acodem com dois moluscos
murchos e cansados,
para que eu te componha, recompondo:

Cansada cornucópia entre festões de rosas murchas.

(Modelo em repouso. Correm-se as mortalhas das persianas.
Guilhotinas de luz
lapidam o teu dorso em rosa: tens um punho decepado e um
seio bebendo na sombra.

Inicias o ciclo dos cristais e já cintilas.)

Tua al(gema negrajeova assim soletrada em câmara lenta, levantas a fronte e propalas:
"Há uma estátua afogada…" (Em câmara lenta! – disse).
"Existe uma está-
tua afogada e um poeta feliz(ardo
em louros!). Como os lamento e
como os desconheço!
Choremos por ambos."

Choremos por todos – soluço, e entoandum
litúrgico impropério a duas vozes
compomos um simbólico epicédio A Aquela
que deitada era um poema e o não é mais.

Suspenso o fôlego, inicias o grande ciclo
subterrâneo de retorno
às grandes amizades sem memória
e já apodreces:

Cansada cornucópia entre festões de rosas murchas.

(1949, "in" *O Carrossel*, 1950)

ÍNDICE ONOMÁSTICO

Abreu, C, 173.
Abril, X., 260.
Adorno, Th. W., 9, 147, 237, 249, 281.
Agostinho, Sto., 69.
Aguirre, E.B., 261.
Alberti, R., 294.
Aleijadinho, 274.
Aleixandre, V., 295.
Alencar, J., 14, 127-145, 152-163, 226, 234, 244, 280.
Alfonso (El Sabio), 279.
Alonso, D., 204.
Almeida, M.A. de, 180-181, 244.
Almeida, P.M. de, 103.
Alves, C, 112.
Amado, James, 243.
Amado, Jorge, 218.
Andrade, C.D. de, 13, 49-55, 78, 80, 86, 208-209, 229, 245, 290.
Andrade, M. de, 14, 34, 77, 162-163, 167-182, 209, 237, 251, 254, 261, 290.
Andrade, O. de, 13, 34, 50-53, 77, 92-97, 106, 124, 130, 136, 164, 169, 171, 180-181, 209, 223, 225-227, 229, 234-235, 237, 244-248, 250-252, 261-262, 271, 277, 281, 285, 290.

Anceschi, L., 18, 263.
Anjos, A. dos, 88.
Apollinaire, G., 100, 247.
Aquino, Sto. T. de, 185.
Aretino, L., 259.
Aristóteles, 149-151, 156, 247, 264.
Artaud, A., 230, 294.
Arvátov, B., 12, 19.
Asséns, R. C-, 260.
Assis, J.M.M. de, 14, 82, 142, 221-228, 236-239, 277.
Ataíde, T. de, 168-170, 290-291.
Aubert, J., 185.
Aulete, C, 215.
Aurélio, 215.
Aurevilly, B. d', 224.
Ausônio, 241.
Azeredo, R. de, 202.
Azevedo, A. de, 112.

Bach, J.S., 24, 158, 272.
Bachelard, G., 68.
Balestrini, N., 54.
Balzac, H. de, 128, 138-139, 152, 280.
Bandeira, M., 13, 50,66, 109-116, 169.
Barbieri, L, 190, 209, 211.
Barbosa, R., 222.
Barnabé, A., 287.
Barthes, R., 11, 14, 40, 119-126, 187, 277.
Bashô, M., 201.
Bastos, O., 50, 78, 115, 203, 290.
Baudelaire, C, 139, 196.
Beatles, 249.
Benjamin, W., 123-124, 133, 137, 144, 150, 155, 162, 191, 210, 212, 217, 230-231, 240-243, 258, 262, 281.
Benn, G., 212.
Bense, M., 8, 17-29, 32-34, 51, 100-102, 246, 254.
Bentham, J., 279.
Berceo, G. de, 84.
Bilac, O.B.M. dos G., 223.
Bill, M., 26, 29, 247-248.
Blanchot, M., 21, 124, 148, 230.
Blank, J., 115.
Bloch, E., 182, 252.
Bloch, J., 232.

Bonvicino, R., 217.
Borges, J.L., 148, 211, 234, 237, 242, 250, 253, 260-262.
Botterweck, G.J., 132.
Boulez, P., 23, 51, 203, 247-248, 270-273, 294.
Braga, E., 50, 112.
Braga, R., 226.
Brancusi, C, 188.
Braque, 100, 102.
Brecht, B., 235.
Bremond, 40,
Breton, A., 34.
Bressane, J., 276-277.
Bressane, R., 276.
Brik, O., 18,19, 74.
Brito, M. da S., 296.
Broca, B., 131.
Broch, H., 57.
Butor, M., 40, 58-59, 124, 133, 271.
Byron, G.G., 140, 205, 211, 246.

Cage, J., 124, 247, 249, 286.
Camões, L.V. de, 39, 78, 110, 139-141, 143, 162, 196, 203, 204-206, 208, 224,
     240-241, 246, 284.
Campos, A. de, 42-44, 59, 86, 92, 111, 114, 190-193, 195, 198, 202, 206, 210-
     211, 216, 229-230, 241-242, 248-249, 253, 263, 276, 287, 296.
Campos, G., 198.
Candido, A, 107, 120, 129, 135, 180-181, 226-228, 238-239, 243-244, 280.
Carnap, R., 22, 25.
Carpentier, A., 252.
Carreter, F.L., 99.
Carroll, L, 25, 251.
Carvalho, C.A. de, 63.
Cavalcanti, G., 36, 58.
Cavalcanti, P., 276.
Caviedes, J. del V., 242-243.
Cendrars, B., 235, 249.
Cervantes, 253.
Chapman, G., 41-42.
Chateaubriand, 128, 133-134, 141-142, 152.
Chaucer, G., 35.
Chiampi, L, 262.
Chomsky, N., 173.
Coelho, L., 222.
Cohn, R.G.-, 20.
Coleridge, S.T., 211.
Condé, J., 228-229.
Contini, G., 267.

301

Corbière, T., 253.
Corbusier, Le, 247.
Cordeiro, V. (W.), 204, 248, 274.
Corso, G., 54.
Cortázar, L, 252, 261.
Costa, L., 247.
Coutinho, A., 19, 25, 120, 238-239.
Couto, R., 112.
Cozzella, D., 249.
Croce, B., 259.
Cruz, Sor J.I. de la, 241-243.
cummings, e. e., 28, 43, 203, 247, 249.
Cunha, E. da, 242.
Cunha, F., 202.
Curtius, E., 246.

Dannunzio, G., 106-107.
Dante, 43, 52, 80, 140, 196, 201-202, 205, 207, 246, 259, 264, 266, 280, 285.
Dépré, I. O-, 134. Dias, A., 277.
Dias, A. G, 110, 112-113, 140-141, 144, 159, 162, 234.
Derrida, J., 124, 149, 151, 161, 192, 236-237, 261, 264, 285.
Descartes, R., 214-215, 219, 223, 254.
Dickinson, E., 284.
Döblin, A, 57.
Döhl, R., 101.
Donne, L, 86.
Dostoiévski, F., 260.
Dubuffet, J., 88.
Duchamp, M., 277.
Duprat, R., 249.
Duras, M., 89.
Durão, Sta. R., 162, 205.
Dürst, W.G., 63.

Eckermann, J.P., 160.
Eco, U., 185, 247, 262.
Edel, L., 63.
Edelweiss, F.G., 134.
Einstein, A., 197.
Eisenstein, S., 91, 95.
Eliot, T.S., 36, 46, 201, 209, 252, 261-262, 291-292.
Elísio, F., 39.
Elizondo, S., 250.
Engels, F., 232-233.
Erlich, V., 18-19, 27, 104.
Eurípides, 36.

Fabri, A., 31, 34.
Faustino, M., 13, 189-212, 240.
Fénelon, F., 128.
Fenollosa, E.F., 36, 155, 192, 236.
Ferlinghetti, L., 272.
Ferreira, A., 39.
Filho, A. de Carvalho, 224.
Flaubert, G., 36, 120, 224.
Flint, F.S., 292.
Flusser, V., 254.
Folengo, T., 217.
Foucault, M., 124.
Franco, W., 287.
Freud, S., 124, 130, 161, 251.
Frye, N,, 244.
Fuentes, C, 252.

Gadamer, H.G., 230, 258
Garret, A., 140
Gauguin, 78
Genette, G., 147-148
Georg, S., 293
Gil, G., 249, 276, 287
Gilberto, J., 247
Giraudon, L., 134.
Goethe, J.W. von, 140, 159-160, 233, 245-246, 252, 255, 260, 264, 266, 282, 286
Gólea, A., 285.
Gomringer, E., 25, 29, 203-204, 247-248.
Góngora (Gôngora), L. de, 42, 204-205, 240-242, 251, 254, 261-262
Górki, M., 128
Goya, 73
Greco, El, 73
Greimas, A., 123, 125
Griller, R.-, 52, 28, 253
Grimm, 63
Gris, J., 73, 88, 100
Grünberg, Th. K.-, 171, 173, 180
Grünnewald, J.L., 74, 85
Guillén, J., 81
Guinsburg, J., 122
Gullar, F., 194-195, 198-199.

Hayman, D., 21.
Hegel, G.W.F., 25, 122, 127, 230.
Heidegger, M., 26, 252.
Heissenbüttel, H., 29, 101.

303

Helms, H.G., 249.
Herculano, A, 139, 217, 222.
Heym, G., 293.
Hocke, G.R., 150.
Hoelderlin, F, 196, 227.
Hoffmannsthal, 293.
Holanda, S.B. de, 13, 78, 192, 216, 227, 289, 291-297.
Homero, 36, 39, 41-42, 142, 152-153, 169, 171, 218, 253, 264, 271, 274, 281, 284-285
Houaiss, A., 83
Hugo, V, 128, 140, 211
Huidobro, V., 209, 235, 260-261
Huysmans, J.K., 280.

Iessiênin, S., 45, 193, 284
Infante, C, 251
Iser, W., 279-280
Ivo, L., 114.
Jackson, K.D., 257.
Jaguaribe, Dr., 130, 132, 140, 153.
Jakobson, R., 11, 18-19, 98, 104-105, 120, 144, 153, 157-158, 264, 266, 284
Jauss, H.R., 128, 139, 149, 184, 224-225, 236-237, 258, 282
Jolies, A., 138
Joyce, J., 19, 20-23, 25, 28, 34, 40, 43-44, 57-58, 63, 124, 170, 176-179, 185-187, 201, 209, 216, 219, 247, 251, 296
Jr., Araripe, 128, 132, 135, 138, 143, 163.

Kafka, F., 19, 28
Kandinsky, V., 27
Kavafis, C, 234, 254
Keller, W., 84
Kenner, H., 20, 37
Khlébnikov, 18, 284
Kilkerry, P., 252-253, 281, 285
Koellreutter, H.J., 287-288
Kracauer, 128
Kristeva, J., 175, 262
Krutchônikh, A., 18.

Lacan, J, 122, 124, 163.
Laforgue, L, 36, 252.
Lamartine, 140.
Langer, S., 191, 264.
Lapa, M.R., 267.
Lautréamont, 144.
Lawrence, D.H., 294.
Leavis, F.R., 19-20.

Leite, D.M., 133.
Leminski, P., 13, 213-219.
Lewis, W., 20.
Lewton, V., 61.
Liérmontov, 144.
Lima, J. de, 199, 204-209.
Lima, J. Lezama, 223, 250-251, 261-262.
Lins, A., 227.
Lispector, C, 13, 129, 139, 164-165, 183-188.
Llosa, V., 252.
Longus, 153.
Lopez, T.P.A., 167-168.
Lotman, L, 230.
Lucena, 136.
Lucrécio, 52.
Lugones, L., 252.
Lukács, G., 26, 90-91, 105, 127-129, 149, 164, 251, 281.

Macedo, J.M. de, 244.
Machado, D., 13, 228-229, 252.
Machado, I. A, 179.
Magalhães, C. de, 59, 163.
Magalhães, D.J.G. de, 140-141, 162.
Maiakovski, V., 8, 18-19, 27, 45, 51, 92-93, 144, 188, 193, 229, 276, 284
Maldonado, T., 263
Maliévitch, C, 192, 229
Mallarmé, S., 20-23, 28, 42, 54, 59, 70, 75, 80-81, 112-115, 144, 201-202, 209, 230, 245-248, 251, 253, 260, 263-264, 271, 280, 286, 293
Mandelbrot, B, 101
Manfio, D.Z., 170
Manzoni, 140
Marechal, L., 251
Martins, C., 229.
Martins, W., 135, 156-157, 170, 177, 290-291
Martius, 216.
Marx, K., 126, 131, 232-233, 250, 281
Matos (Mattos), G. de, 236, 240, 246
Medaglia, J., 249
Melo, F.M. de, 39, 217
Melville, H., 78
Menard, P., 253
Mendes, G., 249, 287-288
Mendes, M., 12, 65-75, 78, 80, 209, 245
Mendes, M.O., 12, 38-42, 169
Merquior, J.G., 170, 178, 291
Meyer, A., 145, 227, 236
Michaud, G., 20

305

Michaux, H., 28
Mielietinski, E.M., 180
Milanese, L.A., 283
Miller, G., 25
Miller, H., 91-92
Milliet, S, 184, 293
Milton, J., 202, 208, 246
Miranda, F.S. de, 196, 242
Miré, J, 73, 88.
Moisés, L.P.-, 119, 121-122, 124, 163-164.
Mondrian, P., 27, 88, 102, 229, 245, 247, 273.
Monegal, E.R.-, 179, 244.
Montaigne, M.E. de, 159.
Monti, V., 39.
Moore, M., 88.
Moraes, J.J. de, 269.
Morris, C, 22, 27, 35.
Moutinho, N., 170, 177.
Mukařovský, J., 282.
Murray, G., 36.

Nasser, F., 274, 277.
Naves, R., 257.
Neruda, P., 51, 208-209.
Nerval, G. de, 211.
Neto, Coelho, 717, 223.
Neto, J.C. de M., 12, 32, 50, 66, 71, 75, 77-88, 199, 208, 229, 245.
Neto, P. de M., 227, 291.
Newton, L, 214.
Nietzsche, F., 123, 212, 234, 236, 247, 250, 261, 263, 265, 270.
Noigandres, 29, 246, 248, 254, 263, 287.
Nono, L., 287.
Norberto, J., 135.
Nunes, B., 195-196, 202, 210-211.

Obradovič, A., 25.
Occam, G. de, 215, 219.
Ohno, Y., 249.
Oiticica, H., 276-277.
Olea, H., 167.
Oliveira, M.B. de, 240.
Oliveira, W.C. de, 249, 287-288.
Ors, E. d', 239.
Ortega, J., 260.
Ossian, 134.
Ovídio, 36, 59, 63, 160.

Pannwitz, R, 134, 155.
Papiérni, E., 93.
Passos, J. Dos, 57.
Pasternak, B,, 37-38, 104, 144, 284.
Pavlov, 233.
Paz, O., 170-175, 180-181, 200, 209, 233-234, 241-242, 249-250, 252-254, 260-261, 265
Pedro II, D., 134, 139
Pedrosa, M., 190.
Peirce, C.S., 122, 153, 156, 186-187, 284
Perse, St. J.-, 196.
Pessoa, F., 196, 237, 253, 264, 280, 284
Petrarca, F., 242
Pfandl, L. 242.
Picard, R., 121.
Picasso, P., 71, 73, 100, 102.
Picchio, L.S., 65.
Pignatari, D., 49, 51, 53, 58, 80, 82, 111, 114, 122, 163, 186, 192-193, 195, 198, 201, 211, 247, 263, 288, 290, 293-295.
Pindemonte, L, 39.
Platão, 236-237, 259.
Poe, E.A., 46, 81, 201, 279-280.
Poma, G., 261.
Pomorska, K., 180.
Pompeia, R., 139, 162-164.
Ponge, F., 23, 28, 52, 68, 88, 272, 294.
Pontual, R., 189.
Ponzi, A., 179.
Pope, A., 42.
Porteus, H.G., 37, 47.
Portinari, C., 115.
Pound, E., 17, 19-20, 27-28, 33-37, 40-42, 52, 58-59, 155, 189, 191-192, 195-196, 199-205, 209, 242, 252-253, 261-263, 266, 271-277, 284, 291-292.
Prado, F., 226.
Proença, C, 133, 135-136, 139, 153, 156, 159.
Propércio, S., 36.
Propp, V., 162, 174-177, 179-180.
Proust, M., 19, 88, 163, 204, 251, 253.
Puchkin, A., 144.

Queneau, R., 23.
Quevedo, F.G. de, 242, 244, 261.
Rabelais, F., 167, 170, 176, 186-187, 217-219, 243, 252, 254.
Racine, J., 125, 142.
Raymond, M., 20.
Ramos, G, 13, 226-228.

307

Rector, M., 189.
Resnais, A., 90.
Reverdy, P., 235.
Reyes, A., 234, 250.
Rezende, D. de S., 170.
Ribeiro, J., 41, 168-169, 175, 177, 192, 225.
Ribeiro, J. Ubaldo, 13, 218-219.
Ricardo, C, 50.
Rilke, R.M., 38, 196, 293.
Rimbaud, A., 33, 36, 116, 196, 271.
Ringgren, H., 132.
Risério, A., 213.
Roche, M, 254.
Roggiano, A., 239.
Romano, R., 214.
Romero, S., 221-222.
Ronai, P., 24, 43.
Rosa, J.G., 12, 34, 40, 57-63, 138-139, 208, 223, 254, 261, 271, 273-274.
Rosenfeld, A., 120, 254, 272, 274.
Roux, St. P., 34.
Rubens, 205.

Sá, O. de, 164, 183-188.
Safo, 284.
Santiago, S., 135.
Saraiva, A.J., 217, 223.
Sarduy, S., 223, 244, 250, 254, 288.
Sarraute, N., 254.
Sartre, J.P., 21, 23, 33, 52, 58, 116, 165, 265, 285.
Saussure, F. de, 122, 135, 157-158, 284.
Saya, L., 168.
Scheiwiller, V., 75.
Schklóvski (Chklóvski), V., 113, 150.
Schlegel, 264.
Schmidt, C, 232.
Schnaiderman, B., 38, 92-93, 120, 179.
Schnaiderman, M., 192.
Schoenberg, A., 251.
Schwarz, R., 128, 163-164, 185, 221, 279.
Sefamí, J., 273.
Sena, J. de, 204.
Seuphor, M., 102.
Sevilha, I. de, 137.
Shakespeare, W., 38, 233.

Shannon, 22, 25.
Silva, D.C. da, 78.
Silva, V.M.P. de A. e, 204.
Simões, J.G., 185.
Singer, I.B., 283.
Sófocles, 36.
Sollers, Ph., 254.
Sousândrade, J. de, 42, 145, 169, 181, 194, 205, 245-247, 260, 281, 285.
Souza, G. de M. e, 169, 176-180.
Souza, Fr. L. de, 137.
Spanudis, Th., 203, 204.
Spitzer, L., 67.
Staden, H., 235.
Staiger, E., 26.
Stalin (Estálin), J., 174.
Stein, G., 24, 28, 101-103, 105.
Sterne, L., 236.
Stockhausen, PC., 51, 247, 249, 273, 286-287.
Stravinsky, 51, 251.
Strauss, C.L.-, 122, 140, 153, 157, 174.
Subirat, J.S., 43.

Tablada, J.J., 250.
Távora, F., 134.
Tel Quel, 254.
Tesauro, E., 150.
Thibaudet, A., 20.
Thiériot, J., 167.
Thomas, D., 294.
Tintoreto, 34.
Tolstói, L., 99.
Tragtenberg, L., 275, 287-288.
Trakl, G., 196, 293.
Treece, PL, 294.

Ungaretti, G., 38, 75, 201, 254.
Unamuno, M. de, 234.
Valéry, P., 51, 71, 147-148, 254.
Vallejo, C, 253, 259-261.
Valverde, J.F., 204.
Vantongerloo, 272.
Varela, F., 112.
Vega, G. de la, 241-242.
Vega, L. de, 242.
Velásquez, 73.
Veloso, C, 243, 249, 276, 287.
Vidal, L., 161.

Vieira, Pe. A., 132, 217, 223, 242, 245-246.
Virgílio, 36, 142, 196, 208.
Volochínov, 233.
Volpi, A., 247, 274.
Voltaire, 128, 140.

Xenakis, L, 286.

Waley, A., 47.
Walther, E., 23-24, 29, 68, 254.
Warren, A., 25.
Webern, A., 51, 53, 191, 229, 247-248, 285-286.
Welleck, R., 25.
Westhcim, P., 239.
White, H., 148.
Whitman, W., 253.
Wiener, N., 22, 69, 116.
Williams, W. C, 274.
Wisnik,J.M.,241.
Wolfe, Th., 57.

Zdanov, 12.
Zorell, F., 132.
Zumthor, P., 276.

CRÍTICA NA PERSPECTIVA

exto/Contexto I
Anatol Rosenfeld (D007)

afka: Pró e Contra
Gunter Anders (D012)

Arte no Horizonte do Provável
Haroldo de Campos (D016)

Dorso do Tigre
Benedito Nunes (D017)

rítica e Verdade
Roland Barthes (D024)

ignos em Rotação
Octavio Paz (D048)

s Formas do Falso
Walnice N. Galvão(D051)

iguras
Gérard Genette (D057)

ormalismo e Futurismo
Krystyna Pomorska (D060)

Caminho Crítico
Nothrop Frye (D079)

alência da Crítica
Leyla Perrone Moisés (D081)

Os Signos e a Crítica
Cesare Segre (D083)

Fórmula e Fábula
Willi Bolle (D086)

As Palavras sob as Palavras
J. Starobinski (D097)

Metáfora e Montagem
Modesto Carone Netto (D 102)

Repertório
Michel Butor (D103)

Valise de Cronópio
Julio Cortázar (D 104)

A Metáfora Crítica
João Alexandre Barbosa (D105)

Ensaios Críticos e Filosóficos
Ramón Xirau(D107)

Escrito sobre um Corpo
Severo Sarduy (D 122)

O Discurso Engenhoso
Antônio José Saraiva (D 124)

Conjunções e Disjunções
Octavio Paz (D130)

A *Operação do Texto*
Haroldo de Campos (D134)

Poesia-Experiência
Mario Faustino (D136)

Borges: Uma Poética da Leitura
Emir Rodriguez Monegal (D140)

As Estruturas e o Tempo
Cesare Segre (D150)

Cobra de Vidro
Sergio Buarque de Holanda (D156)

O *Realismo Maravilhoso*
Irlemar Chiampi (D160)

Tentativas de Mitologia
Sergio Buarque de Holanda (D161)

*Dos Murais de Portinari aos
Espaços de Brasília*
Mário Pedrosa(D170)

O *Lírico e o Trágico em Leopardi*
Helena Parente Cunha (D171)

Arte como Medida
Sheila Leirner (D177)

Poesia com Coisas
Marta Peixoto (D181)

A *Narrativa de Hugo de Carvalho
Ramos*
Albertina Vicentini (D196)

As Ilusões da Modernidade
João Alexandre Barbosa (D198)

*Uma Consciência Feminista:
Rosário Castellanos*
Beth Miller (D201)

O *Heterotexto Pessoano*
José Augusto Seabra (D204)

O *Menino na Literatura Brasileira*
Vânia Maria Resende (D207)

Analogia do Dissimilar
Irene A. Machado (D226)

O *Bom Fim do Shtetl: Moacyr Scliar*
Gilda Salem Szklo (D231)

O *Bildungsroman Feminino:
Quatro Exemplos Brasileiros*
Cristina Ferreira Pinto (D233)

Arte e seu Tempo
Sheila Leirner (D237)

O *Superdlomem de Massa*
Umberto Eco (D238)

Borges e a Cabala
Saúl Sosnowski (D240)

Metalinguagem & Outras Metas
Haroldo de Campos (D247)

Ironia e o Irônico
D.C. Muecke (D250)

Texto/Contexto II
Anatol Rosenfeld (D254)

Thomas Mann
Anatol Rosenfeld (D259)

O *Golem, Benjamin, Buber e
Outro Justos: Judaica* I
Gershom Scholem (D265)

O *Nome de Deus, a Teoria da
Linguagem e Outros Estudos de
Cabala e Mística: Judaica* II
Gershom Scholem (D266)

O *Guardador de Signos*
Rinaldo Gama (D269)

O *Mito*
K.K. Rutheven (D270)

O *Grau Zero do Escreviver*
José Uno Grüncwald (D285)

Marcel Proust: Realidade e Criação
Vera de Azambuja Harvey (D310)

O *Poeta e a Consciência Crítica*
Affonso Ávila (D313)

Mímesis
Erich Auerbach (E002)

Morfologia do Macunaíma
Haroldo de Campos (E019)

Fernando Pessoa ou o Poetodrama
José Auguslo Seabra (E024)

*Uma Poética para Antonio
Machado*
Ricardo Gullón (E049)

Poética em Ação
Roman Jakobson (E092)

Acoplagem no Espaço
Oswaldino Marques (El 10)

Sérgio Milliet, Crítico de Arte
Lisbeth Rebollo Gonçalves (E132)

n Espelho Crítico
Robert Alter (El 39)

Política e o Romance
Irving Howe (E143)

rítica Genética e Psicanálise
Philippe Willemart CE214)

Morte da Tragédia
George Steiner (E228)

*sen e o Novo Sujeito da
odernidade*
Tereza Menezes (E229)

olstói ou Dostoievski
George Steiner (E238)

*s Processos de Criação na
scritura, na Arte e na Psicanálise*
Philippe Willemart (E264)

Idioma Pedra de João Cabral
Solange Rebuzzi (E280)

*ilberto Gil: A Poética e a Política
do Corpo*
Cássia Lopes (E286)

Prazer do Texto
Roland Barthes (ELO2)

*uptura dos Gêneros na
iteratura Latino-americana*
Haroldo de Campos (ELO6)

Projeções: Rússia/Brasil/Itália
Boris Schnaiderman (EL12)

O Texto Estranho
Lucrécia D'Aléssio Ferrara (EL18)

Duas Leituras Semióticas
Eduardo Permeia Canizal (EL21)

Oswald Canibal
Benedito Nunes (EL26)

Mário de Andrade/Borges
Emir R. Monegal (EL27)

*A Prosa Vanguardista na
Literatura Brasileira: Oswald de Andrade*
Kenneth D. Jackson (EL29)

Estruturalismo: Russos x Franceses
N.I. Balachov (EL30)

*Céu Acima – Para um Tombeau
de Haroldo de Campos*
Leda Tenório da Motta (org.) (S45)

Sombras de Identidade
Gershon Shaked (LSC)

Tempo de Clima
Ruy Coelho (LSC)

*Sábato Magaldi e as Heresias do
Teatro*
Maria de Fátima da Silva Assunção
(PERS)

LITERATURA NA PERSPECTIVA

Poética cie Maiakovski
Boris Schnaiderman (D039)

tc... Etc... (Um Livro 100% rasileiro)
Blaise Cendrars (D110)

Poética cio Silêncio
Modesto Carone (Dl 51)

ma Literatura nos Trópicos
Silviano Santiago (D155)

oesia e Música
Antônio Manuel e outros (D195)

Voragem do Olhar
Regina Lúcia Pontieri (D214)

Guimarães Rosa: As Paragens Mágicas
Irene Gilberto Simões (D216)

orges & Guimarães
Vera Mascarenhas de Campos (D218)

Linguagem Liberada
Kathrin H. Rosenfield (D221)

utameia: Engenho e Arte
Vera Novis (D223)

O Poético: Magia e Iluminação
Álvaro Cardoso Gomes (D228)

História da Literatura e do Teatro Alemães
Anatol Rosenfeld (D255)

Letras Germânicas
Anatol Rosenfeld (D257)

Letras e Leituras
Anatol Rosenfeld (D260)

O Grau Zero do Escreviver
José Lino Grünewald (D285)

Literatura e Música
Solange Ribeiro de Oliveira (D286)

Maneirismo na Literatura
Gustav R. Hocke (D315)

Tradução, Ato Desmedido
Boris Schnaiderman (D321)

América Latina em sua Literatura
Unesco (E052)

Vanguarda e Cosmopolitismo
Jorge Schwartz (E082)

Poética em Ação
Roman Jakobson (E092)

Que é Literatura Comparada
Brunei, Pichois, Rousseau (E115)

Imigrantes Judeus /Escritores Brasileiros
Regina Igel (E156)

Barroco e Modernidade
Irlemar Chiampi (E158)

Escritos Psicanalíticos sobre Literatura e Arte
George Groddeck (E166)

Entre Passos e Rastros
Berta Waldman(E191)

Franz Kafka: Um Judaísmo na Ponte do Impossível
Enrique Mandelbaum (E193)

A Sombra de Ulisses
Piero Boitani (E203)

Samuel Beckett: Escritor Plural
Célia Berrettini (E204)

(Literatura da República Democrática Alemã
Ruth Röhl e Bernhard J. Scharwz (E236)

Dialéticas da Transgressão
Wladimir Krysinski (E242)

Proust: A Violência Sutil do Riso
Leda Tenório da Motta (E245)

Poder, Sexo e Letras na República Velha
Sérgio Miceli (EL04)

Relações Literárias e Culturais entre Rússia e Brasil
Leonid Shur (EL32)

O Romance Experimental e o Naturalismo no Teatro
Émile Zola(EL35)

Leão Tolstói
Máximo Gorki (EL39)

Panaroma do Finnegans Wake
Augusto e Haroldo de Campos (S01)

Ka
Velimir Khlébnikov (S05)

Dostoievski: Prosa Poesia
Boris Schnaiderman (S08)

Deus e o Diabo no Fausto de Goethe
Haroldo de Campos (S09)

Olho-de-Corvo
Yi Sáng (Yun Jung Im – Org.) (S26)

Re Visão de Sousandrade
Augusto e Haroldo de Campos (S34)

Textos Críticos
Augusto Meyer e João Alexandre Barbosa (org.) (T004)

Ensaios
Thomas Mann (T007)

Caminhos do Decadentismo Francês
Fulvia M.L. Morctt (org.) (T009)

Büchner: Na Pena e na Cena J.
Guinsburg e Ingrid Dormien Koudela(orgs,)(T017)

Aventuras de uma Língua Errante
J. Guinsburg (PERS)

O Redemunho do Horror
Luiz Costa Lima (PERS)

Termos de Comparação
Zulmira Ribeiro Tavares (LSC)

Este livro foi impresso na cidade de Cotia,
nas oficinas da Meta Brasil,
para a Editora Perspectiva.